Ein Ausflug ans Meer soll ein junges Paar zusammenführen. Ein Nachtportier fühlt sich heimlich zu seiner Halbschwester hingezogen. Ein japanischer Professor verliebt sich in eine Göttin. In »Die Liebe unter Aliens« erzählt Terézia Mora von Menschen, die sich verlieren, aber nicht aufgeben, die verloren sind, aber weiter hoffen. Von Frauen und Männern, die sich ihre wahren Gefühle nicht eingestehen können. Mit präziser Nüchternheit spürt Terézia Mora in jeder der zehn Geschichten Empfindungen nach, für die es keinen Auslass zu geben scheint, und erforscht die bisweilen tragikomische Sehnsucht nach Freundschaft, Liebe und Glück.

»Ganz offensichtlich weiß Terézia Mora, welche Anstrengung es bedeutet, im Leben die Balance zu halten und nicht ins Trudeln zu kommen.«
Der Spiegel

TERÉZIA MORA wurde 1971 in Sopron, Ungarn, geboren und lebt seit 1990 in Berlin. Für ihren Roman »Das Ungeheuer« erhielt sie 2013 den Deutschen Buchpreis. Ihr literarisches Debüt, der Erzählungsband »Seltsame Materie«, wurde mit dem Ingeborg-Bachmann-Preis ausgezeichnet. Für ihr Gesamtwerk wurde ihr 2018 der Georg-Büchner-Preis zugesprochen. Terézia Mora zählt außerdem zu den renommiertesten Übersetzern aus dem Ungarischen.

Terézia Mora

Die Liebe unter Aliens

Erzählungen

btb

Fisch schwimmt, Vogel fliegt

Der junge Mann war vielleicht 18, der alte ist gar nicht alt, er ist erst 57, er sieht nur aus, wie manch anderer mit 75. Alt gewordenes herzförmiges Kindergesicht. Ehemals große Augen und ein spitzes Kinn, Nasolabialfalten und Krähenfüße, aber so welche, die seitlich am Gesicht hinunterfließen, als hätte ein stetes Rinnsal (wir wollen nicht sagen: aus Tränen) sein Bett in die Haut gegraben. Mit zarter Hand so lange darüber streichen, bis sie weggehen. Falten gehen niemals weg. Streicheln ist dennoch niemals unnütz, aber der Mann, der älter ist, als er aussieht, hat niemanden, der bzw. die ihn streichelt. Es gibt einige Menschen, denen er entfernt bekannt ist, diese nennen ihn Aug in Auge Hellmut, hinter seinem Rücken Marathonmann. Leute aus der Nachbarschaft, die man sporadisch trifft, zum Beispiel beim Mittagstisch in einer traditionellen Eckgaststätte (von denen es immer weniger gibt etc.). Dort wechselt man einige Worte, nichts Tieferes. Marathonmann antwortet ohnehin nur, wenn er gefragt wird, höflich und meist knapp. Ein Pensionist der Bahn, ein ehemaliger Schaffner, warum frühverrentet, keiner fragt. Er tut nichts Benennbares, dennoch ist klar, dass er ein Sonderling ist, und obwohl das kein offiziell anerkannter Grund für eine Frühverrentung ist, nehmen alle an, dass es etwas damit zu tun hatte. Er kommt nur zum Mittagstisch, wenn es Königsberger Klopse gibt, etwas anderes hat er hier noch nie gegessen. Den Rest seiner Tage lebt er von Kartoffeln mit Quark oder Speck. Als Dessert arme Ritter. Vielleicht muss er sparsam sein, vielleicht ist es seine Passion. Vielleicht fühlt er sich in seinen grau verwaschenen Lumpen einfach wohler, als er es in sogenannter ordentlicher Kleidung täte. Er scheint nicht unglücklich zu sein. Das Gesicht eines traurigen Clowns, aber traurig ist er nicht. Ein lächelndes Hutzelmännchen in zu kurzen Hosen und einer grauen Mütze, die er, abgesehen von 30-Grad-Hitzetagen, jeden Tag des Jahres trägt. An den wenigen 30-Grad-Hitzetagen, die es hier gibt, trägt Marathonmann ein Vogelnest aus graublondem Haar auf dem Kopf, das aussieht, als hätte er lediglich die Mütze gewechselt. An dem Tag, um den es hier geht, ist Marathonmann mit Mütze unterwegs, grau in grau, der Einkaufsbeutel in seiner Hand hingegen ist kanarienvogelgelb. Der Boden des Beutels ist etwas schmutzig. Im Stoffbeutel, in eine Ecke gerutscht: Portemonnaie und Schlüsselbund. Warum er Portemonnaie und Schlüsselbund (vier Schlüssel: Tor, Briefkasten, Wohnung, Kellerverschlag) im Stoffbeutel trägt, wo doch seine graue Jacke drei Taschen hat, davon eine Innentasche: ein Rätsel. Das heißt: er trägt sie so, weil er arglos ist. Weil er sich in seinem Stadtteil, auf seiner Straße, in der er seit 57 Jahren wohnt, einkauft usw., sicher fühlt. Er schwenkt den Beutel sogar ein wenig, und vielleicht pfeift er auch vor sich hin. Letzteres ist nicht verbürgt, die Straße ist voll und laut, und Marathonmann spitzt häufig die Lippen, beim Zuhören, beim Nachdenken. Ich denke nach, sagt er. Und sogar: ich träume. Entschuldige, was hast du gesagt, ich war in Gedanken gewesen/ich habe geträumt. War gewesen. Und: Entschuldige. Bevor er den Spitznamen Marathonmann bekam, nannte man ihn den Träumer. Wer? Der Höfliche. Ach, der.

Vom jungen Mann sind nur die Kleidung und das Aussehen überliefert, und auch das nur ungenau, dabei kam er nicht, wie man annehmen könnte, von hinten. Er kam von vorne, sie sahen sich sogar kurz ins Gesicht, ein junges, glänzendes, mit dicken schwarzen Augenbrauen, und ein altes, graues, spitzmündig schmunzelndes, und dann, als sie auf gleicher Höhe waren, duckte sich der Junge, entriss dem Alten den Beutel und rannte davon.

Die Sekunden, um zu begreifen, die Sekunden, das Gleichgewicht wieder zu erlangen, sich umzudrehen. Der Junge, nicht sehr groß, dafür wendig und schnell, ist in der Zeit schon an zwei Mietshäusern vorbei. Er macht große Sätze, er weiß von sich, dass er ein schneller Läufer ist, deswegen hat er auch diese Strategie gewählt, aber ist er auch ausdauernd? Besser, er wäre es, denn, was er nicht weiß, nicht wissen kann, ist, dass Marathonmann nicht aus Jux und Dollerei so heißt, wie er heißt. Er wird nicht etwa mit dem Gegenteil dessen geneckt, was wirklich auf ihn zutrifft, nicht der Glatzkopf, der Locke genannt wird. Marathonmann hat im jungen Alter von 6 Jahren seinen ersten Wettlauf absolviert und haushoch gewonnen und hat seitdem Tausende von Kilometern laufend zurückgelegt, durch Wald und Wiesen, auf roter Schlacke und auf Beton, einmal sogar 24 Stunden lang, und es ist lange her, dass es ein Jahr gab, in dem er keinen ganzen Marathon lief. All das ausschließlich in Europa, denn er ist stolz darauf, niemals geflogen zu sein oder ein Schiff bestiegen zu haben. Auch Fahrzeuge mit Verbrennungsmotor nur wenige in seinem Leben. Züge, weil man manchmal doch von der Stelle kommen muss und sie einem berufsbedingt billig kommen. Aber im Großen und Ganzen gilt: Vogel fliegt, Fisch schwimmt, Mensch läuft, wie schon Emil Zátopek so richtig sagte. Emil Zátopek, so, so. Emil, sagte die Köchin des Mittagstischs, das ist ein schöner Name. Woraufhin Marathonmann bis über beide Ohren rot wurde. Natürlich hat er auch ein wenig abstehende Ohren. Die tschechische Lokomotive, sagte jemand vom Mittagstisch, und die Röte verging wieder. Das Laufen ist das Einzige, zu dem Marathonmann mehr als nur ein oder zwei Floskeln sagt, und das sogar ungefragt. Am Wochenende war ich ja in Wien zum Marathon. Und dann, en detail: mit welchem Zug er fuhr, wann und wo dieser ab- und wo er entlangfuhr und wann und wo er ankam (unter Erwähnung besonderer Bahnhofsarchitekturen), von dort aus wie zu welcher Unterkunft, wie diese Unterkunft war (einfach und bahnnah, aber man muss sich früh kümmern, ein Jahr vorher muss man sich schon kümmern), was er zu Abend gegessen, was er gefrühstückt hatte, wann er aufgestanden, wie er sich vorbereitet, wie er seine Startnummer erhalten, wie viel Startgeld er im Vorfeld entrichtet hatte, was außer der Startnummer noch im Beutel war, den jeder Läufer für sein Startgeld bekommt, wie der Beutel selbst dieses Jahr im Vergleich zu dem im Vorjahr ausfiel (mithilfe zweier Kordeln zu einem Rucksack schnürbar oder ein unverschließbares Totebag usw.), und dann, wie es bei Kilometer 10, 15, 25, 30, 35, 40 und schließlich 42,195 war, und was danach, ob es Bananen, Orangen und isotonische Getränke gratis und ob es genügend Toiletten gab undsoweiter undsofort, man kann ihn nicht abstellen, manch einer geht schon, aber einige haben immer den Schwarzen Peter und müssen bleiben, denn soviel Benehmen muss einfach ein jeder haben, der sich nicht schon vollkommen aufgegeben hat, dass er nicht einfach davongeht, wenn einer über seinen Marathonlauf erzählt, auch wenn man sich denkt, der lügt doch, das Hutzelmännchen, in deinen Träumen, Alter, in deinen Träumen, aber irgendwann musste man ihm dann doch glauben, denn, als einer mal sagte: .bringst du mir das nächste Mal was mit?, brachte er das nächste Mal doch tatsächlich einen Sportbeutel, einen Regenponcho, einen Stadtplan und ein Miniradio mit und verteilte sie unter den Anwesenden.

All das kann der junge Mann nicht wissen, er verlässt sich darauf, was er von sich selbst weiß, dass er auf den ersten ein-, zweihundert Metern schnell und wendig ist und dazu waghalsig: Er passt den Moment ab, kurz bevor die Autos Grün bekommen, hechtet über die große Straße, schafft es gerade so, spürt den Fahrtwind eines unmittelbar hinter ihm vorbeirauschenden Autos im Nacken, als er zwischen die Heckenrosenbüsche springt, die die Fahrbahn vom Rad- und Fußgängerweg trennen. Er hat Glück, auf dem Radweg rast gerade keiner, er kann den Schwung mitnehmen und aus den Büschen auf den Gehweg springen, und weil er, sich auf seine Erfahrungen verlassend, denkt, dass er nun in Sicherheit ist, wird er langsamer und bleibt schließlich sogar stehen. Er schaut sich um, aber bevor er auch nur den ersten Gedanken fassen könnte, wohin von hier aus weiter, muss er sehen, dass keine zehn Meter neben ihm der Alte durch die Rosenbüsche bricht. Auch er bleibt einen Moment lang stehen, seine großen, blauen Augen erfassen den Jungen mit dem gelben Einkaufsbeutel, und dann rennen sie beide wieder los.

Sie rennen parallel zu den Autos auf dem vier Meter breiten Gehweg, der allerdings bis auf einen schmalen Streifen am Rand überwuchert ist von den Auslegern der Restaurationen und Läden, die einem so lange ihre Bänke, Aufsteller, Eiskarten, Erdbeeren, Fahrradständer und Blumentöpfe in den Weg schieben, jeden Tag einpaar Zentimeter weiter, bis man überhaupt nicht mehr daran vorbeikommt und sich mehr als zehn Leute beschweren oder jemand vom Amt sie zurückpfeift. Am Blumenladen zum Beispiel kommen keine zwei Passanten mehr gleichzeitig vorbei, ohne auf den Radweg treten zu müssen, auf dem sich auch niemand an die Einbahnregel hält und alle wie die Irren rasen, wenn sie schon das Glück haben, sich auf einer abschüssigen und relativ gut gepflasterten Straße zu befinden. Auf dieser rennen nun ein junger und ein alter Mann bergan. Kurz hinter dem Blumenladen kommt eine Ampel für den Verkehr aus den Seitenstraßen, und diesmal hat der Junge kein Glück: die Ampel ist rot und bleibt es, er rennt darauf zu, nichts, die Ampel bleibt rot, und der Verkehr rollt: im letzten Augenblick biegt er in die kleine Straße links ab.

Das verbessert seine Situation nicht besonders. Die kleine Straße ist gerade und leerer, als es die große war, er ist gut zu sehen, und sie geht steiler bergauf. Der Alte hinter ihm, zwei Häuser Abstand immer noch. Der Junge legt eine Schippe drauf, jetzt hat er vielleicht zwei Schrittlängen mehr Vorsprung. Sie rennen beide die kleine Straße bergan.

Wirf den Beutel weg! würde Marathonmann gerne dem Jungen zurufen. Das wäre die beste Lösung für beide, aber Marathonmann bringt keinen Ton heraus, öffnet den Mund, bringt aber nichts heraus, und der Junge kommt von selbst nicht auf die Idee. Er hält den Beutel fest, der ihn beim Rennen behindert, ein baumelndes Gewicht in der rechten Hand. Er biegt in die nächste Straße rechts ein. Für einen Moment verliert ihn Marathonmann aus den Augen, aber dann hat er ihn wieder, gerade, als der Junge über eine kleine Kreuzung in die nächste kleine Straße links rennt. Auch diese geht bergan, ist aber nicht mehr leer. Vor einem Lottoladen ein Stehtisch, ein Aufsteller, ein Wimpel, vor einer Restauration Tische und Stühle, noch ohne Gäste, aber es kommt eine Frau mit Kinderwagen ausgerechnet an dieser schmalen Stelle daher. Der Junge schaut sich um, bevor er auf die Fahrbahn ausweicht, und Marathonmann sieht in seinem Gesicht, dass er das nicht etwa wegen eventueller Autos getan hat, sondern um sich des Unfassbaren zu vergewissern: ihn, der ihm immer noch hinterherläuft. Das unterschiedliche Trappeln ihrer Füße auf Pflastersteinen und Gehweg. Der Junge hat Sneakers an, keine echten Sportschuhe, bald werden ihm die Ballen brennen, während Marathonmann im Alltag alte, aber noch gute Laufschuhe trägt, die heutigen sind grau mit neongelben Streifen und orangefarbener Sohle. Die Jacke allerdings ist ungeeignet, zu groß, zu schwer, Leute die in Jacken rennen, mit klappernden Schlüsseln in den Taschen. Aber in Marathonmanns Taschen klappert nichts, alles, was er bei sich hatte, hat jetzt der Junge, er rennt mit meinem Portemonnaie und meinem Schlüsselbund und vermutlich mit seinem eigenen Handy. Wenn es herausfiele, bliebe er stehen, um es aufzuheben?

Nichts fällt heraus, sie rennen weiter, vom Fahrdamm wieder auf den Gehsteig, wieder in eine kleine Straße und dann wieder auf eine große. Hier nun wieder Verkehr, Passanten, Ampeln, sogar eine Straßenbahn, der Junge wirft sich ins Gewühl, er muss etwas riskieren, wenn er den Alten abschütteln will. An einer Ecke eine Baustelle, das ist gut, oder doch nicht, nein, gar nicht gut. Der Junge rennt im Gerüsttunnel, und noch bevor er das Ende erreicht hätte, ist Marathonmann auch drin, bringt mit seinen trabenden Füßen die ganze Konstruktion zum Beben. Zwei, die in einem zitternden Holztunnel rennen. Von links kommt plötzlich auch noch eine Schubkarre aus dem Haus, der Junge weicht im letzten Augenblick aus, der Bauarbeiter flucht erschrocken, Marathonmann schreit »Verzeihung!«

Sie rennen die Straße bis zu ihrem Ende, dort ist ein Tunnel, am jenseitigen Ende beginnt schon ein anderer Stadtteil, und Marathonmann fällt ein, dass er seinen Kiez eigentlich nie verlässt, außer er läuft irgendwo einen internationalen Marathon. In den benachbarten Stadtteil dagegen geht er nie. Wacht auf, trinkt ein Glas Wasser, läuft den Hügel hinunter zum Park, wo es die Treppe gibt, auf deren Stufen jemand »Das einzige einzige worüber du wirklich Kontrolle Kontrolle hast, ist ob du aufgibst oder aufgibst oder weiter weiter machst machst« gepinselt hat. Er schaut sich diese Treppen gerne an (das stimmt, das stimmt), läuft aber nicht wieder hoch auf den Hügel, sondern umrundet ihn unten, auf dem 1 km-Laufkreis. Er läuft etwas außerhalb des Kreises, wo die Erde weicher ist. An einer Stelle gibt es Büsche, es führen zwei Pfade durch, an beiden sammelt sich bei Regen eine große Pfütze, es ist egal, welchen man nimmt. Marathonmanns Lieblingszahl ist die 8, so oft läuft er herum, 7 ist auch noch in Ordnung, eine magische Zahl, wenn es nur 5 werden, bedeutet das, dass er krank ist. Einmal war er so krank, dass er nur noch die Hälfte seiner selbst war: eine 4. Es ging sogar so weit, dass er dachte, es wäre besser, den Weg nach Hause nicht laufend, sondern gehend zurückzulegen, aber es war nicht besser, im Gegenteil, er hatte das Gefühl, zu sterben, hier, unter den kahlen Kronen der Bäume, also lief er lieber wieder, so war es ihm weniger schwindlig. (Es war nur eine Virusinfektion.) Was macht er den Rest des Tages? Nicht viel. Er hält die Wohnung in Ordnung, er besorgt und bereitet Essen zu, und er liest. Er besitzt einen Bibliotheksausweis, aber er geht nicht oft hin. Stattdessen nimmt er Bücher mit, die Leute in ihre Toreinfahrten zum Mitnehmen hinstellen. Unterhaltungsromane und Krimis interessieren ihn nicht. Sachbücher, Biographien, Geschichtliches. Bis zur Bröckeligkeit vergilbte Ausgaben der Stücke von Romain Rolland. Jugendromane aus den 50ern. Zwei Jungen in der Barackensiedlung. Sowas. Den Rest des Tages träumt er vor sich hin. Schaut sich die Bäume an und die Häuser. Die schönen und die hässlichen. So macht er es auch während eines Marathons. Er muss nicht gewinnen, die Zeit ist egal, er kann sich umsehen. Die schönen Häuser, die hässlichen Häuser. Wenn es nur hässliche sind, geht es mir schlecht, wenn es schöne sind, geht es mir gut. Kurz gesagt: ich bin normal. Mütterchen, du kannst beruhigt sein, ich habe den Beweis, dass ich ganz normal bin. Aber Marathonmanns Mutter ist schon seit einer Weile tot, er kann ihr nichts mehr sagen, und wenn sie noch lebte und er ihr das sagen würde, würde sie ihn ansehen, als hätte sie allen Grund, skeptisch zu sein. Wenn du solche Sachen sagst, brauchst du dich nicht zu wundern. Da brauchst du dich nicht wundern, das sagte sie im Grunde zu allem, worüber er sich wunderte oder gar nicht wunderte. Egal, vorbei. Mittlerweile wundert sich Marathonmann tatsächlich kaum mehr über etwas. Außer über diesen Jungen. Beziehungsweise über den Diebstahl. Beziehungsweise, dass er ihm am helllichten Tage auf einer belebten Einkaufsstraße zugestoßen ist. Warum ausgerechnet ich, fragt er sich hingegen nicht. Ich sehe aus wie ein alter Penner, deswegen. Nur noch Frauen, alte und junge, werden noch bevorzugter bestohlen.

Ein brennender Zigarettenstummel rollt vor ihn auf den Gehsteig. Er tritt daneben, das tut ihm fast leid. Was für eine Effektivität wäre das! Im Verfolgen noch eine brennende Kippe austreten. Einmal als Kind barfuß. Und sich gewundert, dass es brennt. Mutter ließ mich nicht an die Sportschule. Merkwürdig, dass ich schon damals wusste, dass sie Recht hatte. Hoppala, jetzt hätte er den Jungen fast aus den Augen verloren. Sieht ihn gerade noch abbiegen. Man darf sich nicht ablenken lassen, das ist ein Rennen, bei dem das Siegen zählt. Ihm hinterher, durch die Parfümwolke einer alten Dame hindurch wieder auf eine große und belebte Straße. Das kenne ich. Das war der erste Platz, an dem ich ausstieg, als die Mauer aufging. Jemand schenkte mir ein Sesambrötchen und eine Orange. Denk jetzt nicht daran. Verfolge ihn.

Das Gewusel wird immer dichter, hier gibt es mehrere Kaufhäuser und Supermärkte, dazu Imbissbuden. Man wird auf die beiden Rennenden aufmerksam, mehrere erschrecken, einer ruft empört: Hey! Ein Jugendlicher springt Marathonmann absichtlich in den Weg. Er kann die Kollision vermeiden, aber vor Schrecken entfährt ihm ein kleiner, hoher Schrei, der Jugendliche und seine Freunde johlen. Am Ende scheitert er an der roten Ampel an einem Fußgängerüberweg. Der Junge schafft es hinüber, Marathonmann nicht. Die Autos brausen bereits, er muss stehen bleiben. Er schaut über sie hinweg auf den Platz hinter der Ampel, dort ist eine Bushaltestelle, der Eingang zur U-Bahn, Bänke, Frauen, Männer und Kinder, und der Junge rennt und rennt.

Als es Grün wird, ist nichts mehr von ihm zu sehen. Marathonmann läuft trotzdem gleich wieder los, hinüber auf den Platz, über den Platz und weiter die Straße hinunter. Er wäre gern größer, um über die Köpfe der Passanten sehen zu können, aber du kannst nicht gleichzeitig laufen und größer sein, und von hier unten betrachtet hat sich die Stadt hinter dem Jungen geschlossen, wie die Zweige eines Waldes hinter dem fliehenden Wild. Um nicht Dschungel sagen zu müssen. Dennoch: Marathonmann hört nicht auf zu laufen. Ich bin noch fit, ich hab noch alles, mehr noch, ich bin gerade erst warm geworden, ich könnte das Tempo erhöhen, die Schuhe sind gut, die Jacke zu schwer, egal. Er kann nicht gehen, er muss laufen, auch wenn im Moment das Ziel nicht zu sehen ist. Marathonmann, der nichts Besonderes ist, nur eben ausdauernd. Oder einfach nicht aufgeben kann. Neulich schrieb ihm einer, den er von einem Rennen kennt, er habe ein Nachtrennen nach 35 Kilometern aufgegeben. Marathonmann hat noch nie ein Rennen aufgegeben. (Sieht man von dem Tag mit den 4 Runden ab.) Der Junge hat ihm den normalen Tagesablauf geklaut, Marathonmann kann nicht weiter einkaufen und dann nach Hause gehen, das ist es, was er nicht akzeptieren kann. Der Junge ist im Grunde egal, er will nicht ihn besiegen, nichts beweisen, ich mag zwar alt aussehen aber etc. Nein. Keine Strafe, keine Rache. Er will seine Sachen wiederhaben, weil er sie braucht, um seine tägliche Routine aufrechtzuerhalten.

Er schaut nun im Vorbeilaufen abwechselnd auf den Boden, in Toreinfahrten, Ecken, Mülleimern, ob der Junge nicht doch irgendwo den kanarienvogelgelben Beutel weggeworfen hat. Manchmal fällt ihm ein, Abstand von den Toreinfahrten zu halten, falls er dort herausspringt. Nichts, alles leer. Einmal ist ein Tor offen, man sieht bis zum 3 Hof hinein. Ganz hinten wird etwas gebaut.

Marathonmann läuft und läuft, bis er schließlich das Gefühl hat, gar nicht mehr in seiner eigenen Stadt zu sein. Unbemerkt in eine ganz andere hinübergelaufen zu sein. Alles unbekannt. Wie wenn es neblig ist und hinter der Häuserreihe gegenüber einzelne Türme aus der Suppe ragen, die du vorher so noch nie wahrgenommen hast. Als gäbe es dahinter jetzt plötzlich eine neue Stadt mit fremden Bewohnern, wie du sie manchmal in Träumen siehst. Obwohl, fremd sind die meisten auch, wenn man wach ist. Als er endgültig nicht mehr weiß, wo er sich befindet, ist Marathonmann schließlich doch bereit anzuhalten. Er sucht nun nicht mehr nach dem Jungen oder dem Einkaufsbeutel, sondern nach einer Bushaltestelle mit einem Stadtplan.

Um die 10 km. Soviel ist er laut Stadtplan gelaufen. Wie lange haben wir dafür gebraucht? Seine Uhr hat er noch. Abgesehen davon fangen jetzt Glocken zu läuten an, es ist also Mittag geworden, ohne dass Marathonmann die Sachen fürs Mittagessen eingekauft hätte. Jetzt meldet sich auch der Durst. Ohne Geld, durstig, fern der Heimat. Er denkt noch einmal an den Beutel, das Portemonnaie, den Jungen, aber es ist schon alles sehr fern. Er gibt endgültig auf. Von hier aus geht es nicht weiter, also suche den Weg zurück.

Marathonmann kennt auch außerhalb des Stammtisches und des Laufens durchaus Leute, zum Beispiel einen namens Claus, dem er sogar so weit vertraut, dass er bei ihm den Zweitschlüssel für seine Wohnung deponiert hat. Diesen Claus kennt er noch aus der Schule, aus der ersten Klasse, als man sie dem Zufallsprinzip nach nebeneinanderstellte, damit sie in Zweierreihen standen. Seit seiner Scheidung wohnt Claus etwa 1 km von der Wohnung entfernt, in der Marathonmann aufgewachsen ist und bis heute lebt. Also etwa 9 von hier aus gesehen. Man könnte eine andere Route zurück wählen, dann käme man durch einen großen Park.

Der Gedanke, durch einen Park zu laufen, beflügelt Marathonmann aufs Neue. Es hat sogar schon halb vergessen, worum es hier eigentlich ging, warum er überhaupt so weit gelaufen war. Das ist vielleicht verrückt, aber so bin ich nun einmal. Jetzt ganz auf die neuen Umstände des Laufens konzentriert. Zum Park kommen. Wann ist es zum letzten Mal vorgekommen, dass er einen Park betrat und nicht lief? Vielleicht noch nie.

Sobald er sich auf den Rückweg macht, kommt die Sonne heraus, und es hört auf, überall grau zu sein. Ein sonniger Frühlingstag. Die Bäume, der Himmel, die Fensterscheiben, die auffliegenden Spatzen. Später, im Park schon, der Boden, die Form der Blätter der kleinen Pflanzen im Rasen, von denen ich nur den Namen der Vogelmiere kenne. Löwenzahn, Schachtelhalm.

Wenn das Schachtelhalm ist. Vielleicht auch nicht. Gänseblümchen. Muss sich zur Ordnung rufen, nicht so zufrieden zu sein, gefälligst, nicht so beinahe glücklich hier durch die Gegend zu traben, durch den sonnig gewordenen Tag, in seinem eigenen Atem, dem Gefühl innerhalb seines Rippenkorbs. Im Portemonnaie sind nur zwei Zwanziger (soviel steht für den Wocheneinkauf zur Verfügung), aber auch der Personalausweis, dazu der Schlüsselbund, das ist nicht witzig, nein.

Er ist fast schon wieder aus dem Park heraus, er fängt gerade an, es zu bedauern, als er ihn auf einmal erblickt. Den Jungen. Er steht in einer Gruppe mit anderen jungen Männern. Marathonmann fährt es in die Beine. Er stolpert, er spürt es in Knie und Knöchel, jetzt auch in den Fußsohlen, die Schuhe sind doch nicht mehr so gut. Dort ist eine Bank, er stolpert auf sie zu und stützt sich auf die Lehne.

Tu so, als würdest du dich nur dehnen, das wäre sowieso notwendig, das ist auch gut gegen das Zittern, das nicht vom Laufen kommt. Hält sich fest, dehnt sich nicht wirklich, später hört er sogar auf, so zu tun, er steht nur da. Um sich hinzusetzen, ist es zu kalt, aber Marathonmann könnte es auch nicht. Weder sitzen, noch gehen, noch laufen, nur dastehen kann er. Er traut sich nicht näher ran, aber weiter weg als bis zu einem Punkt, von dem aus er den Jungen jede Sekunde im Auge behalten kann, geht er auch nicht.

Und was machen die da? Sie spielen Boule. Marathonmann zählt 6 Personen. Sie spielen in Gruppen drei gegen drei. Am helllichten Montagnachmittag. 13 Partien. Das heißt: 13 ab dem Punkt, da Marathonmann anfängt, mitzuzählen. Sie spielen Boule, spielen und spielen Boule, hören nicht auf, trinken

Bier dabei, holen neues Bier und Chips von einem Kiosk, reden, lachen. Marathonmann ist so durstig, dass er sich umsieht, ob es nicht eine Pfütze in der Nähe gibt. Nein. Was soll's, so schnell verdurstet ein Mensch nicht.

Irgendwann kommt der Punkt, an dem die jungen Männer Marathonmann bemerken. Dass da schon seit Ewigkeiten einer steht und sich nicht rührt. Der Junge schaut auch herüber, wieder weg, und dann schaut er nicht wieder her, kein einziges Mal. Marathonmann wird es ganz schwindlig. Sie spielen weiter und trinken weiter Bier, der Himmel zieht sich zu, es wird minütlich kühler, aber Marathonmann spürt schon lange nichts mehr, und dann wird es wirklich dunkel, weil es schon Abend ist. Irgendwann können die da drüben gar nicht mehr sehen, wo die Kugeln liegen. Einer muss unter Gejohle mit seinem Motorroller herankommen, um zu leuchten. Mit großem Hallo gewinnt jemand, dann machen sie sich auf den Weg.

Marathonmann, der schon steif geworden ist, unbeweglicher als ein Baum, ein Baumstumpf im dunklen Park, setzt sich auch wieder in Bewegung. Er schleicht ihnen hinterher, wie ich noch nie bisher jemandem hinterhergeschlichen bin, weder in einem Park, noch anderswo.

Wird der Junge allein weggehen oder mit jemandem zusammen?

Allein.

Mit Bier im Blut. Schlendert fröhlich zu einem Fahrrad, das unabgeschlossen an einem Laternenpfahl lehnt, und schwingt sich in den Sattel.

Und dann muss Marathonmann aus dem Kalten heraus wieder laufen. Gegen ein Fahrrad hast du doch keine Chance.

Doch. Der Junge hat es nicht eilig, er hat kein gutes Rad, und er fährt es nicht gut, er eiert eher nur durch die Gegend. Dass er angetrunken ist, ist ein Vorteil, er scheint zum Beispiel nicht zu bemerken, dass Marathonmann ihm hinterher ist, dabei gibt es Geräusche: die Füße, der Atem … Doch, jetzt, er schaut sich um, runzelt die dicken Augenbrauen und fährt etwas schneller und geradliniger.

Marathonmann ist inzwischen warm, er kann das Tempo mühelos erhöhen. Gleichzeitig fällt ihm aber auch, ehrlich gesagt das erste Mal, seitdem diese Jagd begonnen hat, ein: was, wenn er ihn eingeholt haben wird. In einer direkten körperlichen Auseinandersetzung wäre er dem Jungen zweifellos unterlegen. Dass du einmal so einer wirst, der sich lieber totprügeln lässt, als etwas verloren zu geben, hätte ich auch nicht gedacht, sagt das tote Mütterchen in Marathonmanns Kopf. Marathonmann antwortet ihr nicht, jetzt kann ich das ja tun. Man müsste einen Schlagring haben. Aber natürlich hat Marathonmann keinen Schlagring, er hat nicht einmal eine Vorstellung davon, wo man einen besorgen könnte, vor allem jetzt, vor allem ohne Geld, und überhaupt, was soll das. Es ist viel wahrscheinlicher, dass der Junge so etwas hat. Oder ein Messer. Aber wenn das so ist, wieso rennt er schon den ganzen Tag weg? Marathonmann fühlt, wie eine schnell anwachsende Verwirrung die Kräfte aus seinem Körper saugt, auf direktem Wege hin zu einer umfassenden, geistigen wie körperlichen Lähmung, aber bevor es so weit gekommen wäre, hält der Junge vor einem Tor. Steigt umständlich vom Rad, fängt an, mit Schlüsseln herumzufummeln. Und Marathonmann, der das sieht, bleibt nicht stehen, er geht weiter auf ihn zu, er muss sich dafür nicht besonders überwinden, es ist vielmehr, als wären sie zwei Magnete, die sich gegenseitig anziehen, erst langsam, dann immer schneller, bis nur noch ein Sprung Entfernung zwischen ihnen ist, und Marathonmann springt: er springt dem Jungen einfach von hinten ins Kreuz und nimmt ihn in den Schwitzkasten.

Du nahmst *ihn* in den Schwitzkasten?

Ja, sagte Marathonmann (später, zu Claus). Das heißt, das hatte ich vor, aber das Fahrrad ist umgefallen und die Pedale oder was hat ihn wohl am Knöchel getroffen, er hat geschrien, und dann sind wir beide hingefallen, er unten, ich auf ihm, mit dem Knie.

Es war also alles eher zufällig, aber wenn sie schon so gelandet waren, holte Marathonmann auch sein zweites Knie mit dazu, plus die Hände, er kroch praktisch auf allen Vieren auf den Jungen drauf und nagelte ihn so am Boden fest. Er ging nicht gerade sanft mit der Kehle des Jungen um, der gar nicht wusste, wie ihm geschah, er wehrte sich jedenfalls so gut wie nicht, er fragte nur gepresst: Scheiße, was willst du von mir?

Und ich sagte: Mein Geld, gib mir mein Geld wieder!

Und er: Wovon redest du, Mann?

Und ich wieder, dass er mir das Geld wiedergeben soll.

Und er: Was für Geld?

Und ich: Das, was du mir geklaut hast.

Und er, dass er nichts geklaut hat. Ich hab' nichts geklaut, Mann!

Und ich, wo er die Tüte weggeworfen hat.

Und er: Was für eine Tüte? Und dass ich ihm vom Hals steigen soll, und ob ich verrückt sei. Was ist los mit dir, Mann? usw.

Und ich, weil es mich sehr erzürnt hat, dass er mich andauernd »Mann« genannt hat: Du hast sie mir aus der Hand gerissen! In der Binzstraße! Und dann sind wir bis zum Lorenz-Platz gelaufen!

Und er, Scheiße, dass er heute gar nicht auf dem Lorenz-Platz gewesen sei und in der Wieheißtsie-Straße war er noch nie, und dass er keine Luft mehr bekomme.

Tatsächlich war Marathonmann so in Rage, dass er bei jedem Satz, den er hervorstieß, zusätzlichen Druck auf die Kehle des Jungen ausübte, der versuchte, zurück zu rangeln, aber mit zugeschnürter Kehle geht das schlecht, das ist vor allem schmerzhaft, der Junge stöhnte und röchelte: in meiner Hosentasche! Dass Marathonmann das Geld nehmen solle, das er in der Hosentasche habe.

Marathonmann war vom Gedanken, in den Hosentaschen eines fremden (oder bekannten) Mannes zu wühlen, ganz schlecht geworden, und dazu kamen ihm erste Zweifel. Er starrte ins Gesicht des Jungen, und das kam ihm ganz so vor wie das des Jungen, den er den ganzen Tag verfolgt hatte, und er hatte ebenso Jeans und ein rotes Sweatshirt an, bzw. dieser hier ein tomatenrotes Sweatshirt und der andere eine ziegelrote Kapuzenjacke, aber das Gesicht war absolut dasselbe, ich spinne nicht, als wären sie Zwillinge. Dass er es vielleicht wirklich mit Zwillingen zu tun hat, dachte Marathonmann und schrie in tiefer Verzweiflung den Typen unter sich an:

Wie heißt du?

Aras, sagte der Junge.

Und dein Bruder?

Batuan, sagte der Junge, und dann bekam sein Gesicht einen Ausdruck, als würde ihm auch gerade etwas klar.

(Tsss! sagte Claus.)

Scheiße, sagte Marathonmann, der sonst niemals Kraftausdrücke verwendet, und lockerte den Druck auf den Hals des Jungen. Jetzt hätte der ihn abwerfen können und sich bitter rächen, aber er blieb einfach auf dem Pflaster liegen, hart und dreckig, wie es war, und fragte: Wie viel …

40 Euro, sagte Marathonmann der Wahrheit entsprechend und ließ sich vom Jungen heruntergleiten. Saß mit gesenktem Kopf auf dem Gehsteig neben ihm und konnte sich nicht mehr rühren. Jetzt kann er mir den Schädel einschlagen, wenn er will. Aber auch der Junge rappelte sich nur mühsam hoch. Jetzt saßen zwei auf dem Gehsteig vor dem Tor, neben einem umgestürzten Fahrrad. Als wären wir zwei Saufkumpane, die sich übernommen haben. Der Junge bewegte seine Arme langsam. Fasste sich zögernd in die Hosentasche und zog noch zögernder einen Zwanziger heraus, und dann noch aus der Gesäßtasche einen platten Fünfer.

Tsss! sagte Claus. Und was hast du gemacht?

Nichts. Marathonmann saß nur da, mit gesenktem Kopf, wie ein schuldbewusster Schüler. Der Junge warf ihm die beiden Geldscheine in den Schoß, stellte sich langsam und wackelig auf die Füße, zerrte das Rad hoch. Während er das Tor aufschloss, behielt er Marathonmann im Auge, schob das Tor mit dem Hintern auf, er drehte Marathonmann nicht den Rücken zu. Marathonmann saß nur da, mit 25 Euro im Schoß.

Später stellte er sich auch auf die Füße und sah sich um. Die Straße war leer, hinter der Hälfte der Fenster brannte Licht. Marathonmann zitterte. Die Anspannung aus dem vorangegangenen Angriff, und dazu jetzt erst, verspätet, die Angst.

Große Angst in der ihm unbekannten, dunklen Gegend. Er steckte das Geld nicht in die Jacken-, sondern in die Hosentasche und ging los, erst wankend, stolpernd, aber irgendwann kam er wieder ins Traben und aus dem Traben ins Rennen, so schnell, wie er konnte. Es dauerte sehr lange, bis er sich wieder traute, sich zu orientieren, und dann dauerte es wieder ewig, bis er sich bis zu Claus durchgeschlagen hatte. Das letzte Stück, als er fast schon da war, war am schwierigsten. Die Straße, in der Claus wohnt, ist neuerdings umgeben von Straßen, in denen man ausgeht. In jedem Haus eine Kneipe, eine Bar, ein Club, der Gehsteig voll mit aufgetakelten, jungen Menschen. Männer in Sakkos, Frauen in Minikleidern. Dazu der Supermarkt, der bis Mitternacht aufhat. Laufen war nicht mehr möglich, Marathonmann musste gehen, das heißt, wanken, plötzlich konnte er nur noch wanken. Der noch nicht erledigte Einkauf fiel ihm auch ein. Ich renne schon den ganzen Tag, ohne etwas gegessen oder getrunken zu haben.

Hopps! sagt Claus. Ein Name, der seit dem letzten Klassentreffen (40 Jahre) wieder aktuell geworden ist. Du hier? Um diese Zeit?

Krieg ich was zu trinken?

Claus und Hopps passen gut zusammen, auch Claus hat nichts Anständiges im Haus. Marathonmann trinkt zwei große Gläser lauwarmen, trüben Leitungswassers.

Jetzt erzähl schon, sagt Claus. Was ist los?

Hast du auch was zu essen da?

Etwas angetrocknetes Mischbrot und irgendeinen fertigen Kräuterquark. Nichts schmeckt, trotzdem isst Marathonmann. Schließlich gibt ihm Claus sogar noch sowas wie ein Dessert:

einen Fruchtjoghurt mit irgendetwas Knusprigem drin. Das schmeckt allerdings ziemlich gut.

Und die Polizei? Hast du die Polizei schon angerufen? fragt Claus, während Marathonmann sorgfältig den Joghurtbecher auskratzt.

Die Polizei? Nein.

Kein Handy, kein Geld, aber die Wahrheit ist, dass er einfach noch gar nicht daran gedacht hat. Und jetzt, wo er die 25 Euro vom Typen hat …

Tsss!, sagt Claus ein drittes Mal und schüttelt den Kopf.

Den Ausweis muss ich nachmachen lassen. Foto und alles. Immerhin muss keine Bankkarte gesperrt werden. Die liegt zu Hause. Zusammen mit dem Pass, den man manchmal braucht, wenn man Marathonlaufen geht.

Er hat deinen Ausweis und deine Schlüssel? fragt Claus.

Ja. Die Schlüssel muss ich auch nachmachen lassen.

Ist dir klar, fragt Claus, dass er, wenn er deinen Ausweis hat, weiß, wo du wohnst und auch die Schlüssel zur Wohnung hat?

Nein, das hat Marathonmann bis jetzt nicht bedacht, und jetzt bekommt er plötzlich so heftiges Sodbrennen, dass er nichts mehr sagen kann. Er muss sich nach vorne krümmen, und dann muss er sogar vom Küchenstuhl rutschen und auf dem Küchenfußboden knien, mit einer scharfen, engen Hitze in seiner Brust. Ein Röcheln steigt irgendwo ganz tief aus ihm hoch, er kann kaum mehr hören, was Claus sagt.

Hopps! sagt Claus. Hopps? Hörst du mich? Hörst du mich?

Die Liebe unter Aliens

Sie hatten für sich zwei ein Einzelbett, das war so hart, wie sie das in ihrem kurzen, abwechslungsreichen Leben noch nicht erlebt hatten. Statt eines Lattenrosts lag die dünne Matratze auf einer Reihe alter Bretter, die jemand in den Rahmen gelegt hatte. Sie schlug vor, die Matratze lieber gleich auf den Boden zu legen, so wie zu Hause. Damit war der Raum dann voll. Es zog kalt unter dem Bett hervor und auch über dem Bett, dort war das Fenster, das hatten sie geöffnet, damit der Rauch hinauszog. Kalt wie das Weltall, dachte er, und der Rauch zieht nicht hinaus, er kriecht hier auf dem Boden herum, sickert unter den Türen durch, die alle zu kurz sind, Licht- und Luftlinien, bald weiß das ganze Haus, dass hier gekifft wird. Aber sie hätte sich sowieso nicht abbringen lassen, sie war so aufgedreht, sie musste etwas tun. Am Abend zuvor, zu Hause noch: dasselbe. Sie sprang und rannte durch die Wohnung, Küche, Zimmer, Küche, Zimmer. Sie hatte Vanillepudding gekocht, er war klumpig geworden, das machte sie zusätzlich nervös, dass es ihr noch nie, kein einziges Mal in ihrem Leben, gelungen war, Pudding ohne Klümpchen zu kochen, sie schämte sich vor ihm, weil er doch Koch werden wird. Er ist zwanzig und heißt Tim, sie ist achtzehn und lässt sich wahrhaftig Sandy nennen. Sie haben sich vor einem halben Jahr in einer Einrichtung kennengelernt, in der sie beide jeweils drei Wochen verbrachten.

Danach sind sie nicht mehr auseinandergegangen. Sie wohnt bei ihm in seiner ruinösen Einraumwohnung. Er hat sein Lehrlingsgehalt, sie hat gar nichts.

Fick mir, sagte Tim, oder bring mir was zu essen.

Darüber lachten sie ziemlich lange.

Das ist das Beste, was du je gesagt hast.

Fick mir oder bring mir was zu essen. Fick mir oder bring mir was zu essen.

Später wurde das Licht zu hell und zu hart. Tim hatte auf Farben gehofft, auf die schönen Farben, wie einmal, als alles so bunt war wie zuletzt in Kindheitsträumen. Aber es blieb alles kalt und weiß, beige und braun. Der Tisch mit den Brandflecken, das unter der leeren Teekanne blakende Teelicht kurz vorm Ersticken, die Krümel, die Asche.

Sandy: Ohgottohgottohgott.

Tim: Waswaswas?

Ich kann dich nicht ansehen. Du bist ein Alien.

Waswaswas?

Du bist ein Alien.

Scheiße, sagte Tim. Oh Scheiße! Jetzt kann ich dich auch nicht mehr ansehen. Jetzt bist du auch 'n Alien!

AchduScheißeohmeinGott!

Sie versuchten, einander anzusehen. Es ging nicht. Sie rissen schnell den Kopf herum, er schaute eng an seine Schulter, sie verdeckte die Augen. Sie prusteten, aber sie hatten wirklich Angst. Vor Angst lachend und kreischend, saßen sie in der winzigen Küche, am winzigen Tisch, weißer Tisch, braune Brandflecken. Teelichter, Kerzen, das ist Sandys Leidenschaft, manchmal sitzt sie tagsüber alleine hier, zündet ein Teelicht an und schaut in die Flamme. Mit dem Wachs spielen, dafür sind Kerzen besser, billige, tropfende Kerzen. Die Wachstropfen auffangen, Fingerabdrücke machen und kleine Kugeln. Tim sah lange in einen kreisrunden braunen Fleck auf der Tischplatte mit drei dunkleren braunen Punkten darin. Stell dir vor, das wäre eine Galaxie, schau dir das an, schau nicht sie an. Am Rande seines Sichtfelds Sandy, die offenbar vom Stuhl gerutscht war und sich in Bodennähe irgendwohin bewegte.

Was machst du jetzt? Was machst du jetzt?

Ich robbe ins Wohnzimmer. Da seh' ich dich nicht. Wenn ich dich nicht sehe, wirst du kein Alien.

O.K. O.K., das ist gut. Robbe ins Wohnzimmer. Ich bleibe hier.

Ohmeingott. Ein Alien. Ein Alien im Wohnzimmer.

Später ging es wieder, sie konnten nebeneinander auf der Matratze liegen, Tim mit einer Erektion, aber es ist besser, jetzt nichts damit anzufangen. Sie lag mit dem Rücken zu ihm, zusammengerollt, er drehte ihr auch den Rücken zu und zog die Knie an, so ist es am sichersten.

Natürlich verschliefen sie. Das Handyklingeln weckte sie. Am Telefon war Ewa, die Tims Chefin ist, die Köchin, bei der er seine Ausbildung absolviert. »Das polnische Dromedar.« Sie ist normalgroß und normaldick, lediglich einen Kopf größer als Sandy und doppelt so breit, und blond wie ein Weizenfeld. Tim ist sich im Klaren darüber, dass Ewa eine schöne Frau ist, eine große Blondine, viele Männer jeden Alters sind angetan von ihr, und dazu ist sie noch Köchin. Sandy nennt sie, wie sie sie nennt, weil sie sie nicht mag. Ewa ihrerseits mag Sandy nicht und nennt sie, wenn sie mit ihrem Mann über sie spricht »Tims Kleine« oder »die kleine Schlampe«, Tim gegenüber nennt sie sie (und dabei kommt es auf den Tonfall an) »deine Freundin«, wenn sie mal mit ihr selbst reden muss (was so gut wie nie vorkommt), spricht sie ihren Namen wie »Sand« aus. Sandie.

Sandy hat nichts zu tun, außer auf Tim zu warten, das Wenige an Essen einzukaufen (bzw. zu klauen), herumzulaufen und zu schauen, ob die Leute etwas zum Mitnehmen herausgestellt haben. Sie stellen ziemlich viel heraus. Alles in der Wohnung haben sie entweder gefunden oder geschenkt bekommen. Die Matratze von einem Nachbarn, einem Studenten, bevor der die Stadt verließ. Von ihm auch einiges an Geschirr, anderes, wie gesagt, ist von der Straße. Ein Sammelsurium an alten Tassen, Salzstreuern, Vasen. Stellen sie jemals etwas in diese Vasen? Ja. Blumen, die Sandy pflückt, wilde und nicht wilde, Tulpen und Rosen aus öffentlichen Anlagen (auch Friedhöfen), manchmal klaut sie auch was vor den Blumenläden. Alle Pflanzen, die sie nicht kennt, nennt sie: Ranunkeln. Essen stellen die Leute nie zum Mitnehmen heraus, warum eigentlich nicht? Würdest du dich trauen, Lebensmittel von der Straße mitzunehmen? Warum nicht? sagt Sandy. Sie sammelt auch Pfandflaschen. Sie holt sie nicht aus dem Mülleimer, aber wenn irgendwo eine frei steht, auf einem Fenstersims zum Beispiel, nimmt sie sie mit. Tim nimmt mit Ewas Erlaubnis übrig gebliebenes Essen aus der Küche mit. Das ist keine Selbstverständlichkeit, ungefragt wäre es Diebstahl. Man muss jeden Tag neu verhandeln. Ewa gibt ihm häufig etwas mit, aber sie bestimmt, wann, was und wie viel. Sie weiß, sie weiß ganz genau, dass er für zwei mitnehmen muss. Sie könnte ruhig großzügiger und eleganter vorgehen, nicht so preußisch, aber sie bleibt streng, weil »der Junge einen festen Rahmen braucht«, und was Sandie braucht, interessiert sie nicht, Sandie ist nicht ihr Lehrling. Aber dann, wenn sie sie zusammen sieht, ist sie doch immer wieder mild gestimmt: der eine lang und dünn, mit einem so schmalen Kopf, dass er vorne kauen muss, weil die hinteren Backenzähne keinen Platz haben, sich zu berühren, die andere klein, mit einem Gesicht wie ein glänzender, runder Käsekuchen, beide mit wirren Haaren, verwischten Augen und der unreinen Haut von Teenagern, sehr verschieden und sehr ähnlich zugleich, zwei, die zusammengehören, ob einem das nun gefällt oder nicht. Aber dann kommt, ebenfalls jedes Mal, der Moment, wenn ihr (Ewa) klar (wie Kloßbrühe) wird, dass dieses große Zusammengehören nicht unbedingt gut sein muss, für keinen der beiden, aber besonders nicht für Tim. Für Tim fühlt sie sich verantwortlich, weniger als eine Mutter, aber mehr als eine Chefin. Aber was willst du tun, wenn die Kleine ankommt, wenn Tim und Ewa am Tisch sitzen und essen, und sie setzt sich dazu, begrüßt Tim, aber nicht Ewa. Gibt ihr das Gefühl zu stören, in ihrem eigenen Restaurant, sperrt das Maul nur auf, um sich von Tim füttern zu lassen, und er füttert sie, nur noch sie, wie einen gefräßigen kleinen Vogel. Und wenn Ewa dann aufsteht, nach hinten geht und mit einer weiteren Portion wiederkommt und sie (wortlos) vor Sandy hinstellt, tut die kleine Schlampe doch tatsächlich beleidigt. Danke, bin nicht drauf angewiesen. Und stürmt aus dem Laden. Seitdem kommt sie auch nicht mehr herein, sie wartet draußen, und zwar manchmal schon eine Viertelstunde vor dem Ende von

Tims Schicht. Und er beeilt sich zu ihr. Ein Lehrling, der keine einzige Minute länger bleibt, weil seine Freundin schon auf ihn wartet. Ich sage das nicht gegen sie, sondern für ihn: das macht keinen guten Eindruck.

Tim liebt Sandy und mag Ewa, mehr als eine Chefin, sagen wir, er mag sie, wie eine Tante, und es wäre ihm lieber, wenn diese beiden sich nicht hassen würden. Ein Leben ohne Sandy kann er sich nicht mehr vorstellen, und ohne Ewa würde er diese Ausbildung nicht schaffen. Oder irgendeine andere. Er will es nicht, aber es ist einfach so, dass ihn alles, was er nicht weiß, noch nicht kann, alles, was neu ist, in Panik versetzt. Bei jedem lauten Wort zuckt er zusammen, die kleinste Kritik oder Korrektur dringt wie Messerstiche in ihn ein. Zitternd rührt er in der Mehlschwitze, die sicher klumpt oder anbrennt, und wenn er gerade Fadennudeln schneidet, dann wird er sie zu breit schneiden oder sich selbst in die Finger.

Er war nicht immer so, kein ungeschicktes Kind und auch kein vom Pech verfolgtes. Es fing an, als seine Mutter starb. Er weiß es, versteht es aber nicht. Sie war lange krank gewesen, ihr Tod traf ihn dennoch überfallartig. Ich habe nicht gewusst, dass ich nicht weiß, wie man ohne sie lebt. Natürlich hält er sich, er hält sich sehr tapfer, sich von Messern durchbohren zu lassen ist nicht das, was er will, zittern und alles aus der Hand fallen lassen ist nicht das, was er will, aber wenn es passiert, dann will er wenigstens auf den Füßen bleiben, solange es geht, sich durchstehen, als wäre es ein Kampf, und der Letzte, der steht, hat gewonnen. Das eine oder andere Mal zitterte er allerdings so heftig, dass ihm Ewa das Messer aus der Hand nehmen musste. Sie nahm ihm das Messer weg, streichelte ihm nicht über die Hand, aber sie stellte sich so dicht neben ihn, dass sich ihre Arme berührten. Ihr warmer Oberarm, ein kleines, festes Kissen, und sein zitternder, knochiger Ellbogen. Er hätte einen kleinen Schritt beiseitetreten können, dann hätte es keinen Körperkontakt mehr gegeben, aber er trat nicht beiseite. So war es anfangs – Der junge Herr Zitterpappel, nannte ihn Ewas Mann, der Wirt, und das in seiner Anwesenheit. Scht, sagte Ewa –, jetzt, nach einem Jahr, ist es schon viel besser geworden, man kann ihn mitnehmen, wenn man bei einer Hochzeit kocht, er ist dem gewachsen, kann dabei lernen, und es gibt auch Extrageld.

Aber dann, natürlich, wenn *sie* in der Nähe ist, und wann ist sie mal nicht in der Nähe, wird alles unnötig kompliziert. Er kann ihr nichts abschlagen, und das bringt ihn zuverlässig in Schwierigkeiten. Kommt nicht, wenn er kommen soll, ist nicht da am Laden, wie es verabredet war. Hat verschlafen, weil sie sich wieder die Nacht um die Ohren geschlagen haben. Ewa muss ihn wach klingeln, und dann muss sie ihn auch noch abholen. Sie hätte ihn am liebsten nicht abgeholt, aber ohne ihn konnte sie auch nicht fahren. Oder doch, warum nicht, er ist alles andere als unverzichtbar. Aber es gibt nun einmal Leute, die aufgeben können, und andere, die es nicht können, und Ewa gehört zu Letzteren. Pläne aufzugeben ist nicht machbar, sie kurzfristig reparieren ist machbar. Also fuhr sie unter Flüchen los, um ihn bei sich abzuholen.

Und, stand er dann wenigstens auf dem Gehsteig vor seinem Haus, damit sie nicht auch noch einen Parkplatz suchen musste? Ja. Aber er stand da nicht alleine, seine Kleine stand bei ihm. Zwei verschlafene Schulkinder mit ihren Rucksäcken, die auf den Bus warten.

Was soll das werden?

Sandy will mitkommen.

Sie kann nicht mitkommen. Das ist Arbeit. Küche. Hygiene-
bereich. Sie hat da nichts verloren.

Sie will auch nicht mit in die Küche kommen. Sie will nicht
einmal bis zum Gutshof kommen, sie will nur ein Stück mitgenommen werden.

Kommt nicht in die Tüte, dafür haben wir keine Zeit usw.
Was soll das überhaupt? Ich bin kein Taxiunternehmen, soll sie
doch den Bus nehmen.

Woraufhin die Kleine? Mit honigsüßer Stimme, wie noch
nie, noch niemals, lässt nicht nach, sie wolle doch nur ans
Meer, und sie führen doch Richtung Meer, auch wenn sie auf
halber Strecke abbiegen, immerhin halbe Strecke. Sie will ans
Meer, einfach nur ans Meer.

Ewa war nah dran, den Verstand zu verlieren – was geht
mich dein dämliches Meer an, wieso denkt ihr Kinder eigentlich, dass eure kindischen Wünsche *Argumente* wären?, und wer
hat überhaupt *mich* zu deiner Wunscherfüllerin ernannt, nur
ich-ich-ich im Kopf, und *ich* soll dafür den Stress haben? – aber
dann sah sie, dass der Junge, die Zitterpappel, Tim, diesmal
nicht zitterte. Er zitterte am Anfang, als sie ankam und ihn zu-
sammenfaltete, aber jetzt steht er ganz ruhig da. Man könne sie
doch mitnehmen. Es sei nur ein Gefallen.

Ich habe keine Zeit für Gefallen!

Scht! sagte jemand aus einem Fenster über ihnen.

Ewa schlug beide Hände auf den Kopf, zehn Finger einzeln.
Das ist doch alles unfassbar.

Und wie endete es? Es endete natürlich so, dass Sandy mitfuhr. Saßen beide auf dem Rücksitz und hielten Händchen, die ganze Fahrt über, immerhin eine und eine Viertelstunde, die Finger ineinander verschränkt. Sie saßen ihr im Rückspiegel, Ewa bat sie dennoch nicht, zu rücken oder sich zu ducken. Sie wollte sie sehen, sie hoffte immer noch auf den endgültigen Fehltritt, der es ihr möglich machen würde, die Kleine, aber wenn es sein müsste, eben beide hinaus zu komplimentieren. Aber sie taten nichts. Die Kleine legte ihren Kopf auf Tims Schulter und verschwand aus dem Spiegel, nur einpaar stachelige Haare waren von ihr zu sehen. Und, natürlich, wieder einmal wurde Ewa milde. Zwei verliebte Kinder auf dem Rücksitz, das eine will ans Meer und dort auf das andere warten, das ist rührend. Sie voneinander zu trennen, fühlte sich falsch an, aber das Mädchen in die Küche oder irgendwohin in die Nähe der Hochzeit zu lassen, stand auch außer Frage. So fuhren sie einfach stumm dahin. Ewa traute sich nicht einmal, das Radio einzuschalten. (Was die Kinder denken würden über meinen Musikgeschmack.)

Sie fuhren stumm, bis es nur noch fünf Kilometer bis zum Abzweig waren, dann sagte Ewa: Fünf Kilometer noch.

Tim sah sie durch den Rückspiegel an. Auch er hatte die ganze Zeit überlegt, und auch ihm war keine gute Lösung eingefallen. Dann hob auch Sandy den Kopf, ihre Stirn und ihre Augen erschienen wieder im Rückspiegel. Die Augen lächelten, und auch die Stimme, mit der sie zu Tim sagte, sie würde ihm simsen, sobald sie die Unterkunft habe. Sie verabschiedete sich mit einem leichten, nicht personengerichteten Tschüs, und stand so lange am Wegesrand und winkte, und Tim schaute so lange durch die Heckscheibe und winkte, bis sie sich aus den Augen verloren.

Als ich jung war, habe ich auch so gewunken, dachte Ewa. *Er* nie, aber das machte mir erst später etwas aus. Bis mir auch das nichts mehr ausmachte. Menschen sind verschieden.

Beim Job lief alles reibungslos, Tim arbeitete ruhig und konzentriert, checkte nicht ununterbrochen seine Nachrichten, checkte sie, zumindest soweit Ewa es sehen konnte, kein einziges Mal (aber, natürlich hatte sie ihn nicht jede einzelne Minute des Tages im Auge behalten), und als Ewa, nachdem sie für die Kellnerinnen alles für den Mitternachtssnack vorbereitet und den Rest aufgeräumt hatten, »ich fahre jetzt« sagte, war Tim immer noch ganz ruhig und erwiderte: »OK«.

Und du?

Ich komm klar.

Es ist schon spät.

Kein Problem.

Soll ich dich mit nach vorne nehmen?

Nicht nötig, sagte Tim, und Ewa verstand endlich, dass die beiden doch einen geheimen Plan hatten. Sie haben vor, während oder seit der Fahrt irgendetwas ausgeheckt. Sie entschied sich dagegen, herausfinden zu wollen, was es war, sie entschied sich dagegen, enttäuscht von Tim zu sein. Du bist wie ein Sohn für mich – und Söhne in einem gewissen Alter machen: genau so etwas. Sie entschied sich dafür, friedlich davonzufahren, zurück nach Hause, zu dem sie liebenden Mann.

Tim wartete, bis das Auto außer Sichtweite war, und nahm das Telefon aus der Tasche, aber bevor er hätte anrufen können, klingelte es. Sandy kicherte.

Schau mal nach links!

Sie stand auf der anderen Straßenseite neben einem Baum und winkte.

Sie hatte den besten Tag überhaupt gehabt. Einen der besten. Sie hatte gewartet, bis sie außer Sichtweite waren, verließ dann die große Straße und machte sich zu Fuß auf den Weg zum Hof. Selbst wenn sie keiner mitgenommen hätte, hätte sie die 17 km bis zum Abend geschafft. Aber es nahm sie jemand mit, eine Frau hier aus dem Dorf, bei ihr können sie auch pennen. Die Frau hat zwei Kinder, mit denen hatte Sandy den Tag verbracht, sie führten sie durch den ganzen Ort, zu allen Gänsen, Pferden und Papageien (!) und Ameisenhügeln und verlassenen Häusern und den größten oder vom Blitz getroffenen Bäumen, die es hier gibt. Sie fragten sie, ob sie sich traute, mit ihnen zu der Schleuse am Fluss zu gehen, wo sie alleine nicht hindurften, aber sie war ja eine Erwachsene. Auf der schmalen Schleusenbrücke legten die Kinder dann ihre Arme um Sandys Taille, eins links, ein rechts.

Die Große Linde auf dem Kirchplatz war nicht weit, Sandy führte Tim hin. Sie setzten sich auf die Bank unter dem Baum und rauchten. Tim roch an seiner Hand. Sie roch nach Sellerie, Petersilie, Zwiebeln und Knoblauch. Wenn er sie senkte, duftete es wieder nach Linde, Rauch und Sandy. Nach Sandys nach Kiff riechenden Haaren.

Ich bin glücklich, sagte Sandy. Lass uns den Rest des Sommers einfach durch die Gegend trampen.

Es wird vielleicht nicht jeden Tag so gut laufen, dachte Tim, aber er war schlau genug, das nicht auszusprechen. Der Spielverderber sein. Wie schnell ihre Laune hinüber sein kann und wie hilflos sie dann auch sofort wird. Alles wird gelingen, nichts gelingt, ich kriege jeden herum, keiner mag mich, magst du mich überhaupt richtig?, musst du wirklich gehen?, wohin gehst du wirklich?, wo warst du solange? Also sagte Tim: Wieso nicht? Sie jauchzte, griff seinen Kopf und küsste ihn hart auf den Wangenknochen, dass er seine Zähne knirschen spürte.

Die Unterkunft war eine unbeheizbare Kammer hinter der Küche. Die Wände wären vielleicht gegen Ende des Sommers genügend aufgewärmt, aber jetzt war noch Anfang des Sommers. Tim schlotterte. Sie hatten schon unter der Linde eine Zigarette mit Gras geteilt, Tim wäre es lieber gewesen, wenn sie es in der Kammer gelassen hätten, aber Sandy musste einfach noch eine rauchen.

Ich bin doch so glücklich!

Durch das geöffnete Fenster wehte böenweise die Musik der Hochzeitsgesellschaft herein. Sie aßen den Kuchen, den Tim mitgebracht hatte. Sie aßen ihn ganz auf.

Warum hast du nicht mehr mitgebracht?

Ich habe soviel mitgebracht, wie sie mir gegeben haben, sagte Tim.

Am nächsten Morgen war es schon nach neun, als die Kinder sie weckten.

Es gibt kein warmes Wasser! Der Boiler ist kaputt! Ihr geht zusammen ins Bad? Was macht ihr da? Was macht ihr da?

Sie kicherten und schubsten sich vor der Badtür, die man nicht abschließen konnte, sie öffneten sie dennoch nicht, sie rumsten nur dagegen und kreischten. Sandy kam als Erste wieder heraus, schwarze Mascaraflecke unter den Augen, und umarmte sie lachend. Die Kinder kletterten auf ihren Schoß und versuchten, die Mascaraflecke abzurubbeln. Am Ende gelang es nach mütterlichem Rat mithilfe von Speiseöl. Natürlich nahmen sie zu viel Öl, natürlich rubbelten sie zu fest, Sandy weinte und lachte. Die Kinder flehten, und die Mutter bot Sandy und Tim an, sie könnten auch den Sonntag bei ihnen verbringen, aber Tim sagte, nein, danke, wir wollen ans Meer.

Und du bist echt Koch?

Noch nicht, aber bald.

Und was wirst du? (Zu Sandy.)

Friseurin, sagte Sandy, ohne mit der Wimper zu zucken.

Als sie sich zum Gehen anschickten, hängten sich die Kinder an ihre Beine, eins an Sandys linkes Bein, eins an Tims rechtes Bein, sie schwankten, sie kamen nicht von der Stelle, außer sie hätten die Kinder über den Boden geschleift, Sandy lachte. Irgendwann hörten die Kinder dann doch auf ihre Mutter und ließen los, sie liefen ihnen auch nur bis zur Hoftür hinterher. Sie winkten, solange sie sie noch sehen konnten.

Sie stapften mit ihren Rucksäcken unter Bäumen. Sandy vermisste die Kinder, und Tim hatte deswegen ein schlechtes Gewissen, aber den Tag mit ihnen auf diesem Dorf zu verbringen, hätte er sich auch nicht vorstellen können.

Ich wusste gar nicht, dass du Friseurin werden willst, sagte er und bereute es gleich. Nicht das beste Thema, um die Stimmung zu lösen.

Sandy zuckte mit den Achseln: eines der vielen Dinge, die ich mir vorgestellt habe als Kind.

Was hast du dir noch vorgestellt?

Astronautin.

Sie marschierten auf die große Straße zu, nicht dorthin, wo Ewa sie abgesetzt hatte, sondern in die andere Richtung, dort war sie näher, nur 10 km, allerdings war bis jetzt noch kein einziges Auto an ihnen vorbeigefahren. Tim ging auf dem Rand der Fahrbahn, Sandy auf dem schmalen Streife Erde zwischen Fahrbahn und Straßengraben.

Als Kindergärtnerin wärst du gut, sagte Tim.

Sie sagte nichts, sie lächelte nur geschmeichelt.

Sie wird Kindergärtnerin, dachte Tim, und ich Koch. Keine eigenen Kinder. Das ist zu schwierig, eine zu große Verantwortung. Aber zu zweit sein, jeder einen Job, den er mag, kiffen und in den Himmel schauen, das müsste zu schaffen sein.

Sie liefen seit einer halben Stunde, mittlerweile waren einige Autos vorbeigefahren, einige wenige Autos, aber keines hielt an. Sonntagvormittag auf einer niedrigrangigen Straße zwischen Dörfern, kein Durchgangsverkehr. Die wenigen Autos waren entweder mit ganzen Familien voll oder nicht mit ganzen Familien voll, allen gemeinsam war, dass Fahrer und Mitfahrer sie ganz genau anglotzten, weiße Gesichter ohne Ausdruck.

Glotz nicht, Arschloch. Und noch so ein Arschloch.

Sandy ging schnell. 10 km, das sind zwei Stunden, zu Mittag wäre man auf der großen Straße, und wann am Meer? Tim bekam stechende Schmerzen im Rücken unter dem Rucksack.

Lass uns eine rauchen. Wenn man sich eine anzündet, hält immer einer an.

Und tatsächlich. Keine drei Züge später hielt einer. Sie lachten. Der Mann, der anhielt, sprach einen schwer verständlichen Dialekt, dafür hatte er selbst kein konkretes Ziel. Er fuhr nur herum, weil's ihm langweilig war. Ans Meer ist doch mal eine gute Idee. Sandy warf Tim einen Blick zu. Diesen Typen am Strand dabeizuhaben, war nicht das, was sie wollte, aber kommt Zeit, kommt Rat, Hauptsache, man ist von der Straße weg.

Das Auto war auf irgendeine Weise getunt, der Mann erklärte es, halb nach hinten, zu Tim gewandt, aber nichts davon, was er sagte, war zu verstehen. Es war laut und die Schaltung ruckelig, oder der Mann fuhr absichtlich so, ließ den Motor heulen. Sandy stützte sich mit der Hand am Handschuhfach ab, um nicht ständig hin und her zu fliegen, und richtete das Gebläse auf ihr Gesicht aus.

Anfangs versuchten sie noch zu reden, aber dem Mann wurde bald klar, dass sie ihn kaum verstanden, und er hatte scheinbar auch nicht soviel zu sagen. Er schob eine CD mit einem Cabaretprogramm ein. Ein weiterer Mensch, der seinen Dialekt sprach. Tim döste auf dem Rücksitz ein.

Er wachte auf, weil sie standen. Sandy mit dem Kopf zwischen den Knien aus der Autotür gebeugt.

Ihrs schlächt wordn.

Sie würgte trocken.

Man war mittlerweile auf der Hauptstraße, hier war wesentlich mehr Verkehr. Dutzende Autos zogen an ihnen vorbei, während sie warteten, dass es Sandy besser ging. Tim schien, der Fahrer war ungeduldig. Seine Lippen waren ganz schmal. Er sah den Autos hinterher, die an ihnen vorbeifuhren. Sandy richtete sich wieder auf, setzte sich normal hin.

Fertig? fragte der Fahrer.

Ja, sagte Sandy und schloss die Beifahrertür.

Sie fuhren los, mit einem Ruck zurück auf die Straße. Sandy riss die Tür wieder auf und hielt den Kopf zur Seite hinaus.

Bischt blöd, oda was?

Vollbremsung, die Tür knallte zurück, auf Sandys Kopf. Nicht sehr heftig. Sie schrie nicht.

Während der Fahrt! Bischt blöd?

Blödmann, sagte sie und taumelte aus dem Sitz. Arschloch. Lern' erst mal fahren.

Sie knallte die Tür zu. Tim musste erst die Rucksäcke vom Rücksitz kratzen.

Die ist doch auf Drogen, oder nicht?

Klappe, Arschloch!

Mit heulendem Motor davon.

Sandy lehnte mit einer Hand an einem Baum, Tim stand neben ihr, seine großen, rauen Hände baumelten neben seinem Körper. Die Rucksäcke im Graben, hinter dem Graben die Straße, der Verkehr. Vor ihnen ein Feld mit irgendeinem Pflanzenwuchs. Als wäre es Unkraut. Ein brach gelassenes Feld voller Unkraut. Aber bis zum Horizont? Würde so etwas geduldet? Obwohl er diesmal nüchtern war, kam es Tim wieder so vor, als würden die Farben aus der Umgebung entweichen. Wo ist das Grün auf einmal? Es ist da, aber blasser. Auch die Autos, die vorbeizogen, sahen stumpf aus, obwohl die Sonne auf ihnen aufblitzte.

Sie murmelte etwas.

Was ist?

Schlecht.

Vom Feld her kam ein Luftzug, das tat gut, sie seufzte, Tim fröstelte. Er hockte sich hin. Eine kleine Oberfläche sein. Sie hockte sich auch hin.

Haben wir Wasser?

Sie weiß, dass sie keines haben. Kein Wasser, kein Proviant, noch nicht einmal einen Kaugummi. So waren sie los. Sie hatte ein Badehandtuch und Badeanzüge für sie beide in ihrem Rucksack, er die schmutzigen, schweren Küchenklamotten und ein paar Pimperlinge. Das Extra für die Hochzeit hatte er noch nicht bekommen. Sie hatte vermutlich gar kein Geld, aber normalerweise ist das kein großes Problem, sie weiß, wie man ohne Geld durchkommt, sie hat auch diese letzte Nacht gedeichselt. Aber was wird nun?

Er hob den Kopf und sah sich um. Natürlich war kein Wasser zu sehen. Ein Abzweig weiter vorn, Autos bogen ab und ein.

An der nächsten Tanke bestimmt, sagte Tim.

Sandy jaulte auf und ließ sich seitwärts ins Gras fallen.

Was für ein Scheißsommer. Sandy flüsterte ins Gras. Was für ein Scheißscheißsommer. Noch nicht einmal ans Meer darf man.

Der Wind blies durchs Gras, es zitterte, ihr Körper darin wie ein fallen gelassener Stein.

Vielleicht, sagte Tim nach einer Weile, vielleicht sollten wir kiffen. Obwohl er sich nicht sicher war, ob ihr nicht schlecht war, *weil* sie in letzter Zeit soviel gekifft hatten. Krebskranke kriegen das auch gegen die Übelkeit.

Du bist ein Genie!

Sie rappelte sich hoch, wischte sich Grashalme aus dem Gesicht. Die Abdrücke blieben. Sie lehnte sich an den Baumstamm und wartete geduldig, bis er die Tüte gerollt hatte. Er war nicht so geschickt wie sie sonst, aber das macht nichts. Sie lehnte an dem Baum, käsebleich und sah ihm lächelnd zu. Und er? Fühlte sich plötzlich sehr wohl. So wohl, wie gestern unter der Linde, oder wie immer wieder mit ihr. Wenn sie an ihrem Geburtstag auf dem Dach des Hauses sitzen und einfach nur schauen. Er vergaß das ganze Drumherum, die Autos, vollständig, es war nur noch der Graben da, der Baum und Sandy. Er setzte sich neben sie an den Stamm. So konnte er zwar ihr Gesicht nicht so gut sehen, aber die Kippe hatte einen kürzeren Weg. Sie saßen im Gras, es roch gut, was sie rauchten, roch gut, und der Baum, der roch auch gut. Es war auch nicht mehr kalt. Tim schloss die Augen und atmete ein. Beim nächsten Ausatmen war er eingeschlafen.

Es muss etwa um diese Zeit gewesen sein, dass Ewa am See ankam. Sie war um halb zwei im Bett, kein Problem, um halb acht wach zu sein. Der Mann war noch früher aufgewacht, er braucht noch weniger Schlaf als sie. Er saß am Tisch und las in der Zeitung. Sonntags öffnet er die Kneipe um 10 für den Frühschoppen. Im Sommer, wenn ihre Hilfe Urlaub macht, arbeitet er sieben Tage die Woche, das macht ihm nichts aus. Ihm fehlt nichts auf dieser Welt. Das ist oft das Gute an ihm und manchmal das Schlechte. Ein Mensch, der zufrieden ist im monotonen Alltag und nervös wird, aber bis zur Unerträglichkeit, wenn seine Routinen durchbrochen werden. Wenn zum Beispiel seine Frau, die polnische Schönheit, deren Wangen rosig und deren Haar wie Honig ist, Sachen sagt, wie, dass auch sie das Meer vermisse.

Wieso und was für ein Meer?

Als Meer konkret das Baltische, aber für den Moment täte es auch ein See. Sonne und Wasser wünscht sich Ewa an diesem Sonntag, denn der gestrige Tag hat sie doch mehr mitgenommen, als sie zunächst dachte. Soweit, so gut, das ist alles verständlich, aber warum fragt sie ihn, warum tut sie (immer wieder), was sie doch angeblich aufgegeben hat: ihn zu fragen, ob er mitkommen möchte. Ihn zu bitten, er möge mitkommen. Sie möchte *mit ihm* an einen See fahren.

Kann nicht, muss die Kneipe öffnen.

Man könnte ebenso gut auch einen Zettel an die Tür hängen: Wegen Familienangelegenheit heute geschlossen. Was würde schon passieren? Die Gäste würden in eine andere Kneipe gehen, und alle würden es überleben. Die Stammgäste würden an einem anderen Tag wiederkommen, und der eine oder andere würde nach der Familienangelegenheit fragen, aber nicht einmal das ist sicher. Und wenn er auf eventuelle Fragen die Antwort geben würde: Ich musste meine Madame begleiten, würden das alle verstehen.

Worauf er, der Mann, der Wirt, sein Name ist im Übrigen Dolf, aus Rudolf, ohne sie anzusehen, soviel sagte: Wärst du mal gleich mit denen ans Meer gefahren, das ist doch, was du eigentlich willst.

Leck mich doch, sagte sie und fuhr allein.

Wann ist er so ein Zyniker geworden? Sie kann den Punkt in der Vergangenheit nicht finden. Wie die Leute mit den Jahren werden. Früher, als sie jung war, hielt sie es für selbstverständlich, dass man mit dem Alter weiser wird, reifer, freundlicher. Mittlerweile weiß sie, dass das meistens nicht passiert. Schau dich nur selber an. Dies zum einen. Zum anderen, erinnere dich richtig. Es ist mehr als zwanzig Jahre her, als er auf die Frage, ob sie nicht ein Kind oder ein Geschwisterpaar in Pflege nehmen wollen, sagte: nein. Meine eigenen würde ich grad noch so ertragen. Und außerdem: sie bieten dir behinderte oder anderswie geschädigte Kinder an, und du darfst nicht ablehnen, denn ein anderes bekommst du dann nicht.

Auto fahren und deinen Ehemann hassen.

Als sie am See ankam, beschloss sie, sich nicht mehr zu ärgern. Sie fand einen guten Platz im Halbschatten und schaute abwechselnd einer Familie mit hübschen kleinen Mädchen und einer Gruppe Jugendlicher zu, die sich in der Nähe der alten Umkleidekabinen produzierten. Dabei schauten sie die ganze Zeit, ob man sie auch sieht. Obwohl sie Sandy noch nie sich auf diese Weise hat aufspielen sehen, musste Ewa an sie denken. Ihre Kratzbürstigkeit ist doch auch eine Form von Koketterie. Mit einer Sache hat Dolf recht. Es gibt Menschen, die sind einfach kaputt, und es kann sein, dass ein gewisser familiärer Hintergrund seinen Anteil daran hat, aber wahr ist auch, dass, hätten sie, die sie doch im Großen und Ganzen normal und tüchtig sind, Kinder, könnten die genauso kaputt sein. Verschlagen wie Sandy, zerbrechlich wie Tim. Da brauchen wir uns überhaupt nichts vorzumachen. Tim war neunzehn, als seine Mutter starb. Er hätte fertig ausgebrütet sein können. Vielleicht wird er es mit dreißig, vielleicht nie. Immerhin war es vorstellbar, dass er irgendwann ein Erwachsener sein würde.

Ein Erwachsener mit einem Beruf. Aber sie? Was kann sie überhaupt? Gibt es etwas, das sie kann? Es gibt Menschen, die können wirklich gar nichts. Trotzdem wollen sie leben, und zwar *gut*. Das gönne ich wirklich jedem, aus ganzem Herzen. Was diese Kleine nur nicht weiß, ist, wie unheimlich lange das Leben noch ist.

Um nicht weiter an sie denken zu müssen, ging sie zum Wasser. (Ich denke wirklich zu viel an sie. Drei Leute, an die Ewa immer denkt. Dolf, Tim und Sandy. An meine eigene (tote) Mutter denke ich nicht annähernd soviel. Bedeutet das, dass sie, diese Drei, meine Familie sind? Ist das nicht ein bisschen …?) Sie behielt ihre Füße im Auge, schaute, wo sie hintrat, und auch, wie ihre Beine beim Laufen aussahen. Die Schenkel erzitterten bei jedem Tritt. Ganz die, die ich mal war, bin ich auch nicht mehr. Na und, sagt Dolf. Wer ist das schon. Und wieder hat er recht. Alles in allem ist das beruhigend. Eine korpulente Frau mittleren Alters, wer mich ansieht, sieht genau das. Ganz ohne Eitelkeit kann ich mit dem großen Zeh lange im Wasser rühren, bis die Kälte nicht mehr schmerzt. So ist es auch gut.

Während sie im sehr kalten, tannengrünen Wasser schwamm, fühlte sie sich schön. Ihr Körper, der sich im Wasser bewegte: schön. Den Kopf hielt sie heraus, sie hat viel dichtes Haar, es dauert lange, bis es trocknet. Dieser Kopf mit dem hochgesteckten blonden Haar, der majestätisch über dem Wasser schwebte – die Jugendlichen sahen herüber.

Als sie wieder bei ihrem Handtuch stand, klingelte ihr Telefon. Sie war noch tropfnass und fror, sie ließ es ausklingeln. Sie würde sich die Nachricht auf dem Anrufbeantworter anhören, wenn es eine gab. Wenn nicht, dann eben nicht. Das Telefon klingelte erneut. Sie zögerte. Zu lange. Wieder ging die Box ran. Als es das dritte Mal klingelte, nahm sie ab. Es war Tim.

Was soll das heißen: Sie ist verschwunden?

Er schluchzte wie ein kleines Kind, es war kaum zu verstehen, was er sagte. Sie war da, und dann war sie plötzlich nicht mehr da.

Wie: sie war plötzlich nicht mehr da? Ist sie vor seinen Augen verschwunden?

Nein, nicht vor seinen Augen. Obwohl er jetzt nachdenken muss. War es vielleicht doch vor seinen Augen?

Nein, ich hab für'n Moment die Augen geschlossen.

Er habe sie natürlich auch schon angerufen, aber da hieße es nur: Teilnehmer ist vorübergehend nicht erreichbar.

Ewa schwieg eine Weile und sagte dann: Na ja, sie ist… Manchmal ist sie doch ziemlich spontan.

Sie ist noch nie verschwunden, ohne etwas zu sagen.

Hast du schon die Polizei angerufen?

Er weinte. Nein.

Wo bist du jetzt?

Er stand dort, wo er Sandy zuletzt gesehen hatte. Ihr Abdruck im Gras war noch zu sehen. Sie war also wirklich da gewesen bei ihm. Das da ist ihr Abdruck. Anfangs lief er am Grabenrand auf und ab, rief ihren Namen in die Landschaft. Ins Feld mit dem diffusen Pflanzenbewuchs. Schaute, ob Fußabdrücke auf dem Feld zu sehen waren. Nein. Er schaute hinter diese Baumreihe und dann hinter der auf der anderen Straßenseite. Sah einen

Busch, dachte erst, vielleicht hat sie sich dahinter versteckt, das wäre ihr zuzutrauen. Hockt hinter dem Busch und lacht sich schlapp. Er rannte auf den Busch zu und rief ihren Namen, erreichte den Busch, ging um ihn herum. Sie war nicht da. Er ging wieder in die andere Richtung, auf die Kreuzung zu. Schaute immer am Wegrand auf und ab, ob er Spuren von ihr sah. Nichts. Nicht einmal etwas, das man willentlich mit einer Spur von ihr hätte verwechseln können. Er kehrte um, er wollte zurück zu ihrem Abdruck im Gras. Als er wieder davor stand, war der Abdruck viel kleiner geworden. Praktisch nicht mehr vorhanden. Der Wind und die Grashalme selbst, die sich wieder aufrichten wollen, einer nach dem anderen. Tim sah ihnen zu und weinte.

Ewa brauchte anderthalb Stunden, bis sie bei ihm war. Sie befürchtete, ihn gar nicht zu finden, aber sie fand ihn. Er weinte nicht mehr, er tigerte am Wegrand auf und ab und konzentrierte sich nur mehr darauf, auf Ewa zu warten. Der Abdruck war da schon ganz verschwunden.

Ich weiß auch nicht, sagte Ewa. Es ist ja schon eine Weile her. Sie könnte inzwischen schon …

Was?

Da sein. Am Meer. Oder wo auch immer. Dieses letzte sprach sie nicht mehr aus. (Warum machst du ihm Hoffnungen? Weil ich ihn mag. Wie er mich wieder ansieht. So dankbar, so hoffnungsvoll. Als hätte ich die Lösung. Warum denkst du, dass ich die Lösung habe?) Na ja, sagte sie, vielleicht fahren wir am besten einfach hier die Straße weiter.

Das Vertrauen, mit dem Tim sich ihr übergab, schien so grenzenlos zu sein, dass sie selbst daran glauben wollte, wenn sie weiter Richtung Meer führen, würde sich die Welt so ordnen, dass sich darin eine Erklärung für das Unerklärliche auftat. Dass sie sie nun, da sie zu zweit und mit einem Auto nach ihr suchten, sie spätestens, wenn sie an der Küste angekommen wären, finden würden. Einerseits wusste Ewa, wie real so etwas ist, andererseits war sie froh, Tim bei sich zu haben, und auch froh, heute doch noch ans Meer zu kommen. Ob sie das Mädchen nun fanden oder nicht. Sie konnte sich das ebenso vorstellen, wie nicht vorstellen, denn schließlich hatten die Kinder noch nicht einmal ein konkretes Ziel an der Küste, keinen Ort, den sie unbedingt anfahren wollten. Wohin der Wind sie eben trug. Und nun darf ich das bei klarem Verstand versuchen, nachzuahmen.

Sie fuhr, schaute auf die Straße und ein wenig zu den Seiten, er scannte alles, was er irgendwie überblicken konnte. Jeden Fetzen, der sich in einem Busch verfangen hatte, jedes Stück Müll. Ein Unfallkreuz mit frischen Blumen: wie ein Fußtritt in den Magen.

Am Rande der nächsten Ortschaft war eine Tankstelle.

Wollen wir anhalten? fragte Ewa und hielt an.

Sie fragte den Tankstellenbetreiber. Er hatte niemanden gesehen, der wie Sandy aussah.

Sie fuhren sehr langsam durch das Dorf und aus dem Dorf heraus. Sie wurden angehupt, Ewa fuhr etwas schneller.

Es ist nicht mehr so weit, sagte Ewa.

Tim richtete sich im Beifahrersitz auf und nickte ernst.

(Ja, doch, so konnte sie manchmal sein. Wacht auf, schaut weder nach links noch nach rechts, kann keine Sekunde länger mehr warten, sieht, es ist schon längst Mittag durch, nimmt die erstbeste Mitfahrgelegenheit. Und dich hätte sie nicht geweckt? Und du wärst von all dem nicht von alleine aufgewacht? Sie hätte sich erst wegschleichen müssen.)

Als sie an der Küste ankamen, waren nicht mehr viele Badegäste und Spaziergänger am Strand. Ewa und Tim liefen an der Wasserlinie entlang, erst in die eine, dann in die andere Richtung, und dann wieder in die eine. Stundenlang, nicht, weil sie noch Hoffnung hatten, sondern weil dieses Hin- und Hergehen am Meer für Linderung sorgte. Die Situation ist furchtbar, aber das Meer, der Strand, der Himmel hören nicht auf, großartig zu sein. Irgendwann waren sie dann aber doch zu müde. Hungrig, durstig, schmerzende Beine, ausgetrocknete Kehlen. Ewa hatte eine Flasche Wasser im Auto, aber sie hatten keine Kraft, bis dorthin zu gehen. Sie saßen im Sand und schauten zum Meer. Weit draußen ein großes Schiff.

Ich werde den Rest meines Lebens an der Küste entlangwandern, solange, bis ich sie finde, dachte Tim. Und dabei war er plötzlich überzeugt, dass sie bereits tot war. Jemand hat sie weggefangen und getötet. Sie liegt längst schon irgendwo unter Laub, Ästen oder Sand. Noch bevor er darüber verzweifeln oder, um nicht zu verzweifeln, sich was anderes für sie ausdenken konnte, sagte Ewa:

Vielleicht ist sie auch nach Hause gefahren.

Tim nickte ergeben und setzte sich auf den Beifahrersitz.

Ewa braucht nicht mitzukommen, soll nicht mitkommen, kam natürlich trotzdem mit. Mit schwer auf den Treppen wummernden Füßen vier Etagen hoch.

Als Tim die Tür aufschloss, zitterte seine Hand. Im Flur war es dunkel, er machte kein Licht. Ewa nahm einen Atemzug aus der Luft der Wohnung. Es roch nach Schimmel. Tim ging schnell durch den dunklen Flur, Ewa tastete sich hinterher. An einem herausstehenden Nagel am Türrahmen verletzte sie sich den Finger. Sie saugte am Finger, schaute so ins Zimmer.

Durch das Fenster sieht man auf einen Hof, dort steht ein einzelner Walnussbaum. Ewa sah zu diesem Walnussbaum. Dort wo ich herkomme, gibt es viele Walnussbäume. Im Zimmer lagen dunkle Haufen, wie das Laub vergangener Jahre. Tim kurvte zwischen ihnen. Nah am Fenster blieb er stehen. Jetzt sah man den Walnussbaum nicht mehr. Die Silhouette seiner Ohren.

Warum machst du kein Licht?

Um sie nicht zu wecken, wollte Tim sagen, aber da hatte Ewa den Schalter schon gefunden.

Sie schlief nicht. Sie war nicht da. Leere Haufen aus Decken und Kleidern.

Bei der Polizei sagte man ihnen, es verschwinden jeden Tag Leute, die meisten kommen innerhalb von 48 Stunden wieder nach Hause. Warum gehen Sie nicht nach Hause und warten wenigstens die 48 Stunden ab. Ihre Freundin ist doch volljährig?

Ja, sagte Tim. Aber sie hat niemanden außer uns.

Ewa dachte noch über dieses »uns« nach, als Tim sie schon in die nächste Sache einweihte. Dass sie doch noch jemanden außer ihnen hatte, zumindest theoretisch. Sie hatte Eltern. Tim wusste, wie sie hießen und in welcher Stadt sie wohnten. Sie standen im Telefonbuch. Dass ihr wahrer Name nicht Sandy, sondern Patricia war, erfuhr Ewa, als sie Tim den Namen ins Telefon sagen hörte. Ob Patricia da sei.

Sie war nicht da. Sie wussten nicht, wo sie war, und es schien sie auch nicht zu interessieren. Sie ist verschwunden? Ach so?

Als wäre das nur eine von vielen gleichwertigen Möglichkeiten.

Ewa und Tim gingen wieder zur Polizei, gaben Tims Verdacht zu Protokoll, sie könnte in ein Auto gezerrt worden sein. Daraufhin befragte man ihn zwei Stunden lang, ließ ihn aber wieder frei.

Werden sie jetzt doch noch nach ihr suchen? fragte Tim Ewa, die draußen gewartet hatte. Er zitterte wie Espenlaub.

Ich weiß nicht, sagte Ewa.

Tim verbrachte den Sommer in der Wohnung. Mal im Wohnzimmer, mal in der Küche. Er sah stundenlang aus dem Fenster oder an irgendeinen Punkt in der Wohnung. Jeden Quadratzentimeter der Tapete, des Linoleums, der Dielen, des Tisches betrachten. Die vertrocknete Drachenpalme und den vertrockneten Kaktus, die Sandy beide von der Straße mitgebracht hatte. Die Stacheln des toten Kaktus, die Zacken der Blätter des toten Drachenbaums. Ewa kam alle paar Tage vorbei. Immerhin öffnete er ihr jedes Mal die Tür und nahm auch das Essen an, das sie ihm brachte. Ihre Fragen, ob es etwas Neues gäbe, er etwas bräuchte, ob er nicht vielleicht mitkommen wolle, sie hätten in der Kneipe etwas zu tun für ihn, verneinte er jedes Mal.

Du könntest ihr einen Zettel dalassen, damit sie weiß, wo sie dich findet.

Aber er blieb lieber in der Wohnung.

Sandy tauchte nicht wieder auf. Sie kam nicht von allein wieder, sie schickte keine Nachricht, und sie wurde nicht gefunden, weder tot noch lebendig. Als es Herbst wurde und die Schule wieder anfing, verschwand auch Tim. Ewa schickte ihm vor der verschlossenen Tür stehend, eine Nachricht. Sie bekam keine Antwort.

Am nächsten Tag kam sie wieder, schleppte sich die vier Treppen hoch, horchte an der Tür.

Das machte sie noch dreimal. Beim dritten Mal zog sie die Luft tief ein. Es roch nach Schimmel, wie zuvor auch schon.

Sie ging zu seiner Schule. Dort war er nicht erschienen. Sie versuchte, sich mit dem Hausmeister einig zu werden, aber der schickte sie zur Polizei. Schließlich und endlich öffnete man die Wohnung. Sie sah aus wie an dem Tag, als sie zuletzt mit ihm zusammen dort war, die Haufen welker Stoffe im Wohnzimmer, sonst nichts.

Du hast getan, was du konntest, sagte Dolf. Du kannst nicht alle retten.

Wen habe ich jemals gerettet?

Mich, sagte er sanft.

Blödsinn, sagte sie, war aber doch ein wenig getröstet. Sie schmiegte sich an seinen großen Bauch.

Wir hätten ihn vielleicht doch adoptieren sollen, sagte sie.

Dolf dachte dasselbe wie zuvor auch.

Perpetuum mobile

Was ist ein Permetrumebile?

Ein was?

Ein Perterumobile.

Ein Perpetuum mobile.

Ja. Was ist das?

Wieso?

Jemand hat eins erfunden.

Das kann man nicht erfinden.

Mit Wasser.

Ein Perpetuum mobile auf der Basis von Wasser?

Ich glaube.

Woher hast du das?

Aus dem Fernsehen.

Hm.

Also weißt du, wie das geht?

Er beendete die Nachtschicht um 6:00 Uhr und fuhr mit dem Rad nach Hause. Er schlief von 7:00 bis 12:00, das ist zu wenig, aber um 16:00 hatte er eine Verabredung, und er brauchte die Zeit, um sich zurechtzumachen. Er machte einige Springseil- übungen, Liegestütze und Crunches auf dem Balkon. Es waren zu wenige, aber für mehr war keine Zeit. Anschließend rasierte er sich in der Dusche sämtliches Haar unterhalb der Augenbrauen ab, cremte sich ein und parfümierte sich. Er frühstückte Birchermüsli und einen Saft aus Ananas und Babyspinat.

Für die Fahrt zum Friedhof plante er eine halbe Stunde ein, das war zu viel, zumal er nicht langsam fahren kann, dazu hatte er nur grüne Ampeln. Er war 15 Minuten zu früh da. Nicht so schlimm. Ich kann warten. Zwischen den Einsätzen abwechselnd Zeitung und Sachbücher lesen. Die meisten surfen, lesen Schwarten oder lernen als Vorbereitung für ihr baldiges Auswandern eine Fremdsprache (Norwegisch). Natürlich hatte er diesmal nichts zu lesen dabei. Einfach nur die Straße beobachten ist auch gut. Der Eingang zum Friedhof liegt am Ende einer Sackgasse, kein Verkehr, kein Lärm, auch das ist gut. Keine anderen Menschen da. Auch das. Ein friedlicher Dienstagnachmittag. Die Sonne scheint, aber es gibt auch genug schattige Bereiche.

Am Samstag schien die Sonne auch, er fuhr mit seinem Sohn Rad. Sie hatte ihn angerufen und ihm mitgeteilt, der Junge brauche ein neues Fahrrad, und er hatte es ihm an seinem Wochenende gekauft, und jetzt fuhren sie langsam nebeneinanderher durch einen Wald voller Maiglöckchen. Erst redeten sie über die Maiglöckchen, dann über Wunderlauch, dann über die Todesursache Tutanchamuns, dann fragte der Junge nach dem Perpetuum mobile. Er mag Wissenschaftssendungen im Kinderfernsehen. Wenn sie sich sehen, redet er hauptsächlich darüber, was er in den vergangenen 14 Tagen alles dort gelernt hat. Manches versteht er, anderes nicht. Er ist erst acht. Er redet viel, im Grunde ununterbrochen, wechselt häufig das Thema (vom Perpetuum mobile zu Magneten, von Magneten zu Planeten usw.), stellt viele Fragen, lässt aber für Antworten zu wenig Zeit, oder wechselt, kaum, dass er sie erhalten hat, das Thema, um später wieder zum ursprünglichen Thema zurückzukehren und die Frage erneut zu stellen. Das ist, bei aller Liebe, anstrengend. Ich kann es kaum erwarten, dich zu sehen, aber nach einer Weile muss ich einfach abschalten, sonst platzt mir noch der Schädel.

Sie fuhren, bis sie zu einem Sportpark kamen. Der Junge wählte den Kletterfelsen, obwohl dieser, wie auch der Rest des Parks, so voller Kinder war, dass sie wie Ameisen in einer Reihe über den Felsen zogen. Sie folgten einander, alle über dieselbe Route, die leichteste, einmal am Anfang hoch, oben über den Kamm laufen und am anderen Ende über den leichtesten Abstieg wieder hinunter. Tom bewachte die Fahrräder, in der Sonne, im Staub, wartete, dass auch das vorbeiging. Rundherum die Jogger, die Skater, die Radfahrer, die Beachvolleyballer. Das würde ich auch gerne mal wieder machen. Und auf dem Seil balancieren auch. Die Gruppe, die am nächsten war, bestand aus zwei Mädchen und einem jungen Kerl. Zu jung, alle zu jung und zu schön. Lange, dunkle Haare und Wespentaillen. Ein langer, sehr blasser Typ kam mit einem Fahrrad angerollt, stellte sich so vor Tom, dass dieser seinen Sohn nicht mehr auf dem Felsen sehen konnte. Er war drauf und dran, »Hey!« zu rufen, aber dann sah er doch nur fasziniert zu. Der blasse Typ bewegte sich wie in Trance: schwang sich mit einer gleichmäßigen Bewegung vom Rad, breitete mit einer gleichmäßigen Bewegung ein kleines Handtuch auf dem Boden aus, gerade so groß, dass seine großen Füße darauf passten, beugte sich in demselben Tempo, wie er bisher alles andere gemacht hatte, zu seinen Füßen hinunter, richtete sich wieder auf, sein Körper war locker und biegsam, wie Tom das bei einem Mann noch nie gesehen hatte. Er machte zwei Schritte auf den Felsen zu, stieg mit einer einzigen, fließenden Bewegung in die Wand und kletterte horizontal an dieser entlang, über ihm die Ameisenreihe der Kinder. Spiderman. Wanderte einmal rund um den Felsen, stieg wieder ab, nahm sein Handtuch, schwang sich wieder aufs Rad und glitt davon. Tom ließ die Fahrräder gegeneinander gelehnt stehen, wird schon nichts passieren, und trat an den Felsen heran. Er brauchte vier Schritte dafür. (Warum war der Mann so blass?) Er suchte nach Griffen und Vorsprüngen im Felsen für seine Hände und Füße. Nach einigen Versuchen hatte er drei für vier gefunden, zog sich hoch, aber weiter als das kam er nicht. Er versuchte es etliche Male, weiter als ein, zwei Griffe horizontal in der Wand kam er nicht, bevor er wieder loslassen musste. An der Kraft lag es nicht. Ich bin stark. Er nahm sich vor, es achtmal zu versuchen, aber nach dem fünften Mal ließ er es sein. Plumpste in den Kies am Fuße des Felsens. Seine Knöchel schmerzten. Komm, wir gehen, sagte er zum Jungen. Hier sind mir zu viele Leute.

Seine Übungen machte er, als der Junge schlief. Duschte und cremte sich ein. Meine Haut ist straff und glatt, hat aber keine schöne Farbe. Mehr oder weniger rot. Weder Bräune, noch Blässe lässt sich erreichen. Höchstens aufschminken, aber so weit sind wir noch nicht. Die Nacht über las er im Internet Sport- und Ernährungsseiten. Um 6:00 dachte er, bald wird es hell, jetzt kann ich auch wach bleiben, und schlief ein. Er erwachte gegen Mittag. Der Junge sah fern.

Sorry, dass ich geschlafen habe, sagte Tom.

Kein Problem, sagte der Junge. Krieg ich was zu essen?

Tom grillte je eine Hähnchenbrust und machte grünen Salat mit Erdbeeren dazu. Der Junge aß die Erdbeeren heraus, indem er erst von jeder das Dressing ableckte und sie beiseitelegte, und erst einige Zeit später aufaß.

Was ist das für ein Gemansche, sagte Tom. Iss anständig.

(Deine Mutter wiegt dich, wenn du vom Wochenende bei mir kommst. Am Sonntagabend wiegst du im Schnitt 0,6 kg weniger als Freitag. Die blöde Fotze.)

In der Wohnung war es stickig.

Wollen wir rausgehen? fragte Tom.

Der Junge fuhr mit dem Fahrrad nebenher, während er joggte, fuhr die Trinkflasche für ihn. Endlich habe ich auch mal einen Assistenten. Der Park war auch an diesem Tag voller Leute, mehr als einmal wären sie beinahe mit jemandem zusammengestoßen, ein gottverdammter Spießrutenlauf. Tom kniff die Augen zusammen, um nicht so viel sehen zu müssen, und verlangte erst, als sie wieder vor dem Haus standen, die Flasche.

Besser? fragte der Junge, als er aus der Dusche kam.

Besser, sagte Tom. Iss bitte noch etwas, bevor du gehst. Was möchtest du?

Als er ihn ablieferte und er sie in der Tür stehen sah, eingepackt in ihre Jeans, wallte wieder heißer, saurer Hass in ihm hoch. Ich wünschte, ich könnte die Mutter meines Kindes nicht hassen oder weniger hassen, aber ich hasse sie immer noch wie am ersten Tag.

Der Montag war mühsam und schlaftrunken, die Nacht lang und öde. Drei Einsätze, jedes Mal eine allein lebende alte

Frau. Zweimal Atemnot, einmal Rückenschmerzen. Sein Fahrer schlief zwischendurch, er versuchte zu lesen, aber die meiste Zeit dachte er doch nur an das heutige Treffen.

Und jetzt war er also hier. In dieser friedlichen Sackgasse. Über die Hofmauer des Hauses, das an den Friedhof grenzte, hingen die Zweige eines Mirabellenbaums. Auf dem Gehweg unter dem Baum: ein vielleicht fünfzigjähriger Mann mit Basecap und einer Plastiktüte. Sah sich um, sah Tom (ja, immer noch da), freute sich nicht, ihn zu sehen, aber abhalten ließ er sich auch nicht. Er fing an, die Mirabellen in die Plastiktüte zu pflücken. Tom sah ihm zu. Mirabellendieb. Der Baum steht ja nicht einmal auf der Straße, er steht auf dem Grundstück, das zum Haus gehört. Der mit dem Basecap sah sich nach Tom um und pflückte weiter. Was es für Leute gibt. Dann, mit Blick auf das verblichene Basecap: man muss Mitgefühl haben. Klaut Mirabellen und schaut sich dabei ängstlich um. Überhaupt: wer isst schon freiwillig Mirabellen.

Er sah auf die Uhr: die ersten fünfzehn Minuten waren um. Die, die er zu früh da war. Die zweiten fünfzehn, die, die ein jeder zu spät kommen darf, standen ihm noch bevor. Heutzutage ist ja keiner mehr pünktlich. Wäre sie es einigermaßen, wäre sie jetzt zumindest schon in der Straße zu sehen, aber außer dem Mirabellenmann, der gerade wegging, war keiner weiter da. Das hast du davon, zu früh gekommen zu sein. Wer zu früh kommt, den… Die ersten fünfzehn sind leicht auszuhalten, die zweiten werden mit jeder Minute demütigender. Die Mutter seines Kindes ging immer erst los, wenn sie eigentlich schon hätte da sein sollen. Wie kannst du erst losgehen, wenn du schon da sein solltest? Das kann doch nur heißen, dass du willst, dass der andere auf dich wartet. Oder denkst du soweit gar nicht? Ist dir der andere so egal? Ist dir jeder außer deiner selbst einfach vollkommen egal? Natürlich ließ sich der Verdacht niemals beweisen, sie würde das extra machen. Um ihn zu ärgern. Der Verdacht war deswegen nicht abwegig, weil sie nicht immer schon so war. Als sie mich noch liebte, wartete sie einmal 45 Minuten im Schneefall auf eine Telefonzelle, um mit mir zu telefonieren. Er hatte es vergessen und war ausgegangen. Trank gerade ein Bier mit jemandem, während sie 45 Minuten im Schneefall herumstand, um dann nur den Portier dranzuhaben. Weinend nach Hause. Zehn Jahre lang als Trumpf benutzt. Heute gibt es kaum mehr Telefonzellen.

Wie es die Frau, auf die Tom heute wartete, mit der Pünktlichkeit hielt, konnte er nicht wissen. Er hatte sie zuletzt vor 25 Jahren gesehen. Da war sie drei oder vier Jahre alt. Ihr Bruder, sein bester Freund, war zehn. Er hieß auch Tom. Tom und Tom. Ob sie mich wiedererkennt? Ob sie sich überhaupt noch an mich erinnert? Als ob du noch ein Bild von ihr hättest. Doch, eins. Einmal saß er bei ihnen in der Küche, als sie kreideweiß wurde, nichts weiter, nur das, stand da und wurde sehr blass, woraufhin ihre Mutter aufsprang und anfing, ihr mit einem nassen Küchentuch die Brust zu massieren. Wie geht's deinem Herzen heute? Kann man das fragen?

Tom und der andere Tom lernten sich kennen, als sie zusammen in die erste Klasse kamen. Zur Einschulungsfeier stellte man die Kinder in Zweierreihen auf, Tom wurde dem anderen Tom zugeteilt, und so blieben sie dann bis zur Vierten. Es gab Leute, auch Lehrer, die sie ständig verwechselten oder für

Zwillinge hielten. Sie waren gleich groß, gleich blond, der andere Tom etwas dünner. Er hatte größere Füße und bekam schneller die bleibenden Zähne, große, etwas schiefe Schneidezähne, kleine Schaufeln in seinem Mund. Der andere Tom war das dritte von sechs Kindern. Zwei ältere Brüder, drei jüngere Schwestern, dazu kamen drei Geschwister, die im Babyalter gestorben waren. Sie lagen in zwei Gräbern im Friedhof, der direkt neben ihrem Haus lag. Wenn ihre Mutter auf die Veranda ging, sah sie zwar nicht die Gräber ihrer Kinder, aber den Friedhof voller schöner Bäume, in denen Amseln und Eichhörnchen wohnten, und dann dachte sie an ihre Kinder, die auch dort, in jenem idyllischen Grün wohnen durften, und war doch ein wenig befriedet. Die Gräber selbst besuchte sie nur einmal im Jahr, zu Allerheiligen, und weinte jedes Mal länger und heftiger, als sie es selbst erwartet hätte.

Der andere Tom und seine Brüder sollten nicht auf dem Friedhof spielen, aber natürlich taten sie es trotzdem. Das doppelte Gruseln: wegen der Toten und wegen der Mutter. Ob sie auf die Veranda hinausging und sie sah. Sie schlichen von Deckung zu Deckung. Da war ein großer Busch, der innen ganz hohl war. Den ernannten sie zu ihrem Klubhaus. Die beiden Größeren gaben Tom und Tom den Auftrag, Moos zu sammeln, um den staubigen Boden unter dem Busch damit auszulegen, wie mit einem Teppich. Sie zogen los, aber nachdem sie das erste fingernagelgroße Stück Moos vom Stamm eines Baumes gekratzt hatten, kam der andere Tom zum Schluss, dass die Großen sie nur loswerden wollten und dass sie also jetzt ihr eigenes Ding machen werden. Willst du sehen, wo meine anderen Brüder sind?

Er zeigte Tom das Grab, in dem seine toten Brüder lagen. Einer war vor, einer nach ihm geboren. Ein Mädchen, eigentlich das älteste Kind, lag woanders, in einem gemeinsamen Grab mit anderen totgeborenen Kindern. Der andere Tom wusste den Namen der Schwester nicht. Vielleicht hatte sie gar keinen bekommen. Weil ihre Eltern nicht öfter als einmal im Jahr die Kraft aufbrachten, den Friedhof zu betreten, war das Grab der Jungen mit einer Steinplatte abgedeckt und die Vase an der Seite des Namenssteins leer. Als das wilde Vergissmeinnicht überall auf den Friedhofswiesen blühte, pflückten Tom und Tom einen Strauß und steckten ihn in die Vase. Das sah so gut aus, dass der andere Tom ab da jedes Mal, wenn sie im Friedhof spielten, Blumen in die Vase steckte. Die Wiesenblumen waren ihm bald zu mickrig, es waren auch zu wenige. Unter den Weggeworfenen nicht ganz so verwelkte oder künstliche Blumen herauszusuchen, kam auch nicht in Frage. Das sind meine Brüder. Also nahmen sie die Blumen aus Gebinden auf noch frischen Gräbern oder aus den Vasen auf den Gräbern der Anderen. Es wurden bunte, sehr bunte Sträuße, Kraut und Rüben, denn überall nahmen sie nur eine Blume weg, immer höchstens die zweitschönste, und den Leuten gefallen bekanntermaßen sehr verschiedene Farben und Formen. Eine Weile verfolgte der andere Tom das sehr obsessiv. Es musste jeden Tag auf den Friedhof gegangen werden, neue Blumen jagen, den Strauß auffrischen. Tom wurde es mit der Zeit langweilig. Sie mussten ein Beziehungsgespräch führen und eine Vereinbarung treffen, damit jeder auf seine Kosten kam.

Die Sträuße sahen eindeutig nach geklauten Blumen aus, aber keiner sagte etwas. Erst, als der andere Tom zu Allerheiligen auf die Idee kam, statt Blumen Kerzen zu stehlen und das Grab seiner Brüder rundherum damit zu bestücken, eskalierte die Situation. Er musste warten, bis die anderen Friedhofsbesucher nach Hause gegangen waren, und dann musste er sich extra noch einmal zurück ins Haus schleichen, um Streichhölzer zu stibitzen, die er vergessen hatte mitzunehmen, und dann wieder hinaus, um die Kerzen anzuzünden. Er zündete sie an, und dann rief er seine Mutter auf die Veranda, freudig, aufgeregt. Er habe eine Überraschung für sie. Sie wird dir sehr gefallen.

Es wurde ein riesiger Skandal daraus. Sie schrien, natürlich, sie schrien ja immer, wegen allem. Malen mit Kreide auf dem Gehweg, Schmutzig- und/oder Nassmachen und/oder Zerreißen der Kleidung, Fluten des Badezimmerbodens, Herumliegenlassen des Schulranzens, Nichtputzen der Schuhe, Nichthinausbringen des Mülls, Nicht-richtig-auf-die-Geschwister-Aufpassen. Für zerschossene Fensterscheiben gab es Prügel, Arrest, Wegnahme von Spielzeug, Taschengeldsperre, und was ihnen sonst noch einfiel. Bei der Sache mit den Kerzen hatten sie den Eindruck, es genüge nicht, das innerhalb der Familie zu regeln, das sei eine Sache, die das ganze Dorf betreffe. Schließlich habe der andere Tom nicht nur seinen eigenen Eltern, sondern auch den anderen Trauernden, denen er die Kerzen ausgerechnet zu Allerheiligen stahl, unvorstellbaren Schmerz verursacht, ganz zu schweigen von der Brandgefahr, überhaupt, ein Friedhof ist kein Spielplatz, was ist das für ein geistesgestörtes Verhalten, wer hat an so etwas Spaß, was sollen die Leute denken. Die Leute dachten alles in allem so, wie es die Eltern vermuteten: dass das alles im Endeffekt ihre Schuld sei. Leute, die braunen

Teppichboden verlegen lassen und von unzerbrechlichem Geschirr essen, weil sie sechs Kinder und kein Geld haben, und wo sterben heutzutage noch drei von neun Kindern? Selbst, dass sie das Haus neben dem Friedhof hatten, machte sie in den Augen vieler verdächtig, aber jemand musste schließlich das Haus haben, oder man hätte den Friedhof nicht in der Mitte des Dorfes anlegen dürfen. Und natürlich hatte all das Ducken und Schleichen nichts gebracht, Tom und Tom und seine Brüder waren keineswegs unsichtbar gewesen, es gab zahlreiche Zeugen dafür, dass sie sich immer im Friedhof herumtrieben. Obwohl der andere Tom die Sache mit den Kerzen ganz alleine gemacht hatte, gab es welche, die gesehen zu haben glaubten, dass da noch ein anderer mit dabei war, und Toms Herz setzte für einen Moment aus. Wer wird mir glauben, niemand wird mir glauben, alle Kinder lügen, das weiß doch jeder. Aber über diesen Punkt ging man zum Glück recht schnell hinweg, denn das Wesentliche ist doch, dass das Diebstahl ist, und was soll aus dir mal werden, wenn du schon so anfängst. Die Eltern gingen als Erstes zum Priester, um sich mit ihm zu besprechen. Lange und gefühlsbetont berieten sie, wie man das wiedergutmachen könnte, abgesehen von einer Spende, die sie unmöglich leisten konnten, sechs Kinder, wir sind froh, wenn wir Geld für Brot haben, wir können nicht einmal den anderen Leuten die Kerzen ersetzen. Wichtig bei alldem war aber sowieso nicht der materielle, sondern der moralische Aspekt. Was konnte man tun, um den anderen Tom auf den rechten Weg zurückzubringen, um nicht nur die Gemeinschaft, sondern auch ihn selbst vor sich zu schützen? Was für eine Strafarbeit und wo, auf dem Friedhof selbst oder gerade nicht auf dem Friedhof, und wie könnte einen die Schule dabei unterstützen, abgesehen, natürlich, von der Kopfnote, wie breit sollte man es dort diskutieren, reichte es nur vor der Klasse, oder betrifft so eine Angelegenheit die ganze Schule, und sollte er zum Psychologen, oder sollte er sogar in die Besserungsanstalt? Mit der Besserungsanstalt drohten sie einem ständig, aber diesmal, das wusste Tom von seiner Mutter, meinte es der Vater des anderen Tom ernst. Ich habe noch fünf andere Kinder, wir müssen auch an die denken. Der arme Tommy, sagte Toms Mutter. Sechs Kinder, und einer ist immer der Sündenbock.

Schließlich wurde daraus, natürlich abgesehen davon, was zu Hause hinter geschlossenen Türen vor sich ging, worüber allerdings die Zeugen schweigen, nur ein persönliches Gespräch mit dem Priester und mit dem Schuldirektor, sowie ein Sich-Hinstellen-vor-die Klasse, ich habe geklaut (Wie kann man es noch sagen? Gestohlen, entwendet) usw. Mit der Behandlung der Angelegenheit in der Schule kam in Tom die Panik wieder hoch, es könnte doch noch verbreitet werden, er sei dabei gewesen, schließlich hängen Tom und Tom ja immer zusammen, was würde es kosten, ein Gerücht in die Welt zu setzen, doch nur eine Laune. Zum Glück kam keiner auf die Idee. Allerdings war der andere Tom von da an bei allen unten durch. Mit der Zeit vergaß man vielleicht sogar, wie und warum, wann das begann. Mit dem anderen Tom redete man einfach nicht mehr, und der andere Tom redete auch mit keinem mehr. Auch mit Tom nicht, der, mit klopfendem Herzen und wortlos zwar, aber an seiner Seite blieb, sich in der Hofpause auf dem Baumstamm in den Büschen neben ihn setzte. Hier versuchte er eine ganze Weile, mit dem anderen Tom zu reden, nicht über die

Sache, er versuchte, ihn zu einem Spiel zu animieren. Lass uns doch zum Stufenbarren gehen usw. Eine Weile versuchte er auch, dann eben schweigend neben ihm zu sitzen. Zwei Pausen lang hielt er das durch. In der dritten lief er zum Stufenbarren und ließ sich kopfüber herunterhängen.

Gegen Ende des Schuljahrs gab es, wie immer, einen Friedenslauf, an dem alle teilnehmen mussten. Der andere Tom war, genau wie seine älteren Brüder, der schnellste Läufer seines Jahrgangs, es stand im Grunde schon fest, dass er gewinnen würde. Tom für seinen Teil erreichte an guten Tagen zweite Plätze hinter dem anderen Tom, aber nicht immer. An diesem Tag lief es gut für ihn, zusammen mit dem anderen Tom hängten sie bald das Feld ab und trabten mit einer halben Runde Vorsprung vorneweg. Auf der Laufbahn lag rote Schlacke, auch drumherum war alles staubig, Tom brannte es in der Lunge und in den Augen. Als sie die letzte Runde begannen, erhöhte der andere Tom das Tempo. Tom ging mit, ohne sich dafür besonders anstrengen zu müssen. Als zöge ihn die Energie des Anderen einfach mit. Er rechnete nicht damit, dass das lange vorhielt. Er sah kaum mehr etwas vor Schweiß und Staub, die Erschütterungen, wenn sein Fuß auf den Boden aufkam, gingen ihm durch und durch. Er schloss die Augen für einen Moment und stellte sich vor, wie der andere Tom, wenn er die Augen wieder geöffnet hätte, schon etliche Meter zwischen sie gelegt hätte, aber stattdessen war wohl das Gegenteil passiert: der andere Tom musste langsamer geworden sein, denn Tom trat ihm mit geschlossenen Augen in die Hacken. Ein reines Wunder, dass sie nicht beide stürzten, sie strauchelten nur. Tom stolperte in langen Schritten am anderen Tom vorbei und nach vorne, dem anderen Tom war der Schuh vom Hacken gerutscht. Er blieb hinkend stehen, um sich den Schuh wieder richtig anzuziehen. Tom stolperte währenddessen weiter. Müsste man anhalten, langsamer werden, auf ihn warten, zu ihm zurückgehen, was wäre fair? Oder ist in einem Wettkampf jeder sich selbst der Nächste? Fünf, sechs Schritte Vorsprung, der andere Tom hatte seinen Schuh schon wieder an, das Feld war noch nicht herangekommen. Tom entschied sich für den Wettkampf. Den Vorsprung verteidigen, wenn er es konnte, er war dem anderen Tom nicht absichtlich in die Hacken getreten, der andere Tom war normalerweise so viel besser als er, wenn er wollte, konnte er ihn immer noch einholen.

Er holte ihn nicht ein. Tom gewann, der andere Tom wurde Zweiter. Tom traute sich nicht, zu ihm hinzusehen, und der andere Tom sprach ihn, wie neuerdings üblich, auch nicht an. Sie bekamen jeweils eine Urkunde, und am nächsten Montag dachte keiner mehr an den Friedenslauf, die letzte Woche vor den Ferien begann. In den Ferien zogen Toms Eltern mit ihm und seiner Schwester weg. Sie teilten es ihnen quasi einen Tag vorher mit. Sie hatten wohl keine Lust auf sich lange und tränenreich verabschiedende Kinder, oder sie dachten gar nicht erst lange darüber nach. Toms Schwester heulte natürlich auch so während der ganzen Fahrt, während Tom das Gefühl hatte, zu schweben, so erleichtert war er, den anderen Tom, seine grinsenden Brüder und kichernden Schwestern und schreienden Eltern nicht mehr sehen zu müssen.

Der Brief mit dem schwarzen Trauerrand wurde an die Adresse seiner Mutter geschickt, vermutlich, weil sie als niedergelassene

Ärztin am leichtesten ausfindig zu machen war. Und die Mutter, anstatt dass sie Tom angerufen und es ihm gleich gesagt hätte, schickte den Brief mit der Post an ihn weiter, so daß dieser erst einen Tag nach dem Begräbnis bei ihm ankam.

Er schrie seine Mutter übers Telefon an: Das Begräbnis war gestern!

Tut mir leid, sagte die Mutter, im üblichen Tonfall, an dem man nicht ablesen konnte, ob und was sie empfand. Ob sie das alles überhaupt ein wenig interessierte. Tut mir leid, sagte sie. Das konnte ich ja nicht wissen.

Was muss man da wissen? Man schaut auf den Absender, sieht so und so, und dann ruft man an und fragt, ob man den Brief aufmachen soll! (Jetzt bin ich wieder der, der immer herumschreit.)

Sie schwiegen eine Weile. Die Mutter atmete, Tom atmete. Tut mir leid, presste Tom schließlich hervor.

Schon gut, sagte die Mutter.

Die Absenderin des Briefes war Katharina, die jüngste Schwester des anderen Tom. Warum gerade sie, keine Ahnung, ein Wunder, dass Tom noch wusste, welche der drei Schwestern Katharina hieß. Sie wurde geboren, als wir in der ersten Klasse waren, nach der Vierten sind wir schon weggezogen. Er rief sie an (natürlich war die Stimme auch nicht wiederzuerkennen, kein familiärer Zungenschlag, nicht am Telefon), sie beschrieb ihm die Lage des Grabes. In der Nähe einer verkrüppelten Birke. Er ließ einige Tage vergehen, bevor er sie wieder anrief, und behauptete, das Grab trotz Beschreibung nicht finden zu können. In Wahrheit hatte er es gar nicht versucht. Er hatte darüber nachgedacht und war zum Schluss gekommen, dass er, wenn er es allein suchen müsste, vermutlich alles so lange vor sich herschieben würde, bis er es ganz sein ließe. Davon abgesehen, was nützt einem ein Grab, ein Grab kann nicht reden. Er wollte jemanden von den Verwandten wiedersehen, gerne eine Schwester, um mit ihr über den anderen Tom zu reden. Was heißt das: »ist verstorben«? Plötzlich und unerwartet? Nach langer/kurzer Krankheit? Unter tragischen Umständen? Und überhaupt: wie hat er die letzten 25 Jahre gelebt?

Jetzt war sie schon 20 Minuten zu spät. Seit 35 Minuten stehe ich hier. In der Zwischenzeit hatte sich eine kleinere Gruppe Rentner vor dem Eingang versammelt, war von einem Führer abgeholt und in den Friedhof gebracht worden. Zuvor hatte ein jeder Einzelne von ihnen einen misstrauischen Blick zu Tom geworfen. Normalerweise wäre er spätestens jetzt gegangen. Akademisches Viertel und keine Sekunde länger. Das hat er auch der Mutter seines Kindes versucht, deutlich zu machen. Nicht, dass es bei ihr oder bei irgendeinem anderen je etwas gebracht hätte. Sie halten nicht sich für respektlos, sondern mich für seltsam. Diese latente Aggressivität immer.

Ich bin latent aggressiv?

Ja, du. Und manchmal auch nicht latent.

Wem habe ich je was getan, ha? Habe ich dir jemals was getan?

Schrei nicht herum, geht das?

Als sie schließlich (nach 15 + 25 = 40 Minuten des Wartens) auftauchte, fiel es ihr gar nicht ein, sich für die Verspätung zu entschuldigen, aber diesmal war Tom das egal. Er bekam Herzklopfen, sofort, als er sie die Straße betreten sah. Zweihundert Meter, eine winzige Frauenfigur, die auf einen zukommt. Schwarze Haare, schlanke Figur, Jeans. Als Kind war sie blond gewesen, wie alle in der Familie. Jemandem zweihundert Meter lang zuschauen, wie er näher kommt. Sie kam nicht besonders schnell, nicht wie jemand, der es eilig hat. Als sie nah genug war, um Details zu sehen, sah sie so anders aus, als Tom die restliche Familie in Erinnerung hatte – flaches, rundes Gesicht, große Augen, mit einer kaleidoskopartigen, aus grünen und blauen Punkten bestehenden Iris –, dass Tom es für einen Augenblick für möglich hielt, dass sie vielleicht doch nicht die war, mit der er sich treffen wollte.

Aber sie war es. Sie stellte sich vor, fragte, ob er er sei.

Er nickte. (Ich bin so aufgeregt, dass ich kaum ein Lächeln hinbekomme.)

Danke, dass du gekommen bist.

Klar, sagte sie und lächelte andeutungsweise. Die Brauen über den Kaleidoskop-Augen waren schwarz und dünn wie zu Stummfilmzeiten.

Der Pflanzenwuchs im Friedhof war so üppig und schön, dass Tom für Momente nahezu euphorisch wurde. Warum bin ich nicht schon früher hier gewesen? Wie unglaublich schön doch dieses üppige Grün ist, und das einfallende Licht und die Nachwirkung von Katharinas unwirklichen Augen. Für wenige Momente: das Paradies. Bis er zu der Frau sah, die etwas versetzt vor ihm ging, ihr runder Hintern drehte sich in der engen Jeans, das brachte ihn wieder in die Realität zurück.

Sie ging mit ihm weit in den Friedhof hinein. Durch die anfängliche Unaufmerksamkeit hatte er sich den Weg nicht gemerkt. Vielleicht gelingt es auf dem Rückweg. Sie führte ihn bis an den Rand einer größeren Wiese, wo einige Steinplatten im Gras lagen.

Da ist sie.

Die zweite Platte in der fünften Reihe. Sehr wahrscheinlich hätte Tom sie auch nicht gefunden, wenn er nach ihr gesucht hätte. Er hätte mit einem richtigen Grab und einem aufrecht stehenden Grabstein gerechnet. Und wo soll die verkrüppelte Birke sein? Es ist keine verkrüppelte Birke in der Nähe! Doch, da. Das ist eine Birke. Am jenseitigen Ende der Wiese. Aber sie ist nicht verkrüppelt. Eine Birke mit drei Stämmen, das ist nicht verkrüppelt, und sie steht auch nicht in der Nähe.

Ah, sagt er. Ich habe mehr da gesucht. Direkt bei der Birke.

Ich kann nicht lügen, ich werde sofort noch röter. Er senkte den Kopf, wie noch als Kind, als könnte man ihn so weniger sehen. Überflüssig. Sie sah gar nicht zu ihm, sie sah zur Platte hinunter. Ein Name, zwei Jahreszahlen. Wir hätten Blumen mitbringen sollen, dachte Tom. Ich hätte Blumen mitbringen sollen.

Wie ist er gestorben?

Er hatte einen versteckten Herzfehler.

(Das feuchte Küchentuch.) Er konnte sie nur von der Seite sehen. Die Schminke vor ihrem Ohr hat sie nicht richtig verblendet. Man sieht die Grenze. Bräunliche Schminke auf weißer Haut.

Plötzlicher Herztod?

Sowas in der Art.

Wo ist er gestorben?

Zuhause bei sich.

Im Bett?

Sie sah ihn an. Man muss in ihre Augen schauen. Andererseits kann man diesen Blick nicht halten.

Ja. Einfach nicht aufgewacht.

Wer hat ihn gefunden?

Sie hat sich zum Glück wieder abgewendet. Schaut wieder zur Platte.

Sein Chef.

Sein Chef?

Ja. Er war nicht zur Arbeit gekommen.

Was hat er gearbeitet?

Förster und Wildhüter.

Förster und Wildhüter?

Ja.

Und wo?

In Wosey.

Wo ist das?

Bei Stattlitz.

(Macht sie das absichtlich? Und wenn ja: warum?)

Welches Bundesland?

Sachsen-Anhalt.

Hat er den Job gemocht?

Ich geh mal davon aus.

Ihr habt euch nicht so oft gesehen?

Nein, nicht so oft.

(Unmöglich. Wie kann man diese Frau dazu bringen, dass sie einem etwas erzählt? Unmöglich. Sie will es nicht. Ist hergekommen, um mir das Grab zu zeigen, es wäre zu rüde gewesen, es nicht zu tun, aber jetzt versucht sie, gleichzeitig da zu sein und nicht da zu sein. Unmöglich.)

Tom versuchte es eine Weile mit Schweigen. Vielleicht würde sie dann gesprächiger.

Ich war neun Jahre alt, als er das Dorf verließ, um die Ausbildung anzufangen, würde sie sagen. Er ist danach nicht mehr häufig nach Hause gekommen, oder so ähnlich.

Zu Weihnachten?

Ja, doch, zu Weihnachten schon. Aber in den letzten Jahren auch das nicht mehr.

Und die anderen? Kommen die? Oder lebt jeder sein eigenes Leben? Ich dachte, Großfamilien hielten zusammen. So heißt es doch immer. Je mehr Kinder, umso stärker. Oder halten alle zusammen, außer einem? Und: war er zwischendurch vielleicht doch mal im Heim? Kann man so etwas fragen?

Was machst du eigentlich so? fragte Tom, nachdem sein Schweigen sie auch nicht zum Reden gebracht hatte.

Reisekauffrau.

Und wo?

In einem Reisebüro.

Läuft das Geschäft noch? Ich meine, heutzutage ...

Sie verzieht den Mund.

Ja. Es läuft gut.

Familie?

Wer jetzt?

Er. Hatte er Familie? Kinder?

Nicht, dass ich wüsste.

Tom bekam wieder Herzklopfen, diesmal vor Wut. (Mein

Gott, was ist nur los mit der Frau? War sie damals schon so ein kaltherziges Luder? Dumme Frage, sie war ja noch ein Baby. Nach Adam Riese müsste sie heute 28 sein und wirkt, als könnte sie meine pubertierende Tochter sein. Zwei riesige Schellen, rechts und links. Ob ihr Gesicht bei all der Schminke überhaupt rot werden würde? Ich sehe sicher schon aus wie ein gekochter Krebs.)

Und deinen Eltern, fragte er mit steifem Kiefer. Wie geht es ihnen?

Sie wurde ein kleines bisschen lebhafter:

Gut. Der Vater hat Blasenkrebs. Man schält ihm immer etwas vom Tumor heraus. Irgendwann wird die Blase zu dünn werden und reißen. Dann holen sie sie raus.

Und damit war der Funke wieder erloschen, sie stand mit verschlungenen Armen und hochgezogenen Schultern da, als würde sie frieren. Sie fragte nicht danach, was er machte, wie er lebte. Sanitäter, getrennt, ein Sohn. Er ist jedes zweite Wochenende bei mir. Den Rest der Zeit sehne ich mich nach ihm. Von Zeit zu Zeit versuche ich, auch noch jemand anderen zu lieben, eine erwachsene Person, aber es gelingt nicht so richtig. Die Mutter meines Kindes habe ich sehr geliebt. Es ist schon vier Jahre her, dass sie mich vor die Tür gesetzt hat, aber die Enttäuschung sitzt immer noch so tief, dass es mir nicht gelingt, Vertrauen zu jemandem zu fassen. Ich lese viel. So habe ich auch gelesen, dass es nicht gut ist, wenn ein Erwachsener nur zu Kindern Liebe entwickeln kann, nicht aber zu anderen Erwachsenen. Nicht wenige Erzieher haben dieses Problem. Ich habe das im Zusammenhang mit einer Missbrauchsgeschichte gelesen. Eine Psychologin sagte da: Das Problem ist, dass Kinder aus

Familien, in denen sie missbraucht werden, in Einrichtungen kommen, in denen Leute arbeiten, die deswegen diesen Job gewählt haben, weil sie mit Erwachsenen oder nicht hilfsbedürftigen Personen nicht gut klarkommen. Sie können sich auch Zuneigung nur zu und von Seiten Schwacher, Kranker, Traumatisierter vorstellen. Ich wurde so unheimlich wütend, als ich das las. Ich finde, diese Psychologin war anmaßend, überhaupt, was ist mit den Frauen los. Meine Ex hat behauptet, ich sei ein Stalker, und rief die Polizei, dabei habe ich nur versucht, sie zurückzugewinnen. Blumen gebracht, Briefe geschrieben. Reiß dich zusammen, sagte sie, sonst siehst du den Kleinen nie wieder. Und hinter ihr standen aufgebaut ihre Freunde, neue Freunde, niemand, der uns zusammen kannte, standen da wie ihre Gorillas, und ich musste denken, eigentlich ganz gut, dass das so ist, denn jetzt wäre ich wirklich so weit gewesen, dass ich ihr meine angebliche versteckte Aggressivität um die Ohren gehauen hätte. Stattdessen bin ich zu Kreuze gekrochen, ich habe ihr nicht einmal gedroht, ich habe um den Jungen gebettelt, und jetzt ist es eben, wie es ist. Förster und Wildhüter, sieh an. Ich bin gerne Sanitäter, aber es geht einem schon an die Nieren. Drei einsame Frauen letzte Nacht. Die einsamen Männer finden wir meist in einem schlechteren Zustand, und manchmal sind sie auch tot. Körperlich ist es auch anstrengend, deswegen habe ich angefangen, zu trainieren. Normalerweise sehe ich in den Gesichtern derer, mit denen ich rede, dass sie meine Muskeln registriert haben, aber in diesem Gesicht hier ist nichts, nichts, die Abwesenheit von Interesse, ich erzähle das also alles nur mir. Ob es zu spät ist, noch Erzieher zu lernen? Die ganzen alten Leute. Überhaupt nerven mich seit einer Weile alle

Menschen, der einzige Lärm, den ich ertrage, ist der von Kindern, sonst verlangt es mich nach ruhigen, stillen, menschenlosen Orten, so wie diesem hier, warum war ich eigentlich all die Jahre nie mehr in einem Friedhof, das viele Grün und alles ...

Also, sagte sie. Ich geh dann mal. Du willst bestimmt noch bleiben.

Damit sie ja nicht noch einen Schritt mit ihm gehen, ein Wort mit ihm wechseln musste. Ist OK, bin ja nur ein Fremder. Was viel schlimmer ist, ist, dass ihr ihr Bruder scheinbar genauso egal ist. Was es für Leute gibt. Wie viele davon. Sie sagte nicht einmal Tschüss. Tom überlegte eine Weile, was tun, auch nichts sagen oder ihr etwas hinterherrufen und wie. Am Ende rief er ihr »Tschüss« hinterher, so neutral er konnte.

Ein Name, zwei Zahlen. Die Friedhofsarbeiter, die den Rasen mähen, die Büsche trimmen, den Efeu beschneiden, bevor er die Grabplatten überwuchert. Er grüßte sie.

Der Nachmittag und somit die Trainingszeit war damit sowieso verstrichen, also setzte er sich zu Hause an den Computer und suchte im Internet nach den Geschwistern. Wenn einem schon persönlich nichts erzählt wird. Die mittlere Schwester heißt Julia, der Name der Großen fiel ihm nicht ein. Für die Brüder interessierte er sich nicht. Er suchte nach Fotos, zum Glück haben sie einen nicht ganz häufigen Namen. Na, bitte, Julia Leszek. Sie ist noch blond. Aber man muss mit ihr befreundet sein, um Näheres über sie zu erfahren. Die Große hieß Annamaria, fiel ihm doch noch ein. Aber niemand, der ihr ähnlich sehen würde. Vermutlich hatte sie mittlerweile ohnehin einen anderen Nachnamen. Zuletzt erst fiel ihm ein, dass er doch besser nach Tom selbst suchen sollte. Er gab seinen vollen Namen ein, in Anführungszeichen, und bekam tatsächlich: Tom Leszek, Fishing and Hunting Soundso, und als er draufklickte (Herzklopfen. Wie siehst du aus? Sehen wir uns heute auch noch ähnlich?), bekam er statt eines Fotos von ihm lauter Aufnahmen von Waldtieren. Frischlinge, die sich jagen. Ein Rehkitz, das bei seiner Mutter saugt und fast schon so groß ist wie diese selbst. Eine Eule, die eine Maus gefangen hat. Zwei kämpfende Adler. Ein Eichhörnchen und eine Kohlmeise, die sich an einer Wasserschüssel für Hunde treffen. Die Wasserschüssel ist rot. Zwischendurch auch Landschaften: Bergseen, Wasserfälle, schneebedeckte Wälder, Sonnenauf- und -untergänge. Tom sah sich all das an. Alles so schön, perfekte Momente, perfekt fotografiert. Frischlinge, immer wieder Frischlinge. Süße, gestreifte Frischlinge, süße, gepunktete Rehe. Ich weiß nicht, was ich denken soll. Er schloss den Computer.

Dienstag. Noch eine Stunde bis Dienstbeginn. Duschen, rasieren, eincremen. Zehn Tage, das heißt Nächte, noch, dann wieder ein Wochenende mit dem Jungen. Wenn ich es nur bis dahin aushalte.

Ella Lamb in Mullingar

Ich habe den Zug um 21:14 erwischt, um 23:00 war ich schon zu Hause. Trotzdem noch bis um 02:00 wach. Macht sechseinhalb Stunden Schlaf. Du kannst es dir ja leisten, sage ich in der Stimme meiner Mutter zu mir. Am Montag öffnen wir das Atelier erst um 11, ich kann sogar noch von der Sonne etwas sehen, die im Juni immer vormittags in mein Fenster fällt. Ich sitze dicht am Fenster, mit geschlossenen Augen, den Becher mit dem Nescafé in der Hand. Ich habe Alkohol trinken gelernt, wenn auch immer noch auf dem Niveau von Rum-Cola und Wodka-Orange, aber richtigen Kaffee immer noch nicht. Ist egal, hilft sowieso nichts, mit geschlossenen Augen in der Sonne, so könnte ich bleiben bis Mittag. (Wann zuletzt? Wer weiß das schon.) Im Innenhof steht eine Pyramidenpappel, sie duftet und rauscht, und natürlich gibt es auch das Spiel des Lichts auf den Blättern, beziehungsweise jetzt gerade das, was man davon durch geschlossene Lider sieht. Ich öffne die Augen einen Spalt und sehe meinen Unterarm vor dem Fensterbrett. Kleine, braune Muttermale zwischen vielen glänzenden blonden Haaren. Richtung Ellbogen wird das Bild zu weiß, das erregt meine Aufmerksamkeit. Ich öffne die Augen ganz, stelle den Becher ab, strecke die Hand aus, erreiche die Kamera, versuche, mich wieder so einzurichten wie zuvor, den Arm genau so zu halten, während ich mit der anderen Hand fotografiere.

Natürlich wird es unscharf, und ich hätte auch gerne einen anderen Winkel gehabt. Wenn einmal Zeit ist, mit Stativ und Selbstauslöser. Oder ich bitte Yvette, sich statt meiner ans Fenster zu setzen. Obwohl sie dunkel ist und sich die Haare auch von den Unterarmen entfernt.

Im Atelier angekommen, fällt mir ein, dass ich doch hätte früher kommen müssen, um das Schaufenster zu putzen. So habe ich kaum angefangen, als der Chef ankommt. Ich mache es nicht gut, es schliert, ich weiß nicht, wieso. Ich habe schon eine Unmenge an Fensterputzmittel versprüht. Der Chef hustet und stellt die Eingangstür fest, damit es besser lüftet.

Was treibst du da?

Ich weiß auch nicht.

Du hättest erst die Rahmen abstauben sollen.

Ich höre auf, die Scheibe zu putzen, und entstaube die Rahmen und den Rest des Empfangs.

Warum bist du so verschlafen, Ella? Womit verbringst du nur deine Wochenenden?

Am Samstag haben wir zusammen eine Hochzeit fotografiert, am Sonntag war ich bei meinem Kind.

Ach, richtig, sagt er und grinst.

Weil wir den Samstag zusammen verbracht haben, oder weil er vergessen hat, dass es Benji gibt? Oder weil er es nicht vergessen hat. Er müsste sich bald wieder den Kopf rasieren. Wenn die Stoppeln zu lang werden, sieht man, dass er nur noch einen Haarkranz hat. Dabei ist er noch jung.

In der Hoffnung, dass die Schlieren auf dem Schaufenster von außen sind, wasche ich die Außenseite der Scheibe, obwohl der Chef gesagt hat, lass es, wir haben Wichtigeres zu tun. Es gibt eben solche Tage, da wird nichts richtig perfekt. Später, als ich zur Post gehe, muss ich daran denken. Die Tasche mit den Sendungen ist schwerer, als sie sein dürfte, die Straße steigt steiler an als sonst, die Pflasterung ist wie immer, hundert Jahre alt und uneben, vor dem Blumenladen rutschig, ich knicke um. Ich würde nicht sagen, dass mir das Wochenende in den Knochen steckt. Warum gerade das Wochenende und nicht der ganze Rest?

Zwischen Oktober und April, wenn es nur wenige Hochzeiten gibt, nehme ich am Samstagmorgen den Zug, um Benji zu holen. Wenn wir uns beeilen, erwischen wir den Rückzug eine Stunde später und sind zu Mittag hier. Wir essen am Bahnhof, Fastfood, Benji liebt es, ich auch. Am Sonntagabend dasselbe rückwärts, außer dass es dann einen Zweistundentakt gibt: wenn ich den 21:14er nicht schaffe, kann ich erst den 23:14er nehmen, aber das ist auch schon das Schlimmste, was passieren kann.

In der Hochzeitssaison allerdings haben wir beinahe jeden Samstag und oft auch am Sonntag etwas zu tun, auch Taufen und Konfirmationen. Sechs Stunden im Zug, das wäre Nonsens, wenn ein Sonntag frei ist, fahre nur ich und verbringe den Tag mit ihnen. Der Sonntag gehört der Familie und dem Zuhause. Er ist um die Mahlzeiten gruppiert und eventuell um einen Spaziergang, aber manchmal schaffen wir es nur bis in den Garten. Das heißt, ich schaffe es nur bis in den Garten. Ich lege mich unter den Apfelbaum, und wenn ich mich unter den Apfelbaum gelegt habe, dann schlafe ich auch ein. Papli nennt mich dann Die schlafende Schöne, und Benji hat mich einmal ganz mit Blumen und Gräsern umlegt. Als ich aufwachte, fielen mir die Grashalme von der Stirn. Ich habe ein Foto vom Umriss gemacht. Ich wollte es erst Benji schenken, aber dann habe ich es doch nicht gemacht.

Die Mami ist sehr müde, sagt meine Ma zu Benji und streicht ihm die Locken aus der Stirn. Sie hat ein anstrengendes Leben in der Hauptstadt.

Und als er außer Hörweite ist: wenigstens ab und zu könntest du dir mal eine Nacht nicht um die Ohren schlagen. Deine Augen sind schon ganz faltig.

Das sind sie tatsächlich. Ich habe Paplis Tränensäcke geerbt. Zu meinem fünfzehnten Geburtstag schenkte mir meine Mutter eine Augencreme und eine goldfarbene Spiegeldose, die eine Hälfte normal, die andere vergrößernd. Mit sechzehn hatte ich einen Job in der Eisdiele, und sie kam oft und kaufte sich zwei Kugeln Eis in der Waffel. Als Sechzehnjährige fand ich Menschen, die Eis löffeln, anziehend, welche, die es lecken, abstoßend. Die frivole Zunge meiner Mutter im Sonnenschein. Sie sah glücklich aus und stolz, auf sich und auf mich. Auch sie hatte dazumal in einer Eisdiele bedient, auch sie hatte im Chor gesungen, auch sie war mit Freundinnen ins Kino gegangen und hinterher kichernd durch die nächtliche Stadt nach Hause. Allerdings war sie da schon 20 Jahre alt und verlobt, und ich wurde in einem Bett gezeugt und nicht wie Benji in einem Park, mit einem, den ich kaum kannte. Die Perseiden zogen vorbei, ich zählte 14 Sternschnuppen und war so glücklich wie bis dahin noch nicht, dabei war ich auch schon davor recht häufig glücklich gewesen.

Ich hatte eine schöne Kindheit, aber ich bin auch so veranlagt: die Bewegungen des Glücks spüren zu können, wie sie die Oberfläche der Tage kräuseln. Sich hineingleiten lassen, wie in lauwarmes Wasser. Manche sind nur kurz, wenige Sekunden, andere schaffen es, mehrere Minuten anzudauern, bevor sie vorbeigehen oder man herausgerissen wird. Meistens wird man herausgerissen. So ist das Leben der Kinder und der Erwachsenen.

Du bist die Liebe meines Lebens. Das habe ich noch zu niemandem gesagt. Mutter hat es erst zu Papli gesagt, dann zu mir, zuletzt zu Benji. Wir lächelten alle drei.

Meine Mutter ist eine sinnliche und übersprudelnde Frau, voller Mütterlichkeit und Mädchenhaftigkeit. Die Augen, die Lippen, die Haare, der Busen. Steht am morgen früher auf als jedermann, füttert singend Tier, Pflanze, Mensch, verteilt Küsse auf Stirne, Wangen und Lippen. Bis Mittag hat sie mehr geschafft als manch anderer in 24 Stunden. Verständlich, dass sie, wenn ich ankomme, schon etwas müde geworden ist, sie steht zum zweiten oder zum dritten Mal an diesem Tag in der Küche, und dort lässt sich keiner gerne stören. Sie hält nur eine Wange hin für einen Kuss. Als Köchin ist sie mittelmäßig, aber natürlich trotzdem besser als jeder von uns, sie braucht unsere Hilfe nicht, beziehungsweise bittet herzlich darum, dass ihr nicht geholfen wird. In der Küche kann man in Wahrheit überhaupt nicht helfen, man kann nur im Weg sein. Wenn alles gut läuft, muss sie während des Kochens nicht hektisch werden und schweißüberströmt, bis alles gleichzeitig auf dem Tisch steht, und auch wir lassen uns nicht bitten, sondern sind rechtzeitig an unseren Plätzen, und das Essen verläuft in guter Atmosphäre. Aber dass sie bis einschließlich zum Dessert durchgehalten hätte, ist insgesamt recht selten vorgekommen. Mit einem Schlag wird sie sehr müde, ihre Augenlider sinken, die Mundwinkel, die Schultern. Sie schließt die Augen, sie öffnet sie auch nicht, wenn sie aufsteht. Sie findet ihren Weg blind. Sie muss sich jetzt sofort hinlegen, sie ist vollkommen ausgelaugt, sie braucht ihre Ruhe, wir sollen sie bitte in Ruhe lassen. Wir lassen sie in Ruhe, wir essen unser Dessert (meistens Quark mit Früchten) und räumen den Tisch ab.

In einer anderen Variante schließt sie die Augen ebenfalls, steht aber nicht vom Tisch auf, um sich Entschuldigungen murmelnd zurückzuziehen. Sie bleibt am Tisch sitzen, ihre Lippen bewegen sich, sie ist ausgelaugt, wir haben sie ausgelaugt, wir lassen uns wieder einmal nur bedienen, besonders ich, die ich talentiert wie kaum eine andere auf der Welt sei, die Füße hochzulegen. Habe ich, seitdem ich da bin, seit immerhin anderthalb Stunden, Benji schon gefragt, was er in der Woche erlebt habe? Das habe ich, und zwar, während sie das Mittagessen vorbereitete, aber das zu sagen, ist ebenso falsch, wie es nicht zu sagen. Am Ende werden so oder so Tränen unter ihren geschlossenen Lidern hervortreten, und sie wird die Schlafzimmertür hinter sich zuwerfen. Sie braucht jetzt ein bisschen Pause von mir. Von uns allen.

Papli räumt den Tisch ab, ich frage Benji: Alles OK? Er sagt, ja.

Er sagt, sie macht das immer nur am Wochenende. In der Woche sei sie immer ganz lieb.

Papli und ich kennen das auch von Werktagen, von jedem beliebigen Tag. An manchen Tagen versteckte ich mich unter dem Tisch und stellte mir vor, was noch alles passieren könnte, bevor Papli nach Hause kommt.

Komm raus da!, sagte sie und fischte mit dem Besen nach mir. Gut, dann bleibst du eben da.

Warum sitzt du unter dem Tisch, fragte er, als er kam. Er lachte: Mach keinen Quatsch, komm hervor!

Nein, sagte Ma, sie soll bleiben, wo sie ist.

Er steckte mir Essen zu, aber das war Mama dann doch zu viel. Komm wieder hoch, hier oben kannst du vom Teller essen, aber Papli steckte mir das Essen weiterhin unter dem Tisch in den Mund, und wir kicherten, bis Mama in Tränen ausbrach. Da tat sie uns leid, und wir nahmen sie wieder auf in unsere Mitte.

Eine Stunde, manchmal zwei, dann kommt sie zurück, oder wir kommen zurück von unserem Spaziergang, und sie empfängt uns lächelnd, küsst uns und sagt etwas Nettes über mein Haar oder meine Haut, und alles ist wieder gut.

Ohne Hochzeiten ist alles einfacher. Ich kann Benji schon am Samstag mitnehmen. Dann ist nur soviel, dass manchmal sein Köfferchen schon gepackt ist und Mutter uns mit viel Proviant belädt, und manchmal nichts vorbereitet ist und sie nur sagt, seht zu, wie ihr klarkommt. Wir kommen gut klar, ich packe den Koffer innerhalb von fünf Minuten und bin in der Lage, Essen zu kaufen. Wir schlafen gemeinsam auf meiner Doppelmatratze, die ich rundherum mit Kissen ausgelegt habe. Wenn ich am Sonntagabend alleine wiederkomme, riechen sie noch nach ihm.

Ich nehme Benji erst mit, seitdem er 5 geworden ist. Davor wäre es zu schwierig gewesen. Die ersten 5 Jahre mit Benji war die einzige Zeit in meinem Leben, in der die kleinen Tümpel des Glücks nicht genug Linderung verschaffen konnten. Ein Höllenritt aus Schmerzen, Geschrei, Ekel und Angst. Ich liebte ihn wie nichts anderes, aber wenn ich mehr als 5 Minuten alleine mit ihm war, verlor ich den Boden unter den Füßen. Die Hebamme sagte, das geht bald vorbei, aber es ging nicht vorbei. Ich weinte vor Erleichterung, als ich die Schule beendete und eine Ausbildung in einer anderen Stadt anfangen konnte. Zuerst war es eine Banklehre, die brach ich nach einem halben Jahr ab, zog aber nicht wieder nach Hause zurück. Ich verkaufte Kleider in einer Boutique und kam nur an den Wochenenden, manchmal nur jedes zweite. Einmal, während einer Grippeepidemie, blieb ich fünf Wochen fern, bis meine Mutter, selbst krank, ins Telefon brüllte, dass das meine letzte Chance sei, wenn ich jetzt nicht käme, sei es endgültig aus zwischen uns. Ich kam, und die nächsten drei Wochen lagen wir beide krank in den Betten, und sie sagte zu mir: Du weißt doch, dass ich dich immer lieben werde? Ja, sagte ich, ich weiß.

Später fand ich diesen Ausbildungsplatz zur Fotografin, und seitdem ist alles besser. Benji wurde 5 und zauberhaft, und ihn zu lieben ist kaum mehr schmerzhaft, statt dessen viel häufiger eine eigene Zelle aus Glück. Ich liebe ihn nicht so stürmisch wie meine Mutter, ich drücke ihn nicht an mich und küsse ihn nicht überall ab, aber wir gehen und schlafen Hand in Hand.

Wie es der Chef vorausgesagt hat, wird aus dem Montag nichts mehr. Die letzte Stunde des Arbeitstages schaue ich alle 2 Minuten auf die Uhr und denke nur mehr daran, was ich am Fenster sitzend im Rauschen der Pappel zu Abend essen werde. Vielleicht übt auch wieder der Kontrabassist über mir.

Ich stehe gerade im Supermarkt an der Kasse, als mich der Schreck durchfährt: ich habe heute Abend noch einen Job!

Im Laufschritt nach Hause, die Treppen hoch, die Einkäufe hingeworfen, die Klamotten vom Leib gerissen, unter den Achseln gewaschen, ein frisches Oberteil über, die Ausrüstung zusammen, die Akkus sind nicht geladen, jedenfalls nicht frisch. Aufs Fahrrad, zum Glück sind es nur 3 km.

Ich schaffe es gerade noch rechtzeitig, die Akkus und die Speicherkarten schaffen es auch: ich fotografierte vereinbarungsgemäß vor, während und nach einer Podiumsdiskussion. 199 Euro Brutto für 4 Stunden. Ein Bankenverband. Die für Kulturveranstaltungen Zuständige ist eine Lesbe, die mich mag. Ich lächle sie an und bedanke mich für den Auftrag. Sie lächelt auch, meine Hand zwischen ihren Händen, sie sieht mir in die Augen und sagt: Bis zum nächsten Mal.

Erst, als ich das Fahrrad losschließen will, um nach Hause zu fahren, kommt der Schreck wieder hervor. Meine Knie zittern so heftig, dass ich mich hinhocken muss. Ich hocke und rüttle am Fahrradschloss, das nicht aufgehen will. Die Beine werden taub. Ich fluche. Das Telefon klingelt. Es ist Yvette, die fragt, wo ich bin, was ich mache, ob wir uns sehen wollen. Ich sage: Nein, heute nicht, mein Fahrradschloss klemmt. Sie lacht und wünscht mir noch viel Spaß. Das Schloss klemmt und klemmt, ich schreie es an, da lässt es los.

Später ist die Bus- und Radspur gesperrt, ich balanciere auf den äußersten 10 Zentimetern des rechten Fahrstreifens und versuche, die gerade gemachten Fotos thematisch zu ordnen, aber das Einzige, was mir immer wieder vor das innere Auge kommt, ist das operierte Gesicht der Moderatorin. Immer und immer wieder die sich durch die Straffung an den Schläfen kräuselnde Haut, die wulstigen Lippenkonturen, und plötzlich ist mir, als hätte ich den ganzen Abend nur sie fotografiert. Ich kann mich an nichts anderes mehr erinnern. Das Fahrrad schlingert, ein Auto hupt mich an, ich schreie: Arschloch!, gleichzeitig sehe ich einen Polizisten, der auf dem Gehsteig steht, und erschrecke noch einmal, aber er zeigt keine Reaktion. Ich fahre dennoch so weit, dass er mich nicht mehr sehen kann, und bleibe erst dann stehen, um Yvette anzurufen.

Wir setzen uns mit dem Laptop in eine Kneipe und schauen uns die Fotos an. Yvette lacht und sagt, sie sind in Ordnung.

Siehst du auch, dass die Frau operiert ist?

Ja. Aber das ist doch nicht dein Problem, oder?

Mal sehen.

Wie war das Wochenende? Wie war die Hochzeit?

Ich erzähle, was sie interessiert: welche Location, wie das Kleid war, die Schuhe, die Blumen, das Essen, die Musik.

Und Benji?

Benji geht es gut.

In der Nacht träume ich von der Frau mit dem operierten Gesicht. Sie lächelt mich an. Sie ist ganz nah. Ihre wächserne Haut, ihre wulstigen Lippen. Sie mag mich. Sie wird mich bald küssen. Vorher wache ich auf.

Am Dienstag fallen zwei Familienporträts auf mich. Drei Schwestern: eine Rothaarige, zwei Brünette. Die Rothaarige in der Mitte. Dann eine Uroma, eine Oma, eine Mutter, eine Tochter auf einem gemeinsamen Porträt, die Älteste um die 80, die Jüngste noch nicht ein Jahr. Drei ausleuchten, vier ausleuchten. Die vierte Schwester sein, das Baby anlächeln, die Mutter, die Uroma, die Oma.

Haben Sie Kinder?, fragt die Oma.

Ja, sage ich. Einen Sohn, er ist sieben.

Wie schön, sagt die fremde Oma. Geht er schon in die Schule?

Ja.

In welche? will die Mutter wissen.

Sie ist nicht hier in der Nähe, sage ich.

Das Baby sieht perfekt aus, wie eine Perle, an den erwachsenen Frauen arbeite ich mit Sorgfalt, damit sie sich freuen, wie gut sie ausgesehen haben.

Nach der Arbeit mit Yvette zum Gesangsunterricht. Ich bin Sopran, Yvette ist Alt. Ich singe »Somewhere« aus der West Side Story, sie singt »Je ne veux pas travailler« von Pink Martini. Hinterher essen wir Hühnerfüße in Curry in dem indonesischen Restaurant in meiner Straße und trinken Wein in der Bar gegenüber. Ich mag die Bar nicht, sie ist verraucht und laut, aber ich will es Yvette nicht verderben. Wir lassen uns von zwei Italienern einladen.

Na, wo warst du schon wieder, fragt der Chef am nächsten Tag.

Wo soll ich gewesen sein?

Dein Haar riecht nach Rauch. ... Haha, sagt der Chef. Du bist rot geworden.

Ich presse die Lippen zusammen.

Sorry, sagt der Chef. War nicht böse gemeint.

Später kommen seine Kinder und seine Frau vorbei. Das Mädchen heißt Florentina und mag mich, sie sagt: Ella, du bist wunderschön. Danke, sage ich, du auch. Sie lächelt geschmeichelt und wissend. Der Junge beachtet mich nicht, setzt sich auf den Schoß seines Vaters.

Miss Lamb, sagt der Chef grinsend, würden Sie dem jungen Herrn einen Apfelsaft kredenzen, ich kann grad nicht.

Lamb bedeutet Lamm, sagt Florentina, die schon 9 ist.

Der kleine Junge lacht: Lamm? Du heißt Lamm?

Ja. (Ich wünschte, ich wäre nicht schon wieder errötet.) Und was ist dein Tiername?

Tibaud.

Tibaud. Und wie weiter?

Tibaud.

Du heißt Tibaud Tibaud?

Die Mutter funkelt mich an. Als wäre es meine Schuld, dass er seinen Nachnamen nicht weiß. Ich höre nicht auf, den Jungen anzulächeln:

Ist dein Tiername vielleicht: Bär?

Der Junge lacht: Nein.

Ist er vielleicht: Wolf?

Oder: Fuchs?

Oder: Löwe?

Ja! ruft der Junge, ich bin ein Löwe!, und vier von uns lachen.

Später setzt die Frau eine freundliche Miene auf und fragt, ob ich bei ihnen babysitten könnte.

Wieder werde ich rot. Der Chef antwortet für mich:

Ella hat immer viel zu tun.

Kurz vor Mitternacht desselben Tages sitzen wir zu dritt auf einem Sofa: Yvette, eine gewisse Bianca und ich. Bianca gehört ein Second-Hand-Laden namens »Rosenrot«. Wir schauen uns die Fotos an, die ich während »Prosecco und Prozente« von dazu gewillten Kundinnen gemacht habe. Die meisten wollten. Kostümieren sich, lachen, eigentlich mag ich das, warum lache ich nicht auch? Weil die Aufnahmen furchtbar werden, sie sehen es auch, schauen auf den Monitor voller freudiger Erwartung und sagen dann: Aha, zucken mit den Schultern und gehen zu etwas anderem über.

Was ist los, fragt Yvette.

Zu wenig Licht, murmle ich.

Ich dachte, du bist Expertin für Aufnahmen bei schlechtem Licht, sagt Yvette, und das hilft tatsächlich. Die Mienen der Frauen werden zufriedener, Bianca verkauft mehr und wird auch zufriedener und damit auch ich.

Ein hübscher junger Kerl auf einem Tretroller kommt vorbei. Er hat ein Mädchen in Benjis Alter dabei, ebenfalls auf einem Roller. Sie suchen die Mutter des Mädchens, aber sie ist noch gar nicht dagewesen. Sie rollen weiter. Er würde mir gefallen, sagt Yvette, aber ich habe Angst vor seiner Freundin. Sie ist eine Hexe. Kaum ausgesprochen, erscheint die Frau. Sie ist hübsch und freundlich, Bianca und Yvette sind auch freundlich, ihre gelblichen Zähne blitzen zwischen ihren roten Lippen hervor. Die Frau probiert ein sehr kurzes, rosa Kleid an, ich fotografiere sie, sie posiert, sie ist schön, denkt aber, sie wäre noch schöner. Sie kauft das Kleid nicht, dafür ein weißes Schultertuch aus gehäkelter Spitze, man weiß nie.

Die Letzten gehen um zehn, wir bleiben auf dem Sofa sitzen, Hüfte an Hüfte, und trinken die Reste. Über dem Sofa hängt ein Gemälde vom Flohmarkt mit einer nackten Frau, die sich die Haare hochhält.

Sieht aus wie du, sagt Yvette, nur, dass sie nicht blond ist.

So siehst du nackt aus? fragt Bianca.

Schön wär's, sage ich. (Dabei stimmt es. Ähnlich.)

Yvette will den Preis für das Gemälde wissen, Bianca sagt: 200. Yvette winkt ab.

Yvette sagt, sie würde gerne einen Mann finden, bevor sie 30 wird.

Also hast du noch zwei schöne Jahre, sagt Bianca. Bianca ist Mitte 40, sie rechnet nicht mehr damit, eigene Kinder zu haben. Sie hat mehrere Kinder für einige Jahre mit aufgezogen. Wenn Benji 18 ist, werde ich 35 sein. Wir werden beide noch unser Leben vor uns haben, wie man sagt.

Ich frage nach Orangensaft, keiner da, also trinke ich puren Sekt. Yvette probiert Sachen an. Ich solle mir auch etwas aussuchen, sagt Bianca, aber ich bin nicht in der Lage, aufzustehen. Für mich gibt es in solchen Läden ohnehin selten etwas, ich habe Größe 42. Bianca steht kurz davor, beleidigt zu sein, dass ich nichts aus ihrem Laden haben will. Schließlich sucht sie selbst etwas für mich aus: ein weißes Kleid mit roten Punkten. Darin würde ich aussehen wie ein Milchmädchen, denke ich. Laut sage ich: Ich kann mir nicht vorstellen, dass ich da reinpasse.

Sie nötigen mich, es anzuziehen, und ich passe hinein.

Na also. Bianca ist zufrieden. Ich weiß doch, eine Größe abzuschätzen.

Du siehst sexy aus. Ich beiße gleich ein Stück von dir ab, sagt Yvette, die ein enges blaues Kleid und einen schwarzen Pelzkragen trägt. Eine Buchhalterin, die wie ein Model aussieht. Sie gibt all ihr Geld für Kleidung aus. Sie ist dünn wie ein Schilfrohr und hat große Füße, ich kann nichts von ihr erben.

Das gepunktete Kleid riecht muffig, und der Stoff ist steif, aber ich bedanke mich und behalte es gleich an.

Wir suchen noch etwas für meine Mutter, aber wir finden nichts. Der muffige Geruch ist jetzt überall, ich kann ihr nichts schenken, das so riecht.

Es hat keinen Sinn, sage ich. Meine Mutter ist sehr kritisch, das letzte Mal hatte sie etwas angehabt, das vorher andere getragen haben, als sie ein Kind war. Sie sagt, sie hat früh geheiratet, um nichts Umgenähtes mehr tragen zu müssen.

Ihre Mutter, sagt Yvette zu Bianca, ist eine sehr schöne Frau.

Es klingt, als würde sie noch etwas hinzufügen wollen, aber es kommt nichts mehr. Sie hat das blaue Kleid und den schwarzen Pelzkragen auch gleich anbehalten, später, als wir schon auf den Rädern sitzen, fällt mir auf, dass sie ihre eigenen Klamotten vermutlich im Laden gelassen hat, aber ich sage nichts, ich will nicht wieder umkehren müssen.

Zuhause angekommen, verlängert sich die Nacht noch einmal schlagartig. Ich habe eine Nachricht da, dass ich zwei Fotos auf lumen.co verkauft habe. Ich habe 5 Nachtaufnahmen bei ihnen, davon also 2 verkauft.

»Grün« – eine leere, nächtliche Straße, in deren Mitte eine grüne Ampel leuchtet.

Und »Gelb« – der Baum vor dem Kino mit den gelben Lampions.

Beide an ein und dieselbe Person. Sie hat die billigste Variante gewählt: Posterdruck. Dafür bekomme ich 25 Euro pro Bild. 50 Euro, das ist einmal Benji und zurück. Ich freue mich so, ich komme nicht in den Schlaf. Ich liege auf der Matratze, die schon lange nicht mehr nach Benji riecht, und denke an den Mann (wieso denke ich, es ist ein Mann; ich stelle mir vor, es wäre ein Mann), der die Bilder gekauft hat. Ich denke an die nächtlichen Straßen draußen, wie ich dort herumlaufe und eines Nachts durch ein erleuchtetes Fenster auf mein eigenes Bild sehe. Ich sehe es so genau und aus einer Perspektive, nämlich auf Augenhöhe, dass ich annehmen muss, dass ich doch eingeschlafen bin. Und das stimmt. Von der Straße dringt das Jauchzen des Partyvolkes bis in mein Fenster. Im Vorderhaus ist eine Kneipe, und es gibt mehrere Hostels in der Nähe. Gruppen junger Menschen, englisch oder italienisch sprechende. Sie fotografieren sich mit ihren Handys. Ich stehe mit meiner schweren Kamera etwas linkisch an eine Hauswand gedrückt. Ich würde die Kamera gerne verstecken, sie kommt mir plump vor, ich drehe die Tasche auf meinen Rücken und hoffe, man sieht nicht, dass es eine Fototasche ist. Mir tut es leid um meinen schönen Schwebetraum. Im Schatten der Hauswände riecht es nicht gut. Wo ist eigentlich Yvette? Warum muss ich allein hier stehen und zuschauen, wie ein blondgelockter Junge seine Freundin küsst? Es tut weh, sie zusammen zu sehen, ich kann dennoch nicht wegsehen. Mein Gesicht schmerzt schon vor lauter steifem Lächeln. Ich drehe mich mit Mühen weg, ich will ins Studio gehen. Ich bin keine Touristin, ich wohne hier, ich habe Dinge zu tun. Sobald ich mich von ihnen abwende, wird es viel dunkler, ich muss mich an den Häuserwänden entlang zum Atelier tasten. Ich denke an den Chef, hoffentlich ist er da, obwohl es mitten in der Nacht ist, aber es erscheint mir logisch, dass er da ist. Doch das Atelier ist dunkel und geschlossen, und das ist so schmerzhaft, dass ich nicht weiterkann. Ich setze mich auf die Schwelle und denke an den Morgen, wie lange ich wohl werde sitzen müssen, bis er kommt, und mich hineinlässt. Bis mir einfällt, dass ich keinen Grund habe, ohnmächtig und verzweifelt zu sein, ich habe doch einen eigenen Schlüssel! Da wache ich auf.

Stell dir vor, sage ich zum Chef. Ich habe geträumt, dass ich mitten in der Nacht hierhergekommen bin.

Stell dir vor, ich auch, sagt der Chef.

Ich traue mich nicht mehr, ihm in die Augen zu sehen. Ob er sich lustig über mich macht oder nicht.

Wir fotografieren den ganzen Tag Brillen für die Website eines nahen Ladens. Ich müsste besser werden in Produktfotografie, aber dafür langweilt es mich zu sehr.

Am Abend wieder mit Yvette, diesmal zur Eröffnung einer Kellerbar. Ein Kollege von ihr ist in irgendeiner Form daran beteiligt, vielleicht mit Geld. Ich habe großen Durst und trinke einen Rum-Orange und gleich noch einen. Zu essen haben sie nichts, nur Erdnüsse. Ich bleibe auf dem Barhocker sitzen und stelle das kleine Stativ auf den Tresen. In der einen Faust halte ich Erdnüsse, mit der anderen Hand löse ich aus. Ich fotografiere Getränke, Flaschen, Gläser, Hände, die mit goldener Farbe bemalte umlaufende Kante der Theke, die mit goldener Farbe bemalten Tischbeine, Yvettes endlose Wimpern, Yvettes netzbestrumpfte Beine, die scharfe Kante von Yvettes Kniescheibe unter dem Netz, die anderen Gäste, mit und ohne Gesicht, die Schattenspiele auf dem Boden, den Wänden. Später wird auf Schwarzlicht geschaltet, und alles lacht hysterisch, weil man das seit x Jahren nicht mehr erlebt hat. Ich exponiere lange, versuche, billige Lösungen wie Augen und Zähne zu vermeiden. Das ist cool, sagt Yvette, die Dunkelheit, das ist deins. Ich werde trunken vor Enthusiasmus (und vermutlich auch etwas vom Rum), ich lege mich mit der Kamera auf den Boden. Der Boden ist unglaublich schmutzig, das wundert mich, der Laden ist doch gerade eröffnet worden, und matschig ist es draußen auch nicht. Wahrscheinlich hat jemand etwas verschüttet.

Sag mal, fotografierst du mir unter den Rock? fragt eine Frau über mir.

Nein, sage ich.

Kann ich es sehen?

Ich muss tatsächlich betrunken sein, denn beinahe hätte ich sie geschubst und gesagt, sie solle sich verpissen, aber ich habe mich im Griff, rappele mich auf und halte ihr das Display vor die Nase. Bitteschön. Ich habe das Gefühl, meine rechte Seite ist mit klebrigem Schmutz verschmiert, so stehe ich vor ihr, und das macht mich wieder wütend. Hoffentlich sagt sie jetzt nichts Falsches. Tut sie nicht. Sie sagt: Wau, und ist auf einmal ganz freundlich. Das sind gute Bilder.

Danke, sage ich. Wir machen auch Porträts.

Ich krame nach meiner Karte und werde wieder rot. Ich habe »wir« gesagt, dabei ist das nur meine Karte, und ich habe kein eigenes Atelier. Was würde er sagen, wenn ich sie mitbringe und sage: Sie ist aber meine Kundin. Er würde sie mir wegnehmen, natürlich, was bilde ich mir ein. Ich muss sie zu Freilichtaufnahmen überreden. Sie, an einen Baumstamm gelehnt, auf einer Bank, im Gras, erst sitzt sie so, dass man ihr ja nicht unter den Rock gucken kann, später räkelt sie sich in Unterwäsche, das ist alles meine Schuld, wir werden das beide bereuen... Endlich habe ich die Karte gefunden.

Danke, sagt die Frau, und zum Glück sieht man ihr an, dass sie mich wohl nicht anrufen wird.

Ich höre auf zu fotografieren und tanze mit Yvette. Andere fotografieren uns. Ihr seht gut aus, Mädels. Danke, sagen wir. Ich wünschte, ich wäre weniger betrunken, und gleichzeitig, ich wäre es mehr.

Auf dem Weg nach Hause kommen wir an der Straße vorbei, wo ich »Grün« gemacht habe. Diesmal ist die Ampel aus, eine Straßenlaterne beleuchtet den Fußgängerüberweg. Schau, sage ich zu Yvette, und sehe erst dann, dass gerade ein Wooki über die Straße geht.

Wau, sagt Yvette. Ein Typ im Hundekostüm. Wollen wir hinterher?

Nein, sage ich. Ich bin zu breit.

Yvette zittern die Beine, sie kämpft mit dem Impuls, ihm hinterherzugehen, aber dann bleibt sie doch bei mir. Deinetwegen habe ich die Liebe meines Lebens verpasst, sagt sie prustend.

Das ist kein Witz, Ella, sagt der Chef. Jeden zweiten Tag bist du so müde, oder ich weiß nicht was, dass ich dich kaum gebrauchen kann. Alles muss man dir dreimal sagen. Wenn ich alles dreimal sagen muss und alles nachkontrollieren, weil du vielleicht unkonzentriert warst, dann bist du mir keine Hilfe, sondern machst zusätzliche Arbeit. Das kann ich mir nicht leisten. Kannst du das verstehen?

Natürlich kann ich das. Ich sage nichts, ich stehe nur vor ihm, mit gesenktem Blick. Ich sehe dämlich aus so, aber ich kann grad nichts anderes.

Ich meine das ernst, sagt der Chef. Bitte sei ehrlich. Nimmst du Drogen?

Nein, sage ich und schaue ihn an. Ich nehme keine Drogen. Ich habe ein Klingeln in den Ohren.

Du hast ein Klingeln in den Ohren?

Ja.

Er schaut mich an, immer noch mit sichtbaren Zornesfalten, ungläubig auch. Dann sagt er:

Geh mal eine halbe Stunde raus in die Sonne.

Danke, sage ich.

Ich kaufe mir ein Sandwich und setze mich auf dem Spielplatz auf eine Bank in die Sonne und schlafe ein. Mit einem Sandwich im Schoß, im Heckenrosenduft. Am Rande des Spielplatzes gibt es eine Reihe Heckenrosen: gelbe, weiße, rote, rosafarbene. Draußen auf der großen Straße gibt es nur rosafarbene. Die Bäume in den Straßen sind auch thematisch gepflanzt. Kastanien auf der großen, in den Nebenstraßen Linden, Pyramidenpappeln, Zierkirsche, wieder Linden, sehr gerne Linden, Platanen, ab und zu Zierobst, aber das nicht so gerne, weil im Herbst die Straße vor lauter heruntergefallenen, zerfahrenen, vergorenen Früchten wie eine Kelterei riecht. Und die Fliegen und die Wespen und das Rutschen. Ich mag den Geruch. Mutter sammelt überall die Hagebutten der Malven ein, wie auch alles andere, das sie als essbar erkennt. Sauerampfer und Mirabellen. Selbstverständlich auch Blumentriebe und Samen, um sie in ihren Garten zu verpflanzen. Blumen zu stehlen ist kein Diebstahl. Doch, sage ich, als ich noch ein Kind war.

Ich weiß nicht, ob ich das geträumt oder nur gedacht habe. Ich dachte, ich wäre nur einige Sekunden mit geschlossenen Augen dagesessen und hätte nicht geschlafen, aber plötzlich merke ich, dass mein Mund offen steht, und als ich ihn schließe, schmeckt er nach Schlaf und das Sandwich in meinem Schoß ist auseinandergefallen. Ich sehe mich um, aber keiner beobachtet mich. Einige Kinder spielen, an den Rändern Mütter. Ich habe mir das Gesicht verbrannt, besonders die Stirn.

Ich schmiere mir Joghurt auf die Stirn und denke daran, dass ich nicht vergessen darf, mir später die Augenbrauen nachzumalen. Meine Augenbrauen sind unsichtbar, wenn ich sie nicht nachmale, ebenso die Wimpern. Ich muss mir Augenbrauen malen und Wimpern, und die rötlich glänzende Nase pudern, und wenn die Nase, dann auch den Rest des Gesichts, und wo ist mein Lippenstift, etwas rostroter Lippenstift. So schminke ich mich, weil ich am Abend zu einem Konzert will. Was ziehe ich an, vielleicht das neue Kleid, ein Milchmädchen auf einem Jazzkonzert, warum nicht. Der Kontrabassist aus dem Haus spielt, den ich sonst immer nur üben höre. Er hat den Maler, der unter mir wohnt, und mich eingeladen, weil wir die drei Künstler im Haus sind. Einmal besuchten wir die Wohnung des Malers, und er schenkte mir ein kleines Stück Baumrinde mit etwas Abstraktem darauf. Hast du's noch? fragte er eine Woche später. Oder hast du es schon verloren? Ich hatte es noch und wollte einen Rahmen dafür besorgen, aber die Rahmen, die wir im Studio verkaufen, sind zu teuer. Einmal war ein kaputter dabei, und ich fragte, ob ich den haben könnte, aber der Chef sagte, nein, den schicken wir selbstverständlich zurück und fordern Ersatz. Und das Ende war, dass ich tatsächlich das Stückchen Rinde verloren habe. Es muss noch irgendwo in der Wohnung sein, aber ich weiß nicht, wo. Ich denke an das Schminken und an die Baumrinde mit dem Gemälde drauf, wo sie sein könnte, und dabei schlafe ich wieder ein, aber das merke ich eine ganze Weile nicht. Ich glaube, ich ginge nur in Gedanken in meinem einzigen Zimmer hin und her und schaute unter jeden einzelnen Gegenstand, ob vielleicht die Baumrinde mit dem abstrakten Bild darunter liegt. Nein, aber dafür finde ich Sachen, von denen ich gedacht hätte, sie wären gar nicht hier, sondern noch im Haus meiner Eltern, oder auch dort nicht mehr, längst verlorene oder kaputte Sachen. Mein Herz schlägt schneller, es ist schön, sich im Traum zu schminken und alte Sachen zu sehen. Schau, sage ich zu Yvette im Traum, sind sie nicht schön?

Scheiße, sagt Yvette, was machst du? Wo treibst du dich herum?

Wieso? frage ich. Ich halte die Augen weiter geschlossen, aber meine Laune sinkt, ich sehe es vor mir, wie die sinkende Quecksilbersäule in einem Thermometer, weil ich jetzt gerade begreife, dass es hinter meinen Lidern nicht mehr hell ist. Es ist dunkel geworden, aber es kann noch nicht allzu spät sein, wie spät ist es wirklich?

Yvette teilt mir, überhaupt nicht erfreut, mit, dass es fünf vor zehn sei, das Konzert meines Freundes also in fünf Minuten beginne, und sie stehe vor dem Club, und der Eintritt koste 16 Euro, zum Glück habe sie noch keine Karte gekauft, denn ohne mich würde sie zu keinem Konzert gehen, das 16 Euro plus die Getränke kostet, aber wo ich eigentlich sei. Du wirst es ja wohl nicht vergessen haben?

Ich setze mich auf, öffne die Augen, es ist dunkel im Zimmer, es riecht nach vertrocknetem Joghurt, mein Gesicht spannt.

Ich habe es nicht vergessen, sage ich zu Yvette, im Gegenteil. Ich habe nur verschlafen.

Du hast verschlafen?

Ja, tut mir leid.

Wieso hast du verschlafen? (Sie findet das gar nicht lustig. So eine Respektlosigkeit.)

Ich war wohl müde, sage ich.

Du warst wohl müde?

Ja.

Und ich stehe hier.

Tut mir leid.

Wo ich Jazz doch sowieso hasse.

Tut mir leid.

Ich entschuldige mich noch tausend Mal, Yvette wird nicht viel weicher. Normalerweise würde mich das wachrütteln, normalerweise würde ich aufstehen und sie suchen und noch einen

Versöhnungstrunk ausgeben, aber diesmal schlafe ich, nachdem wir aufgelegt haben, einfach wieder ein. Sie wird sich schon wieder einkriegen. Und ich bin, ehrlich gesagt, auch erleichtert, dass ich doch nicht zu einem Jazz-Konzert muss.

Der nächste Tag ist wieder ein Samstag, wir fotografieren eine Hochzeit. Ich trage das gepunktete Kleid von Bianca. Die Gäste starren mich an.

Du bist zu sexy gekleidet, sagt der Chef.

Ich werde rot.

Er grinst und sagt: Finde ich gut. Die Leute halten sich aufrechter auf den Fotos, wenn sie dich sehen.

Abgesehen von der Braut, die nicht aufhört, blass und nervös zu sein. Vielleicht ist sie schwanger, aber eher nicht. Als wir ankamen, stürzte sie gerade die Treppenstufen herunter. Wäre sie schwanger, wäre die Aufregung sicher größer gewesen. Später fotografieren wir auf Wunsch der Brautleute auf derselben Treppe alle Gäste der Hochzeit, paar- bzw. familienweise. Die ersten noch bei Sonnenschein, die letzten bei Dunkelheit, mit Blitz.

Als die letzte Familie porträtiert ist, gehe ich hinaus in den Hof. Zu beiden Seiten des Tors stehen je drei Pappeln. Ich stelle mich zwischen sie und höre dem Rauschen zu. Am Tor hängt ein Plakat. Es kündigt eine Swing Band an. Benjis Vater hat auch in einer Swing Band gespielt. Saxophon. Ich war nicht in ihn verliebt. Ich wollte nur üben. Ich schaue mir alle Gesichter auf dem Plakat an. Mit der Band tritt eine Sängerin namens Anita auf.

Als ich mich umdrehe, steht der Chef hinter mir.

Pardon. Ich wollte dich nicht erschrecken.

Nichts passiert, sage ich. Ich hab dich nicht kommen gehört. Die Pappeln rauschen so laut.

Er lächelt.

Ich sage: Ich mag das. Es ist so beruhigend.

Ja, sagt er. Sie rauschen genauso wie der Tinnitus in meinem Ohr.

Das wusste ich nicht. Dass du einen Tinnitus hast.

Er winkt ab. Seit 9 Jahren schon. Wenn ich unter Pappeln stehe, höre ich ihn nicht.

In meinem Innenhof steht eine Pappel, sage ich und erröte wieder. Zum Glück ist es dunkel.

Wie schön für dich, sagt er und grinst.

Er fährt das Auto zurück, ich sitze auf dem Beifahrersitz und schaue mir die Baumstämme an, die unser Licht beleuchtet.

Am Sonntag schaffe ich wieder nur den Zug um 10:00. Ich habe ein schlechtes Gefühl im Magen, zum einen wegen zu viel Kuchen mit Zuckerguss bei der Hochzeit, zum anderen aus Angst davor, was Mama sagen wird. Lächerlich. Wie kann ich mit 24 mehr Angst vor ihr haben, als mit 4?

Das ist normal, sagt Yvette

Und wann ist das zu Ende, frage ich.

Wenn sie im Sterben liegt, sagt Yvette.

Das vorgebuchte Ticket ist auch verfallen, aber das macht zum Glück nichts. Ich weiß nicht, ob ich nicht kontrolliert wurde, weil ich schlief, oder ob sowieso keiner gekommen wäre.

Als ich ankomme, spielt Benji in seinem Zimmer, das einst mein Zimmer war. Ich lege mich neben ihn auf den Teppich und schaue durch das Fenster. Man sieht nur den Himmel. Blau, bei Sonnenschein. Einmal hatten wir Mohn im Garten. An die Untersicht auf einige türkisfarbene Mohnkapseln erinnere ich mich jetzt. Ich wünschte, ich hätte ein Foto davon. Mohnkapseln setzen, sie fotografieren.

Komm raus in den Garten, sage ich zu Benji.

Er will nicht.

Darf ich?

Ja, sagt er.

Ich gehe hinaus und mache einige Aufnahmen. Sonnenflecken finden, Überbelichtungen, Einstellungen, die die Pflanzen aussehen lassen wie etwas Abstraktes. Die Mohnstängel, die Mohnkapseln, ich vermisse sie. Ich finde nichts Richtiges, alles bleibt zu erkennbar.

Ich schenke Mama ein Foto zum Geburtstag, das ich letzten Sommer von ihr gemacht habe. Sie mag es, wenn ich sie fotografiere, aber sie wacht darüber, dass die Fotos, auf denen sie zu dick aussieht, vernichtet werden.

Sei nicht albern, sage ich. Komm, ich mache Nacktfotos von dir.

Papli hielt das für eine wunderbare Idee.

Sie wurde rot und lehnte ab, aber sie lächelte geschmeichelt.

Dieses neue Foto gefällt ihr.

Außerdem schenke ich ihr einen Blütenkranz, den ich von der Hochzeit mitgenommen habe. Die Braut wollte, dass die Gäste mit Blütenkränzen fotografiert werden. Auch für Papli,

Benji und mich habe ich einen. Wir gehen hinaus in den Garten, und ich mache ein Foto von den Dreien mit Blumen im Haar. Dann, mit dem Selbstauslöser, von uns allen.

Mamas Gäste kommen, Benji und ich bleiben für einen Moment allein im Garten. Ich liege im Gras, er kitzelt meinen Arm und meinen Hals mit einem Grashalm. Ich schaudere, wir lachen. Er kitzelt mein Gesicht, gerät mir ins Auge, es sticht, ich bitte ihn, vorsichtig zu sein. Er sagt Entschuldigung, gerät aber noch zweimal ins Auge. Ich werde nervös, ich setze mich schnell auf.

Ich fotografiere Mutters Fest, Mutters Freunde und Freundinnen. Sie erkundigen sich nach meinem Leben. Ich sage, ich arbeite in einem Fotostudio, verkaufe außerdem künstlerische Fotos über eine Galerie und werde für Veranstaltungen gebucht. Alle sind zufrieden mit mir. Wie gut sich doch alles für mich entwickelt hat.

Und, gibt es auch jemanden in deinem Leben?

Ja, sage ich. Da gibt es jemanden.

Mutter schaut mich an, fragend, ungläubig, es doch für möglich haltend, dann sich sogleich Sorgen machend, dann beleidigt, dass ich es ihr nicht erzählt habe (später, zu Papli: Hat sie dir davon erzählt? Nein? Na, dann ist es vielleicht nur eine Geschichte), dann schulterzuckend, das ist heute ihr Fest.

Man redet über Benji, er hält uns jung usw. Seine Schule wird gelobt, seine Leistungen dort, sein Musikunterricht. Ich schaue mich nach ihm um. Er ist nicht da, er ist im Garten und spielt mit einem anderen Jungen. Sie schaukeln auf der Doppelschaukel. Die gab es schon zu meiner Kindheit, dabei bin ich Einzelkind. Einmal haben Mama und ich geschaukelt und dabei zweistimmig gesungen. Mamas Stimmlage ist Mezzo.

Die Gäste sind noch da, als ich Benji ins Bett bringe. Ich erzähle ihm eine Geschichte über einen Mann, der im Hundekostüm durch die Stadt läuft.

Warum trägt er das Hundekostüm?

Das stellt sich erst im letzten Kapitel heraus, sage ich.

Wir zählen nach, wie viele Wochen es noch bis zu den Ferien sind. Dreieinhalb. Hochzeitssaison hin oder her, der Chef hat auch Kinder, wir machen das Studio für zwei Wochen zu und lassen auch die Hochzeiten sausen. Sie fahren nach Frankreich, und wir?

Fahren wir wieder mit Yvette ans Meer?

Ja, das tun wir. Und wenn sie der Hafer sticht, tut Yvette so, als wären wir Lebensgefährtinnen. Nur, dass sie nicht in einem Bett mit uns schläft. Mit niemandem. Nicht einmal in demselben Zimmer. Das hält sie einfach nicht aus. Am Ende wird es noch daran scheitern, dass ich jemanden finde, meinst du nicht, Ella? Ach was, sage ich.

Du, sage ich zu Benji, ich hätte eine Frage. Sag, Benji, wie fändest du es, immer bei mir zu leben?

Gut.

In eine andere Schule gehen? Neue Freunde finden?

Ja, sagt er.

Wirklich?

Ja.

Mir wird es eng im Hals. Mein Herz klopft. Ich nehme seine Hand.

Sag es Oma nicht. Und auch Opa nicht.

Klar, sagt Benji. Ich bin nicht blöd.

Unten in der Küche lachen Mutter und ihre Freundinnen.

Wirst du dann jeden Abend beim Einschlafen bei mir sein? fragt Benji.

Ja, sage ich. Natürlich.

Verliefen sich im Wald

Im Sommer, in der Saison, arbeitet er von Sonnenauf- bis -untergang. Fährt im Sonnenaufgang hin, kommt im Sonnenuntergang zurück. Das ist schön, die Fahrt dauert genau so lange wie diese Auf- und Untergänge. Sie machen sich gemeinsam auf den Weg, sie kommen gemeinsam an: der junge Mann und die Sonne. Leider steht sie immer in seinem Rücken, denn morgens fährt er nach Westen und am Abend zurück nach Osten. Natürlich sieht man an allem, dass gerade die Sonne auf- oder untergeht, aber sie selbst kann er nur sehen, wenn sie in einem der Rückspiegel auftaucht. So fährt er: mit den Augen in den Spiegeln. Seite, Mitte, andere Seite. Jeden Tag einige Sekunden und Meter Verschiebung, aber es gibt einige Stellen, wo sie immer zu sehen ist. Nach der Kurve, links, neben dem kleinen Wald über dem Hügel. An manchen Stellen ist sie in zwei Spiegeln gleichzeitig, und er ist für eine Sekunde geblendet. Manchmal (häufiger) schließt er danach noch kurz die Augen. Eins, zwei. Stellt sich vor, dass sie in allen 3 Spiegeln gleichzeitig erscheint. Was keine Bedeutung hat. Er stellt es sich nur gerne vor. Das ist nicht ungefährlich, denn die Straßen sind morgens wie abends voll, dennoch, er kann nicht anders, als darauf zu vertrauen, dass gerade in diesen zwei Sekunden kein Unglück geschehen wird.

Während des Tages sitzt er drin. Vom Rezeptionspult des

Hotels aus kann man den See sehen. Nicht das Wasser, aber das Schilf am Ufer. Die Bewegungen des Schilfs, die Reflexionen des Wassers dahinter, die Wolken darüber, die Wolkenlosigkeit. Auch das ist alles schön. Der Sommer ist schön. Es wird sehr heiß, aber das Hotel ist klimatisiert. Abends dann, beim Heraustreten, spürt er die in allem gespeicherte Wärme herausströmen und dann wieder: die Sonne in den Spiegeln.

Im Winter dagegen sieht er fast nur Dunkelheit. Fährt im Dunkeln hin, am Ende der Fahrt ist es immer noch genauso dunkel wie am Anfang, arbeitet, fährt im Dunkeln wieder zurück. Viele leben so. Ganz zu Anfang im Hotel hatte er zudem nur die Nachtschichten gemacht, so war die Stelle ausgeschrieben, suchen Nachtrezeptionisten, und die 200 Euro mehr, die es dafür gab, wollte er auch haben, aber dann wurde es doch zuviel. Sie brauchen einfach mehr Licht, sagte der Arzt. Er erwähnte die 200 Euro. Verstehe, sagte der Arzt. Schließlich wagte er doch, seine Chefin zu fragen, ob er nicht wenigstens manchmal die Tagschicht haben könnte.

Das Aufgeben der ständigen Nachtschicht hätte auch seinem gesellschaftlichen Leben nützen können. Er hatte viele Freunde und hat sie eigentlich immer noch, durch die Nachtschichten sah man sich nur kaum mehr. Davor kamen sie beinahe jeden Abend zusammen und spielten: Billard, Darts, Kegeln, Badminton, am Wochenende Fußball und Tennis, und dazu aßen sie gut, Pizza, Hamburger, heiße Sandwiches und tranken Biermixgetränke. Eine fröhliche Truppe, Jungs und Mädels gemischt. Das hätte er mit der Tagschicht wiederhaben können, aber irgendwie: doch nicht. Ich weiß auch nicht. Ich weiß nicht mehr genau wann, vielleicht während der einsamen

Nächte hinter dem Rezeptionistenpult und manchmal vor der Tür stehend, um das Rauschen des Schilfs und des Sees hören zu können, vielleicht durch die Sonnenauf- und -untergänge, ist eine Stille in ihn eingezogen, die er kein Herz hat, kaputt zu machen. Von der Arbeit fährt er nach Hause, legt sich in seine Koje und liest Gedichte, wie noch als Schüler (und tatsächlich in den Textsammlungen aus der Schule, die er immer noch hat), aber nicht immer. Nicht immer ist die Stille, die entstanden ist, stabil genug, als dass man Worte hineinlassen könnte. Manchmal nicht einmal Musik. (Das Rauschen der Waschmaschine hingegen stört fast nie.) Dann konzentriert er sich in den zwei, drei Stunden, bevor er sich schlafen legt, nur mehr darauf, sie nicht zerbrechen zu lassen. Es gibt schlimmere Leben. Aber dass seine Freunde nicht verstehen, was mit ihm los ist, ist klar, und auch, dass er es ihnen nicht erklären könnte.

An dem Tag, an dem diese Geschichte spielt, kam allerdings von Anfang bis Ende keine Ruhe rein. Als Erstes wurde er beinahe in einen Unfall verwickelt. Das Straßendorf, in dem er wohnt, liegt an einem Hügel, sein Haus in einer Kurve, das ist besonders im Winter gefährlich, wenn die Straße vereist ist. Die von oben aus der Kurve kommen, schlittern an dieser Stelle direkt auf das Haus zu. Zum Glück gibt es davor einen Graben, es ist noch nie einer direkt ins Haus gekracht. Solange er sich zurückerinnern kann, auch nur drei in den Graben. Jetzt ist Sommer, dennoch, ohne Ortskenntnis und mit der Aussicht beschäftigt, wie man als Tourist eben ist (aber wenn dazu wenigstens langsam, aber nein, schnell), geriet auch an diesem Morgen jemand auf die falsche Seite der Fahrbahn, dorthin, wo er, selbst noch etwas verschlafen, mit dem Auto vom Hof fuhr. Quietschende Reifen und aufgerissene Augen auf beiden Seiten. Standen da, nicht mehr als ein Fingerbreit Luft zwischen den Stoßstangen, beide Fahrstreifen blockiert, eine ewige Minute lang. Dann fuhren sie, ohne ausgestiegen zu sein, ohne ein Wort zu sagen, beide ein Stück zurück und dann aneinander vorbei. Es war also mit dem kleinstmöglichen Aufwand abgelaufen, trotzdem, als er im Hotel ankam, hatte sich sein Herzschlag immer noch nicht normalisiert.

Später, in seiner Mittagspause, bat ihn die Chefin zu sich.

Um es kurz zu machen (das sagt sie immer: Guten Tag, um es kurz zu machen): Sie sind einer unserer besten Mitarbeiter. Korrekt, konzentriert, höflich, loyal. Ich habe vollstes Vertrauen in Sie.

Vielen Dank, sagte er.

Kurz gesagt, wollte sie ihn fragen, ob er sich vorstellen könnte, Leiter der Rezeption zu werden. Was bis jetzt ihr Job war, aber nun steige sie ihrerseits eine Stufe höher. Für ihn würde das die Verantwortung für 4 Mitarbeiter und 350 im Monat mehr bedeuten.

Danke, sagte er. Darf ich eine Nacht darüber schlafen?

Selbstverständlich, sagte die Chefin. Etwas verwundert (oder bereits enttäuscht?). Nicht wegen der erbetenen Bedenkzeit, das ist tatsächlich selbstverständlich, sondern weil er während des ganzen Gesprächs keine Miene verzog. 350 sind nur 150 mehr, als der Nachtrezeptionist bekommt, aber das kam erst ganz zum Schluss. Auch davor schon: keine Überraschung, keine Freude, keine Aufregung, nur die Höflichkeit, wie immer.

Den Rest der Schicht ging er jedes Mal, wenn seine Kollegin aus der Raucherpause zurückkam, selbst hinaus. Sie: in der einen Hand die Zigarette, in der anderen das Telefon, organisiert ihr Leben außerhalb des Hotels, oder lebt es einfach, hört nicht auf damit, nur weil sie bei der Arbeit ist, ein fröhliches Mädchen mit langem Haar und rotem Lippenstift. Die Chefin mag die Texterei nicht, die Einstellung des Mädchens, das Mädchen selbst. Er verurteilt keine der beiden, er raucht einfach nicht und textet auch nicht, muss auch diesmal niemanden gleich informieren oder um Rat fragen. Er steht nur da neben dem Ascher, mit dem Gesicht zum See, beide Hände in den Hosentaschen.

Auf dem Nachhauseweg glühte die Sonne dann so stark, wie er sie noch nie erlebt hatte, hüllte alles in pfingstrosenrotes Licht. In-allen-drei-Spiegeln wäre nichts dagegen gewesen, gegen diese Flut. Als wäre sie ein riesiger Strom, von dessen Existenz wir nichts gewusst haben, bis er über die Ufer getreten ist. Er hatte Schwierigkeiten, etwas zu sehen, und wurde sehr müde. Aber er konnte nicht gleich nach Hause. Er hatte eine Verabredung.

Sie ist immer zu früh dran, er häufig ein wenig zu spät, er konnte nicht mehr nach Hause und das Hemd wechseln, er musste so gehen, wie er war, in seiner Rezeptionistenkluft, die Krawatte in die Brusttasche gestopft. Ich rieche nach Schweiß, natürlich. Das Sakko lag auf dem Rücksitz, und nun, da er jemand anderen mitnehmen musste, sah er auch, wie schmutzig es im Auto war. Zerknüllte Verpackungen von Fastfood und Süßigkeiten hauptsächlich. Er hatte auch jetzt großen Hunger, aber er holte erst sie ab.

Sie stand im wieder milde gewordenen Restlicht des Abends am Rande des Gehsteigs, in einem kurzen, engen Kleid und hochhackigen weißen Sandalen. Als er sich ihr näherte, auf den letzten Metern, ging auch noch eine Straßenlaterne in ihrer Nähe an, ihr kupferfarbenes Haar glänzte auf. Sie war schön und fröhlich und ausgeruht, wie immer wenn er sie sieht. Immer, wenn er sie sieht, ist sie auf Urlaub, und er arbeitet. Sie kommt genau ein Mal im Jahr, im Sommer, und auch das nicht für lange Zeit. Weil er nichts vorschlagen kann, sagt sie, wann und wo sie sich treffen und was sie dann unternehmen sollen. Diesmal sagte sie, sie wolle zum großen Aussichtsturm oben auf dem Berg (in Wahrheit nur ein Hügel, keine 400 Meter hoch), diesem hölzernen Monstrum, an das sie sich aus ihrer Kindheit erinnert. Nicht wenige unfreiwillige Ausflüge führten zu ihm (Schule und andere Erwachsenendinge), von Mal zu Mal wurde er ruinöser: eingeritzte Namen, rostige Nägel, schließlich die Treppe gesperrt. Jetzt steht angeblich ein neuer da. Lass uns zum Aussichtsturm fahren und auf die nächtliche Stadt hinuntersehen.

Lass uns erst ein Sandwich holen, sagte er. Ich bin am Verhungern.

Er holte sich in einem Imbiss ein mit Käse und Schinken überbackenes heißes Sandwich.

Du solltest dieses Zeug nicht essen. Wollen wir nicht lieber was essen gehen? Oder, das fiel ihr leider jetzt erst ein, sie hätte einen Picknickkorb mitbringen sollen. Ein Ausflug, ein Picknickkorb. Ein nächtliches Picknick mit Blick auf die Stadt. Das wäre schön gewesen. Wie konnte sie nicht daran denken? Es ist alles schlecht geplant, sie übernimmt die Verantwortung dafür.

Ist egal, sagte er. Jetzt habe ich das.

Sie konnte nicht danebensitzen und warten, bis er aufgegessen hatte, sie bot an, zu fahren, ihm war es recht, er war sehr müde. Er rutschte tief in den Beifahrersitz, die Knie gegen das Handschuhfach gedrückt, das fettige Sandwich nah an seinem Mund, er musste nur abbeißen. Ein Stück Käse fiel aufs Hemd. Das geht nie, nie wieder raus, das Hemd ist hinüber. Egal. Sie fuhr das ihr unbekannte Fahrzeug hakelig, dazu schnell, er spürte die Kurven im Magen. Wenn sie die Pedale wechselte, glänzten ihre Beine auf. Sie trug trotz der Hitze Feinstrümpfe. Glänzende Beine, glänzende Haare. Sie ist älter als ich und sieht jünger aus, weil sie sich Mühe gibt und ich nicht.

Wir wollen um die besondere Beziehung der beiden kein Mysterium machen, im Gegenteil, wir wollen die absurde Situation beim Namen nennen, die da wäre, dass sie Halbgeschwister mit einem gemeinsamen Vater sind, und weder der Vater noch die beiden Mütter wollen, dass sie sich sehen. Sie ist 33, er 30 Jahre alt, und sie treffen sich ein Mal im Jahr heimlich in der Stadt, in der sie beide geboren worden sind. Er wohnt in einem Dorf im Umland, in demselben Haus wie sein frühverrenteter Vater, und sie, wenn sie da ist, bei ihrer Mutter in der Stadt. Wenn sie ausgehen, werden sie gefragt, wohin sie gehen und mit wem, also sagen sie etwas, das kostet sie doch nur ein Lächeln, aber absurd ist es doch. Deswegen stimmt er einem Treffen mit ihr immer zu, egal, wie müde er ist, egal, ob er eigentlich schon etwas anderes mit jemand anderem vorgehabt hätte (früher).

Es war gegen 22 Uhr, im Prinzip war es dunkel, aber eine Stadt ist natürlich erleuchtet. Sie fuhren am Stadtpark vorbei, durch die zu tiefe Unterführung, die bei heftigeren Regenfällen mit Wasser vollläuft. Die Leute, die auf dem Berg wohnen, haben dann Schwierigkeiten, in die Stadt hinunterzukommen. Auf dem Berg wohnen die Bessersituierten. Hier ist das Schwimmbad, der Tennisclub und das höchststernige Hotel der Stadt. Hinter diesem gibt es keine Häuser mehr, nur noch den Wald und die Straße zum Aussichtsturm.

Muss ich hier abbiegen?

Aber sie war schon abgebogen. Die Straße im Wald ist nicht mehr beleuchtet, sie ist schmal, der Asphalt grob, an den Rändern abgebrochen. Sie pfiff: Hänsel und Gretel, und lachte.

Wie geht's dir? Gehst's dir gut? Bei der Arbeit?

Ja, sagte er. Ich habe jetzt wieder die Tagschicht. (Müde zwar, aber ausgeschlafen. Muss nicht mehr auf Schlaf verzichten, um sich mit ihr zu treffen. Mit offenen Augen schlafend auf dem Rasen am Ufer eines Badesees sitzen, während Wespen in der Saftflasche ertrinken und sie ihren glänzenden Körper in der Sonne hin und her dreht.) Das ist schon um einiges bequemer. Außer, dass man mehr Überstunden hat. Heute zum Beispiel ist kurz vor Schluss eine Gruppe Italiener gekommen, die ausschließlich italienisch konnten. Ich musste bleiben, weil ich der Einzige mit Italienischkenntnissen bin, aber, um die Wahrheit zu sagen: weit ist es damit nicht mehr her. Es ging irgendwie, aber richtig gut war das nicht. Ich spreche es nur noch wie einer, der es eigentlich nicht kann. Dabei war das mal meine Lieblingsfremdsprache.

Sie tröstete ihn, er könne nichts dafür, wenn er es hier mit niemandem sprechen könne. Es kommen nur selten Italiener. Wann warst du das letzte Mal in Italien?

Er war zu müde, um nachzurechnen. Lange her, soviel ist sicher. Es gibt bestimmt irgendeinen Auffrischungskurs auf CD, den man sich auf dem Weg zur Arbeit anhören könnte.

Sagte es und wusste in derselben Sekunde, dass er sich niemals so eine CD besorgen würde. Was er auch immer anfängt, er hört damit weit vor dem Ende auf. Er sah sich seine Fingerknöchel an, weil ihm einfiel, wie er im Laufe einer seiner abgebrochenen Ausbildungen das Schneiden von Fadennudeln lernte. Das Messer, die Fingerknöchel. Auch das müsste man bei Gelegenheit nachprüfen: ob ich noch Fadennudeln schneiden kann.

Der Turm erschien rechterhand. Er war aus hellem, gelblichem Holz. Ein kurzer Waldweg führte zu ihm. Als wären da auch zwei hölzerne Picknicktische mit Bänken im Dunkeln. Sie ließ das Auto draußen auf der Straße stehen. In hochhackigen weißen Sandalen über dunklen Waldboden. Sie lachte über sich. Das ist so daneben. Nach einer Weile hatten sich ihre Augen an die Dunkelheit gewöhnt, und ihre Füße hatten auch gelernt, dass der Weg mit Mulch bestreut war, dass sie also keine allzu große Angst vor Steinen oder Wurzeln haben mussten, über die sie fallen hätten können. Rundherum knarrten die Bäume, und in den Kronen war ein Rauschen, obwohl kein Wind zu spüren war. Dunkles Rauschen, zu dunkel für alles, es war Neumond. Die Schwester schaute nach oben. Dort, wo sie wohnt, ist es immer sehr hell, die meiste Zeit des Jahres sieht sie kaum einpaar Sterne. Sie ist es gewöhnt, dass es hier dagegen immer sehr viele gibt. Nur heute nicht. Einige niedrige weiße Schleierwolken, das war alles.

Sie waren noch nicht am Turm angekommen, als sie bereits ahnten, dass er abgeschlossen sein würde. Dennoch, sie konnten nicht gleich aufgeben, sie mussten es ausprobieren. Natürlich: abgeschlossen. Hölzerner Turm, hölzerne Stufen, Eisengittertür. Drumherum war es auch nicht lauschig genug. Auf der hölzernen Eisenbahn des Kinderspielplatzes sitzen? Auf der Wippe? Sie: ja. Wenn sie sagen würde, komm, lass uns wippen, würde er mitmachen. Er selbst würde so etwas nie vorschlagen. Im zappendusteren Wald mit seiner Schwester wippen. Aber sie schlug es nicht vor. Sie stiegen wieder ins Auto ein. Lass uns eine Weile einfach hier sitzen. Im Auto sitzen und reden ist eine gute Sache.

Noch einmal: Was gibt es Neues? Diesmal bei ihr.

Alles wie immer. Im Büro, das sie zusammen mit ihrem Mann betreibt, läuft es gut. Wenig Stress, und wenn, dann produktiver. Die Kinderfrage steht im Raum, weniger ihrer selbst wegen, sondern weil viele um sie herum jetzt Eltern werden. Sie selbst sind immer noch unentschlossen. (Sie hat Angst, hässlich und unglücklich zu werden. Aber das sagt sie außer ihrem Mann niemandem.)

Und, wie geht es deinen Eltern?

Sie fragt es, natürlich, weil sie wissen will, wie es sich mit dem Vater lebt, aber er erzählt jedes Mal hauptsächlich von seiner Mutter, die inzwischen auch schon vom Vater geschieden und anschließend krank geworden ist, um die Anerkennung ihrer Arbeitsunfähigkeit kämpft, mit einem neuen Mann zusammengezogen und von ihm wieder weggezogen ist und sich ein Auto gekauft hat, dieses hier, aber dann hat sie die Raten nicht zahlen können, also hat er sein altes Auto verkauft und ihr ihrs abgenommen, jetzt zahlt er die Raten, und wenn sie irgendwohin gefahren werden will, dann fährt er sie, aber sie ist unzufrieden, weil er ja den ganzen Tag weg ist, und in der Nacht will jemand in ihrem Alter selten irgendwohin fahren.

Sie lächelte. Über den Vater vergaß er zu berichten, und er fragt sie auch nie nach ihrer Mutter. Der Frau, die der Vater verlassen hatte, um sich mit seiner Mutter zusammenzutun. Es geht ihr gut, danke, dachte die Schwester. Sie ist gesund, hat Arbeit und Geld zum Leben und keinen Mann, der säuft oder schnarcht. Das Einzige, was man nicht darf, ist, sie an ihren vor über 30 Jahren geschiedenen Mann erinnern, denn dann tobt sie und beruhigt sich erst, wenn ich eine Nacht woanders verbracht habe und sie erleichtert ist, mich am nächsten Tag wiederzusehen.

(Wir werden sie überleben, sagte sie letztes Jahr zu ihm.

Wer weiß, sagte er.)

Und dann, was heute noch passiert ist: Ich bin befördert worden.

Wirklich?

Da war sie doch gleich Feuer und Flamme. Ihre Hände, Haare, Beine gerieten in Bewegung, alles an ihr glänzte auf. Befördert werden ist gut, Karriere zu machen ist gut, oder zumindest »etwas aus sich«. Gelegenheiten ergreifen, Möglichkeiten ausschöpfen. Im gegebenen Rahmen oder auch mal darüber hinaus, neue Rahmen schaffend. Das ist gut!

Das mit den Rahmen hatte er gar nicht mehr richtig verstanden, ihm war schon vorher, schon als das Wort Karriere fiel, klar geworden, dass er das nicht möchte. Er möchte nicht leitender Rezeptionist werden. 4 Leute unter sich und 350 Euro mehr. Karriere. Schon das Wort.

Ich weiß nicht, sagte er tastend. Ich weiß nicht, ob sich der ganze Stress lohnt.

Sie erwähnte erneut den sogenannten positiven Stress. Es gibt auch positiven Stress.

Er nickte. Natürlich. Klar. Weiß ich.

(Die fliegenden Wechsel zwischen der einen Freizeitaktivität und der anderen. Fußballklamotten aus, Hemd an, die anderen warten schon in der Billardhalle, es ist ein Mädchen dabei, das du ein wenig kennst, das in Frage kommt. Er denkt immer noch »Mädchen«, dabei sind es mittlerweile Frauen. Manche haben schon eine Ehe hinter sich. Manche haben ein Kind oder sogar zwei. Dass er diese Kinder kennengelernt hätte, soweit ist es nie gekommen.)

Vielleicht ist mehr Stress das, was du brauchst, sagte sie neben ihm.

Plötzlich wurde er so wütend, dass ihm überall warm wurde. Er presste die Lippen aufeinander. Die Reste des fettigen Käses darauf. Ich bin rot angelaufen, keine Frage. Mein roter Kopf über dem weißen Hemdkragen. 30 Jahre alt. Die Haare fangen schon an, mir auszugehen.

Sie ist nicht vollkommen unsensibel, sie wartete, bis er sich beruhigt hatte. Schaute hinaus auf den dunklen Wald, wartete die Zeit ab, dann erst fragte sie:

Was ist eigentlich dein Traum? Was würdest du am liebsten tun?

(Gar nichts. Der Sonne beim Auf- und Untergehen zusehen. Länger als für diese wenigen Minuten des Tages möchte ich gar nicht leben. Nicht essen müssen, nichts. Schlafen, wie ein Fabelwesen. Es schläft, es wacht auf, um die Sonne beim

Auf- und Untergehen zu sehen, dann schläft es wieder. Immer so, auf ewig.)

Laut sagte er (und nur, um seine Wut nicht zu lang werden zu lassen, um weiter mit ihr reden zu können): eine Sandwicheria. So eine, wo wir eben waren. Gegrillte Sandwiches.

Und sie, natürlich, war auch da sofort mit dabei. Begeisterungsfähig, wie sie ist. Eine Sandwicheria, warum nicht? Richtig gut wäre so etwas natürlich, wenn es nicht so eine muchtige Fettbude voller Neon wäre, wie sie sie eben angefahren haben, sondern wie ein italienische Bar. Mit einer feinen Espressomaschine, so einer, die man jeden Tag zur Sperrstunde eine halbe Stunde lang reinigen muss, denn nur so bekommt man guten Kaffee heraus. Und natürlich gäbe es Tramezzini, oder heiße Sandwiches, wie er sie nenne, aber dort würde man sie Tramezzini nennen. Und es würde auch eine Sorte mit Grillgemüse darin geben, das würden sie Tramezzini mit Antipasti nennen. Es würden die wenigen italienischen Touristen in diese Bar kommen, und er könnte italienisch mit ihnen reden. Mit der Zeit würde es sich herumsprechen, die Italiener würden es anderen Italienern sagen, und irgendwann würden reisende Italiener extra für seine Bar einen Schlenker in diese malerische Kleinstadt machen, die ohnehin einen Besuch wert ist. Eines Tages würde sogar eine Städtepartnerschaft zu einer italienischen Kleinstadt von ähnlicher Größe entstehen, die Italiener würden sich in einheimische Frauen verlieben, und die einheimischen Männer würden sich in Italienerinnen verlieben, so wie er selbst auch, und ich bekäme italienische Nichten und Neffen.

Sie lachte wieder, und weil sie so liebenswürdig glänzte, ihre

Augen, ihre Lippen, ihre Wangen, hörte er auf, wütend zu sein, und lächelte auch ein bisschen.

Oder hast du schon jemanden? (Eine Frau nämlich.)

Er hörte auf zu lächeln und sagte: Im Moment nicht.

Schade, sagte sie und seufzte. Und dann dachten sie beide an jemanden namens Andrea, die 7 Jahre lang seine Freundin und dann sogar seine Verlobte war, bevor sie ihn verließ.

Sie verließ ihn, weil er nachts arbeitete und tagsüber schlief, und wenn er wach war, kaum ein Wort sagte, und überhaupt die meiste der wenigen Zeit, die sie zusammen gehabt hätten, damit beschäftigt war, seinen unselbstständigen Eltern zu Diensten zu sein, ganz zu schweigen vom Geld, das sie immer brauchten für dies und das, Medikamente, Atteste, Reparaturen, sich als vollkommen nutzlos erweisende Konsumgüter, Schwamm drüber, obwohl es immer bis ans Eingemachte ging. Was, wenn wir mal Kinder haben?

Sie sagte damals, dass sie Andreas Standpunkt verstehen könne.

Er sagte, und sagt es immer noch: Eine Partnerin hat das durchzustehen mit einem.

Egal, was es ist? Egal, wie lange? Und wenn es ewig dauert?

Es hätte schon nicht ewig gedauert.

7 Jahre sind nicht wenig. Und mittlerweile wären es 10. Und das ist nur das, was schon hinter uns liegt.

(Sie will sich nur an ihrem gemeinsamen Vater rächen, weil er nicht für sie da war, dachte er und fragte:) Können wir über was anderes reden?

Sie saßen schweigend im Wagen. 10 Sekunden, oder 20. In der Dunkelheit des Waldes, des Himmels.

Dann, plötzlich, aus dem Nichts, nein, von unten, aus Richtung Stadt, das Geräusch eines hochtourig heulenden Motors und sehr helles Licht. Es war ein großes Fahrzeug, das da auf sie zukam, sie sahen es, seine Lichter, dass es *genau* auf sie zukam, und nicht etwa nur in ihre Richtung, aber das war bestimmt nur eine optische Täuschung, es würde, wie knapp und rasend auch immer, an ihnen vorbeifahren. Aber nicht das geschah, sondern, dass es weiter auf sie zukam, schnell und laut, und bevor sie es begriffen, schlug es mit einem mörderischen Krach in sie ein. Es schob sie vor sich her, von der Straße hinunter. Nicht dorthin, wo der mulchige Weg zum Turm führt, sondern daneben, in den Hang hinein. Die Handbremse war angezogen, dennoch rutschten sie, obwohl die Frau zudem, reflexartig, die Bremse durchtrat. Sie rutschten zum Glück nicht weit, ein Baum stand bald im Weg, sie stießen gegen diesen Baum und blieben liegen. Über ihnen, durch die Wucht des Aufpralls quer über die Straße gedreht, mit immer noch überhell strahlenden Lichtern: ein riesiger Jeep.

Der Motor war auch immer noch an, als der Fahrer heraussprang. Er beschirmte sich die Augen und rief: Hallo?!, aber er blieb näher bei seinem eigenen Fahrzeug stehen, kam nicht auf sie zu, drehte sich sogar um, lief um den Jeep herum, zur Beifahrerseite, öffnete dort die Tür und sprach mit jemandem.

Alles OK?, fragte die Schwester ihren Beifahrer. Bist du verletzt?

Er war nicht verletzt. Sie auch nicht. Die Türen ließen sich auch öffnen.

Hallo?! rief der Jeepfahrer. Stand wieder da wie eben, beschirmte sich die Augen. Rasierter Kopf, weiße Hose, weißes

Shirt mit irgendeiner Aufschrift. Ein Klischee, wie aus dem Buche.

Können Sie mal die Lichter ausmachen? rief die Schwester. Machen Sie die Lichter aus! Wir sehen nichts!

Der Glatzköpfige stellte Motor und die meisten Lichter aus, tauchte wieder aus dem Wagen auf und schrie.

Ihr seid mitten auf der Straße gestanden! Mitten auf der Straße! Ohne Licht! Ihr habt sie wohl nicht mehr alle! Ohne Licht mitten auf der Straße!

Ist das alles, was dir dazu einfällt? Die Schwester, Waldboden aus den Schuhen schüttelnd. Siehst du nicht, was mit dem Auto ist? Da fragt man erst, ob jemand verletzt ist.

Seid ihr verletzt?

Wie's aussieht, nicht.

Die Freundin des Jeepfahrers stieg weiterhin nicht aus, saß zitternd hinter der Scheibe. Der Jeepfahrer rief die Polizei an.

Der junge Mann stieg jetzt auch aus. Seine Seite des Autos hing etwas tiefer in den Hang hinein, er musste sich am Auto abstützen, um stehen zu können. Er tastete sich nach vorne, um die Einschlagstelle zu sehen. Den Baum, der tief in der Motorhaube steckte, als wäre er so gewachsen. Schrott. Das Auto ist Schrott.

Alles OK?

Ich muss morgen zur Arbeit damit, sagte er.

Bist du versichert?

Ob ich versichert bin? Er schrie. Na, was meinst du? Bin ich versichert? Bin ich? Versichert?

Er hangelte sich am Auto entlang, nahm die Hände zur Hilfe, krallte sich in den Hang, lief auf allen Vieren hinauf zur

Straße, hatte sie auch schon erreicht und stapfte gleich los, den Berg hinunter.

Sie rief, er solle warten, auch der Jeepfahrer schrie, wohin er gehe, er solle dableiben, er müsse dableiben, die Polizei komme bald, aber er: rannte weiter Richtung Stadt hinunter. Er kann noch schnell laufen. Er trainiert nichts mehr, trotzdem. Berg abwärts tut's nach einer Weile weh im Knie, egal. Sie, in ihren Stöckelschuhen hat keine Chance, ihn jemals einzuholen, dennoch versucht sie es. Auf allen Vieren den Hang hoch, beim ersten Schritt zurück auf die Straße, trat sie auf die Asphaltkante, knickte um, balancierte es aus, rannte ihm hinterher.

Der Jeepfahrer konnte es nicht fassen. Was sie da machen. Das ist Fahrerflucht! Seid ihr völlig…?

Ihre hochhackigen Sandalen auf der steilen Straße. Mal klopfend, mal schlurfend und stolpernd. Solange, bis sie so sehr ins Schleudern geriet, dass sie ausrutschte und fiel. Die Füße rutschten nach vorne, sie setzte sich auf den Hintern. Spürte, wie die Strumpfhose am Po und an den Waden zerriss und die Haut darunter aufgeschürft wurde. Die hintere Seite der Absätze sowieso. Die sind hinüber, die Kratzer auf der Haut sind dagegen kaum der Rede wert. Die kleinen Steine, die kleben bleiben und wieder abfallen. Saß auf der Straße, mit hochgerutschtem Rock, und rief nach ihrem Bruder. Er war schon außer Sichtweite. Dafür hatte sich der Jeepfahrer von oben auf den Weg zu ihr gemacht. Er rannte nicht, vielleicht wollte er nur helfen. Sie zog sich im Sitzen die Schuhe aus, nahm sie in die Hand, rappelte sich auf und rannte weiter den Hang hinunter. Der grobe Asphalt zerschnitt ihr die Fußsohlen, aber das würde sie erst am nächsten Tag richtig merken. Der Jeepfahrer war stehen geblieben, vielleicht hatte seine Freundin nach ihm gerufen, er möge sie nicht allein zurücklassen, vielleicht hatte er nur eingesehen: das hat doch alles keinen Sinn, mit denen.

Sie rannte bis zur Einmündung der Hauptstraße hinunter. Sie hatte aufgehört, seinen Namen zu rufen (er heißt Peter und sie Petra, das muss man sich mal vorstellen), sie hatte nicht mehr genug Luft dafür. Die Straße war hell erleuchtet und verlassen, sie zog sich das Kleid wieder soweit herunter, dass ihr Slip bedeckt war. Die Schuhe behielt sie aus, so ging sie weiter den Berg hinunter.

Sie fand ihn nicht weit entfernt, am Zaun des Schwimmbads stehend. Von hier aus ist die Stadt auch ein wenig zu sehen, aber er sah sich nicht die Stadt an, sondern den Außenbereich des für die Nacht geschlossenen Schwimmbads. Daneben ist das Tenniszentrum. In so einem hatte er gespielt als Jugendlicher. Als er noch ein hoffnungsvolles Talent war.

Er war ganz versunken in der Betrachtung des blauen Wassers. Es ist blau, weil die Wände des Beckens blau gekachelt sind. Er hatte sie vielleicht sogar für einen Augenblick vergessen, zu hören war sie jedenfalls seit einer Weile nicht mehr gewesen. Er sah sie erst, als sie, die Schuhe in der Hand, neben ihm stehen blieb. Hinter ihr auf der Straße fuhren zwei Polizeiautos den Hügel hinauf.

(Du hast einfach nur mehr Glück, dachte er. Du hast einfach mehr Glück. Natürlich kann man dir deswegen keinen Vorwurf machen, aber andererseits hast du auch leicht reden.)

Ich kann dir Geld leihen, sagte sie. Nicht die Welt, aber irgendwas.

Nicht nötig. Ich kann das Mofa meines Cousins benutzen für eine Übergangszeit.

(Der Sonnenaufgang auf diesem Mofa.)

Wie spät ist es?

Noch nicht ganz um 11.

(Noch 7 Stunden.)

Dein Hemd ist zerrissen.

(Tatsächlich. Wie ist das passiert? Egal. War eh schon hin. Tramezzini Prosciutto Formaggi.) Egal, sagte er laut. Ist ja nur ein Ding.

Er sah sie an, wie sie da stand, in zerrissenen Strümpfen, mit schmutzigen Händen. Trotzdem sah sie immer noch strahlend aus. Gepflegt, ausgeruht. Er war ihr nicht böse. Wofür auch. Sie war nur einfach fremd. (Tut mir leid, aber so ist es. Mir fehlt jemand, der mir ähnlich ist.)

Es wird schon, sagte er. Ich bin erst 30. Meine besten Jahre liegen noch vor mir.

Er sagte es lächelnd, weil ihn der Gedanke an die morgendliche Sonne im Rückspiegel des Mofas ruhig genug gemacht hatte, um zu erkennen, dass sie beide hier im Grunde nichts miteinander zu tun hatten, und das erkannt zu haben, machte ihn wiederum frei genug, ihr zu verzeihen. Obwohl es ja eigentlich nichts zu verzeihen gab.

Er sagte: Ich gehe besser wieder hoch.

Sie sagte: Ich komme mit.

Willst du deine Schuhe nicht wieder anziehen?

Die portugiesische Pension

Er erwachte um 06:15. Er wartete bis 07:00, bevor er seiner Freundin eine SMS schrieb.

Guten Morgen, du Schöne!

Sie antwortete nicht, sie war vielleicht gerade im Bad (Wie sie sich duscht. Sie lässt das Wasser nur über ihre Vorderseite laufen, ihr langes blondes Haar bleibt trocken, er sieht diese Haare vor sich, die Taille und den Hintern, der sich vom warmen Wasser rötet... Das ist zu erotisch, hör auf damit), vielleicht war sie aber auch schon längst mit ihren Gästen beschäftigt (dafür müssen die Haare zusammengebunden und das Make-up dezent sein. Ihre Lippen sehen unter der Farbe etwas streng aus, aber sie hat große, blaue Augen, das wirkt immer freundlich).

Ihr Name ist Indra, seiner Mario, sie ist Ende 20, er Mitte 30 und dabei, aus dem Leim zu gehen. T-Shirts und allmählich auch Hemden reichen unten nicht mehr ganz um den Bauch herum. Es muss etwas geschehen. Die Räume stehen mit Möbeln voll, er schob zwei Sessel beiseite, erhielt so zwei Quadratmeter Platz. Eine Matte wäre gut gewesen, keine da, nur der Teppich und die Dielen darunter. Der Teppich ist antik, die Dielen ebenfalls. Rippen auf Rippen. Fangen wir mit Dehnübungen aus unserer Zeit als Judoka an. Seine Muskeln waren kurz und fest wie verfilzte Wolle, mit kurzen und festen Sehnen miteinander verbunden, die wie alte Taue knarrten. Es waren nur minimale Bewegungen möglich. Die Gelenke knackten mit den Dielen um die Wette. Innen und außen Knarren und Knacken, als würde ich mit meinem Körper das Haus mit dehnen. Bei aller Liebe, das ist unmöglich. Machen wir etwas Einfacheres. Liegestütz, das tut wenigstens nur weh. Ein Rinnsal Schweiß löste sich unter seinem rechten Arm und lief Richtung Handgelenk. Er ließ sich auf alle Viere sinken. Katzenbuckel, kannst du das? Indra macht Yoga, ihre Lieblingsübung ist der Drehsitz. Bevor wir das erste Mal miteinander geschlafen haben, hat sie mir diese Übung gezeigt. Das war sogar genau hier, auf diesem Stück Teppich. Einen Versuch wäre es wert. Er setzte sich hin, stellte den rechten Fuß neben die Außenseite des linken Oberschenkels. Beim Versuch, auch das untere Bein zu beugen, durchfuhr ihn ein stechender Schmerz, vom Knie über den Oberschenkel bis in den Rücken. Etwas verhakte sich, das Bein ließ sich weder weiter beugen, noch strecken, der Schmerz war so heftig, wie vielleicht noch keiner in seinem Leben. Glühende Pfeile, aber ohne eine Pause. Er schnappte nach Luft. Hilfe, ich stecke fest. Im heftigsten Schmerz meines Lebens. Lange Sekunden vergingen, bevor es ihm gelang, sich auf den Rücken fallen zu lassen, und die Beine sich lösten. Der Krampf im unteren Rücken blieb.

Die nächste Viertelstunde lag er auf dem Teppich und wartete, dass der Schmerz soweit nachgab, dass er sich wieder aufrichten konnte. Zum Schweiß der Anstrengung kam der Schweiß des Schmerzes, wo sein Körper nicht von Kleidung bedeckt war, klebten Teppichflusen auf seiner Haut. Er atmete durch den Mund. Stell dir vor, du müsstest jeden Tag deinen Körper neu gebären.

Zum Glück war es wohl kein Bandscheibenvorfall und auch kein Riss, nach einer Weile konnte er sich wieder hochrappeln. Nach dem Duschen war es fast wieder gut (ein kleiner Restschmerz blieb noch einige Tage). Aber die Locken sehen im Spiegel schon wieder sehr durcheinander aus, besonders, wenn sie dann trocken sind. Sie sind rot und fangen schon an, blasser und schütterer zu werden. Als ich jünger war, trug ich sie bis zu den Schultern. Man nannte mich: Dornröschen. Er lächelte.

Ein Milchkaffee mit gezuckerter Kondensmilch und ein Schokoladencroissant zum Frühstück, dann hinunter in den ersten Stock, um das schwule Pärchen aus Zimmer 1 zu verabschieden.

Did you enjoy your stay?

Sie standen mit den Koffern im Flur und tauschten freundliche Nichtigkeiten aus, vielleicht zwei auf jeder Seite, als schon die Tür der Heroinschlampe aufging.

Don't be so loud!

Sie stand in Unterwäsche im Türspalt, aber das konnte nur Mario ein wenig sehen, die Schwulen nur eine Strähne ihres langen, braun und orange gestreiften Haars, das aus dem Türspalt hing.

Sorry, sagten Mario und die Schwulen.

Das Haar verschwand wieder, die Tür ging zu. Sie macht einen Sommerjob in einer Bar, arbeitet in der Nacht und schläft am Tage, erst in ihrem Zimmer, dann auf der Sonnenliege im Garten. Sie ist von Kopf bis Fuß braun wie Schokolade und dürr wie eine Mumie. An der Innenseite ihrer Knöchel sieht man Einstiche. Ob sie wirklich Heroin nimmt, ist nicht verbürgt, aber irgendwas wird es sein, so neben sich, wie sie immer ist. Den Rest der Verabschiedung absolvierten Mario und die Schwulen flüsternd. Gute Heimreise, und empfehlen Sie uns Ihren Freunden.

Als sie weg waren, horchte er in die Wohnung hinein. Es schien keiner weiter da zu sein. Das englische Pärchen war wohl schon unterwegs, das ältere dänische Paar auf alle Fälle, der österreichische Lehrer auch, obwohl er gestern lange aus war. Seit kurzem Rentner und seitdem ununterbrochen im Energieflow. Mario merkte, dass er die Luft anhielt, nur um nicht zuviel Geräusche vor der Tür der Heroinschlampe zu machen. Das ist aber wirklich zu viel des Guten. Er atmete mit Schwung aus und ging ins Zimmer der Schwulen.

Das Zimmer mit der Nummer 1 ist das dunkelste, aber auch das größte, mit zwei Doppelbetten, das er gleichgeschlechtlichen Reisenden immer anbietet, und voilà, nur eins der Betten war benutzt. Der Abdruck ihrer Köpfe auf den bestickten Kissenbezügen. Diese bestickte Leinenbettwäsche hat noch meine Mutter gesammelt. Laut Monogramm hat sie einst A. J. gehört. Die Betten selbst wiederum sind Neorenaissance: reich beschnitzte Eiche. Bei dem einen sind es neben floralen Elementen Putten und Puttenköpfe, beim anderen sieht man wiederum den Kopf eines recht grimmig dreinblickenden älteren Mannes in der Mitte des Bettendes. Wenn die Gäste offen dafür sind (sprich: so aussehen, als hätten sie ein Minimum an Humor), macht Mario sie auf den Unterschied aufmerksam, und dann soll jeder nach Gutdünken sein Bett wählen. Natürlich haben die Schwulen die Putten gewählt. Die Liebe der beiden muss groß oder frisch sein, oder sie sind beide anspruchslose Schläfer, denn die Betten sind alt und so ist auch ihr Format: sowohl kurz als auch schmal. Als die Menschen noch kleiner waren.

In den Vertiefungen der Schnitzereien ist das Holz dunkler, es sei denn, es sammelt sich hellgrauer Staub dort, wenn man zum Beispiel nicht gründlich genug putzt. Die Mieterin ist eine miserable Putzfrau. Das Waschen und Mangeln bekommt sie hin, aber Putzen ist nicht ihr Ding. Sie sagt, sie mache es so gründlich, wie bei sich zu Hause auch. Diese alten Möbel seien einfach eine Zumutung. Mario hat ihr unter anderem einen Möbelreinigungspinsel gekauft. Der liegt jetzt bei ihr. Sie sagt es nicht, aber sie wird mit sich übereingekommen sein, dass sie einen Teufel tun wird und stundenlang mit dem Pinsel die Verzierungen seiner überkandidelten Möbel säubern. Er nahm eines der benutzten Handtücher der Schwulen und wischte den Staub, so gut es ging, aus den Schnitzereien. Anschließend zog er die Bettwäsche ab, auch vom unbenutzt erscheinenden Bett, man kann nie wissen.

Die Mieterin wohnt im zweiten Stock, er schleppte die Bettwäsche und die Handtücher zu ihr hoch. Sie war nicht da. Er stellte den Wäschesack auf ihre Schwelle. Muss daran denken, ihr einen Zettel zu schreiben: Bitte heute nicht aufhängen. Und außerdem die Sache mit dem Pinsel. Doch lieber persönlich mit ihr sprechen.

Wenn er schon einmal auf der Etage war, horchte er auch nach den beiden Chinesen, angeblich Kollegen, die die kleinere Wohnung gegenüber mieteten. Nichts zu hören. Wann wurden sie das letzte Mal gesehen? Ein Hauch von Sorge um die Chinesen flog ihn an. Die Grundlage dafür bildete vor allen Dingen die eigene Phantasie. Dass sie nur sagen, dass sie Kollegen sind. In Wahrheit sind sie Liebende und wohnen hier zusammen, weil sie es dort, wo sie herkommen, nicht tun können. Deswegen blicken sie auch immer so traurig drein. Oder blickten, bis vor drei Wochen, als sie zum letzten Mal gesehen worden sind. Entweder das, oder sie machen Urlaub. Gemeinsam. Wie auch immer. Geht dich nichts an. Hauptsache, sie zahlen die Miete. (Und wenn sie auf ewig verschwunden bleiben, aber auch für ewig die Miete zahlen? Wie oft kommt das schon vor. Du träumst schon wieder.)

Weiter, an der eigenen Wohnung vorbei, auf den Dachboden. Die eine Hälfte ist der Trockenboden, die andere der Lagerraum für die Möbel. Das erste Mal durfte ich hier oben alleine spielen, als ich 5 war. (Mein Vater war da schon 50. Erst heute weiß ich, was das bedeutet.) Im Sommer hier oben im Luftzug zwischen wunderbar riechender Wäsche stehen: das ist unverderblich. Wie sie hin und her schaukeln auf der Leine und bei großer Hitze innerhalb von 2 Stunden trocken sind. Im August wurde die Bettwäsche jeden Tag gewechselt. Heute, bei Gästen, die länger bleiben, zweimal die Woche.

Die Mutter hatte Hauswäsche gesammelt, der Vater Möbel. Er hatte sich auf die Neorenaissance festgelegt. Große, reich mit Schnitzereien verzierte Möbel aus Eiche und manche aus Nussbaum. Eine Anrichte im Flur mit Löwenköpfen, Drachen und Putten, die in Jagdhörner stoßen. Davor sitzen, eine lange Zeit, und mit den Putten auf Löwen- und Drachenjagd gehen. Das andere Stück, vor dem er gerne saß, war das kleinste und zugleich wertvollste der Sammlung: ein Nachtschränkchen, vollständig eboniziert und mit Elfenbeinintarsien versehen. Das

Schaubild in der Mitte der Tür zeigte Venus, Mars und Amor. Die Eltern sagten immer: Armor. Lange Jahre wollte er glauben, dass sie es zu ihrer Zeit vielleicht so gelernt hatten in der Schule, aber kürzlich musste er doch vor sich zugeben, dass sie es einfach falsch sagten. Sie waren feine und nette Menschen, aber sie hatten keine Ahnung, dass es Amor heißt.

Antike Möbel sind keine gute Investition, wenn man sie nicht selbst restauriert, aber wir haben ja auch nicht investiert, sondern gesammelt. Erst Mario war so schlau, vor der Steuer so zu tun, als hätte er vor, mit den Möbeln zu handeln. Die Grundlage für seine eigenen Sammlung war die Einrichtung seiner Kanzlei. Ein Schreibtisch auf Löwentatzen, ein Bücherschrank und ein Konferenztisch mit acht thronartigen Hochlehnern, zwei mit Armlehnen, sechs ohne, mit geschnitzten Rückenteilen und mit rotem Samt überzogenen Sitzflächen. An manchen Vormittagen verbrachte er Stunden damit, an den Schlüsseln der Schreibtischschubladen zu drehen oder sich an der großen Tafel von einem Stuhl auf den anderen zu setzen. Und manchmal (mindestens einmal am Tag) legte er eine Wange auf die grüne Lederauflage seines Schreibtisches. Er empfand das selber als zuviel, aber er konnte nicht damit aufhören. Wie ein abergläubisches Spiel aus Kindertagen: du musst das machen, jeden Tag mindestens einmal, sonst passiert, ich weiß nicht, was, irgendwas Schlimmes, oder zumindest würde das, was jetzt funktioniert (dein Leben) nicht mehr so funktionieren, wie bisher, und so, wie bisher, ist es doch gut. Ich hatte eine glückliche Kindheit.

Eine Büroeinrichtung im Neorenaissance-Stil ist nicht häufig zu finden, sie waren alle drei sehr froh darüber. Er kaufte dann noch zwei weitere komplette Büroeinrichtungen, eine im Spanischen Stil und eine Art Déco (das wäre eigentlich *mein* Stil) und stellte sie vorerst auf dem Dachboden ab. Dann kaufte er Möbel für seine eigene Wohnung, auch davon zu viele, den Rest stellte er ebenfalls auf den Dachboden. Einige dieser Möbel benutzte er, als er die Wohnung der Eltern zu Fremdenzimmern und die Wohnung der Chinesen ausbaute. Als der Mieter aus der kleinen Wohnung neben seiner raus war, richtete er auch diese ein. Er stellte ein Himmelbett mit gedrechselten Säulen und einen Frisiertisch hinein, er machte eine schöne Damenwohnung daraus, und die Rechnung ging auf: so lernte er Indra kennen.

Seit einer Weile hatte er nun nichts mehr gekauft, der Lagerraum war einfach zu voll. Vieles stand so da, wie man es hochgebracht hatte, zerlegt, nummerierte Bretter. Die dicken Bleier der Möbelbauer, mit denen sie die Stücke markieren. Vor einem Verkauf müsste man sie aufbauen, aber dafür fehlte der Platz. Es müssen erst die weg, die schon aufgebaut sind. Hauptsächlich Schränke, Betten und Kruzifixe. Was man so zum Leben braucht. Wer ein Bett kauft, kriegt ein Kruzifix obendrauf. Heute um drei kommen ein paar Händler. Die Erbschaftssteuer ist seit vier Jahren überfällig.

Spätes, einziges Kind seiner Eltern. Dennoch, dass er sie schon mit knapp 30 Jahren verlieren würde, damit war nicht zu rechnen. Der Vater war 76, die Mutter sogar erst 67. Warum ist sie zwei Monate nach ihm gestorben, ohne dass sie eine Krankheit gehabt hätte? Das ist wirklich unfassbar.

Du bist schuld. Du, weil sie dir eine Kanzlei im Hochparterre eingerichtet haben, wo du dann dasaßt, mit der Wange auf der grünledernen Schreibtischauflage, und darüber nachdachtest, wie du da wieder herauskommen könntest, bevor dich diese Lüge umbringt. Weil du gerne gespielt hast, dass du ein Anwalt bist (und davor: ein guter Schüler, immer, aber immer mit dem Gefühl: ich *weiß* das alles, ich *verstehe* es aber nicht), in Wahrheit hat dich alles auswendig Lernbare immer schon angeödet, und sobald du das komplett antik eingerichtete Büro betratst, verlorst du sofort die Konzentration. Und wie ungeheuer belastend diese Sekretärin war! Vor dem Personal so tun zu müssen, als würde man arbeiten. Man darf das dunkle Büro nicht verlassen, bis es Mittag wird. Dann macht man eine ausgedehnte Mittagspause, als wäre es aus Stilgründen. Schlendert im sowohl eleganten als auch modischen Anzug zum Stammlokal und isst, was es gibt, hausgemachte Linguini mit Trüffel-Zitronen-Butter, und trinkt eine Weinschorle dazu und einen Espresso hinterher, danach muss man aber wieder zurück, und es kommen auch tatsächlich Mandanten, persönliche Angelegenheiten mit ihren juristischen Seiten, die keiner vermeiden kann, davon lebt unsereins. Von zum Verzweifeln langweiligen Unvermeidbarkeiten. Aber was möchtest du denn sonst tun, mein Sohn? (fragte König Artus an der großen Tafel, die anderen Ritter schwiegen teilnahmsvoll.) Ich möchte (nicht Ritter, sondern) Dandy sein. Das, was ich jetzt abends bin, möchte ich Vollzeit sein. Ich weiß, das ist ein liederlicher Wunsch, das bringt keine Ehre, und es gibt keinen seriösen Menschen, der mich dabei unterstützte, sosehr sie mich auch lieben. Nicht einmal eine Weltreise zu machen, traute er sich. Es war ihm einfach zu spät eingefallen. Er war so darauf konzentriert, den guten, klugen, fleißigen Sohn darzustellen, dass er eine Kanzlei eröffnet hatte, bevor er überhaupt überlegt hätte, was er noch tun könnte. Eine Kanzlei eröffnen und sich unmittelbar danach auf Weltreise zu begeben, das geht natürlich nicht. Nicht in dieser Reihenfolge. Eines Tages begriff er, dass er erst frei sein würde, wenn die Eltern tot wären. Kurz darauf starb sein Vater an einem Herzinfarkt. Die Eltern waren gerade am Meer in ihrem Ferienhaus. An die Fahrt zurück mit seiner Mutter erinnert er sich genau. Wie sie Richtung Stadt fuhren, in den Sonnenuntergang hinein, und er: glücklich war. Hier hatte er diese Frau neben sich, die er liebte und die ihn liebte und die jetzt Witwe war, jetzt war viel mehr möglich, das vorher undenkbar gewesen wäre.

Gemessen daran spielte er den tüchtigen Anwalt noch viel intensiver als zuvor. Spielte, dass er vielbeschäftigt und seriös war und dazu auch noch überaus fürsorglich. Besuchte täglich seine Mutter, kümmerte sich um all ihre Angelegenheiten, ließ sie nicht einmal allein zum Geldautomaten gehen (früher gingen sie auch immer im Paar, wegen der Sicherheit), und gerade, als er anfing, darüber wütend zu werden, über sich selbst, seine Unaufrichtigkeit, die nicht nur ihn, sondern auch seine Mutter in einen dunklen Käfig manövriert hatte (Es ist nicht Recht, dass sie mich bitten muss, mit ihr zum Geldautomaten zu gehen, wenn sie Bargeld für den Friseur braucht), starb auch die Mutter. Die Mieterin fand sie, als sie zum Putzen kam. Auch das ist ein Keil zwischen uns. Dass sie meine Mutter vor mir fand.

Seitdem waren 4 Jahre vergangen, er hatte die elterliche Wohnung zu einer Pension umfunktioniert, darin investierte er alles, was sonst noch da war. Haben Sie vergessen, dass man Erbschaftssteuer zahlen muss?

Das hatte er in der Tat. Aber das kann ein studierter Anwalt natürlich nicht zugeben. Die für ihn zuständige Frau beim Finanzamt heißt Frau Wambut (wie kann man nur so heißen?), und man kann durchaus mit ihr reden.

Das Problem ist, Frau Wambut, dass das Haus an sich renoviert werden müsste.

Hja, nun, das mag sein, die Erbschaftssteuer, von der wir reden, bezieht sich ja auch nur auf das unrenovierte Haus. Ob und wie er die Renovierungskosten bei späteren Steuerbezahlungen geltend machen könne, werde man zu gegebener Zeit sehen.

Verstehe, sagte Mario und ging zur Bank. Die Frau dort hieß Seewald (oder Waldsee?) und fragte ihn nach seinem Einkommensnachweis in Form der letzten Steuererklärung. Diese war 4 Jahre alt. Also wieder zurück zu Frau Wambut.

Frau Wambut, sagte er und kreuzte die kurzen Beine übereinander. Seine roten Locken, sein weißes Hemd. Kann man Frau Wambut bezirzen? Nicht klar. Sie ist sehr freundlich, und irgendwie, ja, ich denke, sie mag mich, sie redet mütterlich mit mir, obwohl sie nicht meine Mutter sein könnte. Frau Wambut, was können wir tun? Die Sache ist die: es ist kein Bargeld da.

Ich verstehe, Herr Amadeo, wenn Sie sagen, Sie hätten die Möbel bis jetzt deswegen nicht weiterverkauft, weil sie auf eine günstigere Marktlage warten, aber was macht Ihre Anwaltskanzlei? Wieso entstehen aus dieser auch nur Kosten, aber keine Einnahmen?

Weil ich im Moment nicht praktiziere und die beiden Kollegen, denen ich die Kanzlei vermietet hatte, haben gerade gekündigt. (Das waren vielleicht zwei Arschlöcher. Kein Wunder, dass sie es miteinander nicht ausgehalten haben. Knall auf Fall die gemeinsame Kanzlei und damit auch das Büro aufgegeben. Als ich am nächsten Morgen reinkam, lag der alte Globus auf der Erde, den noch mein Vater gekauft hat. Aus dem Jahre 1944, Böhmen und Mähren als Teil des Deutschen Reichs dargestellt. In tausend Scherben zerborsten. Der eine Typ, den ich noch ans Telefon bekommen konnte, hat sich blöd gestellt. Als er das Büro verlassen habe, habe der Globus noch auf dem Tisch gestanden.) Ich bin aber im Moment in Verhandlung mit einer neuen Interessentin. (Und das stimmt sogar. Ihr Name ist Camilla. Wir haben zusammen studiert. Notiz: Anrufen, dranbleiben.)

Und was ist das mit Ihrer Pension?

Es ist keine Pension. Ich vermiete Fremdenzimmer und zwei Wohnungen.

Bieten Sie dort auch Verköstigung an?

Frühstück.

Fisch, Salat, Steaks, Alkohol?

Gelegentlich. Es hat sich noch keiner beschwert.

Normalerweise würde man denken, dass Ihre Mieteinnahmen zum Leben reichen müssten, aber bei all Ihren Investitionen kommen Sie am Ende auf einen Gewinn, der unter dem Existenzminimum liegt.

So ist es wohl. Ich komme zurecht.

Abgesehen davon, dass Sie weder Erbschaftssteuer noch sonstige Steuern zahlen.

Frau Wambut erklärte ihm sehr freundlich, dass man ihm, wenn er nicht zahle, sein Konto sperren und schlussendlich sogar sein Haus zwangsversteigern werde. Zu seinem Glück hatte er in Frau Wambut eine Beamtin erwischt, die keinen besonderen Genuss daran hatte, an ihm ein Exempel zu statuieren, sie hätte ihn im Alleingang vernichten können, aber sie brauchte es scheinbar nicht einmal, ihn auf eine demütigende Art und Weise zu belehren, sie war an Ergebnissen interessiert, die beide Seiten überleben konnten. Also schlug sie Mario vor, er möge als ersten Schritt, als Zeichen seines guten Willens, einen Großteil seiner Möbel verkaufen. Danach sehe man weiter. (Und, unter uns, rechnen Sie Ihre eigenen Lebensmittel nicht über die Pension ab. Hören Sie einfach auf damit.)

Deswegen also die Händler.

Mittlerweile war es 12. Die Einkäufe mussten erledigt werden. Die Zimmer werden mit Frühstück angeboten. Anfangs dachte er, das wird schon gehen, die Leute werden wohl nicht so viel essen. Aber sie aßen sehr viel. Eine Packung Butter jeden Tag. Seitdem kauft er haltbare Croissants, Margarine und die billigere Marmelade, das hält lange, und stellt eine Flasche entrahmte H-Milch in den Kühlschrank. Dazu Kaffeepulver und Teebeutel. Es hat sich noch keiner beschwert.

Der Supermarkt ist ein Hypermarkt, die Klamotten, das Spielzeug, die Elektronik sehen billig aus, das Fleisch und der Fisch aber wie gemalt. (Was sagt uns das? Ich sehe mit denselben Augen, dass das Plastik billig ist und der Fisch gut aussieht.) Er gibt auch Schnecken. Indras Lieblingsessen. Oder jedenfalls das, bei dem wir uns nahegekommen sind. An einem

Morgen nach einer durchregneten Nacht. Das Gras im Innenhof, die Schnecken. Und er hatte geprahlt, er wüsste, wie sie zuzubereiten seien. Natürlich nicht diese hier, sondern die, die man auf Kreta extra züchtet, mit Maismehl von innen gereinigt und mit Thymian gefüttert. Mmmm, sagte sie, und er: war verloren. Eine Frau, die sich nicht vor Schnecken ekelt. Am übernächsten Tag klopfte er bei ihr und rief sie in seine Küche, damit sie sich die Schnecken ansehen konnte, die seit dem späten Vormittag in einem großen Topf voller Brühe und Wein zogen. Sie warf ihr blondes Haar über die Schulter und leckte sich die Finger, wischte die Finger am Brot ab und aß dann das Brot, und während sie das Brot noch im Mund hatte, trank sie Wein hinterher. In Wein getränktes, mit Thymian, Knoblauch, Olivenöl geflecktes Brot. Der Abdruck ihrer Lippen am Weinglas und ihre langen Beine ausgestreckt unter dem Tisch. Sie ist 8 cm größer als er, so etwas kommt vor. Du kannst ruhig Highheels tragen, sagt er, wenn sie ausgehen. Ich bitte sogar darum. Frauen auf hohen Hacken sind fast so schön wie nackt auf Zehenspitzen gehende Frauen. Allerdings gehen sie nicht so viel aus. Sie reist viel, wenn sie mal da ist, mag sie zu Hause sein und essen, was er gekocht hat. Einmal waren sie beim Tangotanzen, aber das fand sie zu schwitzig.

Schnecken, Wein und Brot. Um Mitternacht noch zusammen essen, ungeduscht einschlafen. Ja, es gibt Glück für mich.

Bei seiner Rückkehr lag der Wäschebeutel immer noch auf der Schwelle der Nachbarin. (Heißt das, sie hat auch die Betten in Nr. 1 nicht neu bezogen? Ja, das heißt es.) Er nahm alle Einkäufe in die linke Hand und griff mit der Rechten die Wäsche.

Kaum hatte er alles zu Hause abgelegt, klingelte es unten. Der neue Gast für Nr. 1. Ein besonderer Gast, jeder ist ein besonderer Gast, aber diesmal wirklich, weil nämlich eine Portugiesin, also eine Landsmännin. Er begrüßte sie strahlend. (Leider hört sich mein Portugiesisch nicht mehr so gut an. Oder es sind nur Anfangsschwierigkeiten. Bis sich die Zunge umgewöhnt hat.) Sie freute sich auch so und strahlte zurück. Unter ihrem großen, orangefarbenen Rucksack sah sie winzig aus, und das war sie auch. Eine Frau, deutlich kleiner als 1,65 m. Kurzhaarig. Dafür hatte sie massenhaft Wimpern. Einerseits, andererseits, wie immer. Schön wie ein Model, hart wie Granit – das war Indra. Diese Kleine hier war Absolventin einer Wirtschaftsschule, eine Jungmanagerin sozusagen, auf einer Rundreise, bevor sie ihren ersten Job antrat. Allein? Allein. Er zeigte ihr die Betten (die Putten, den grimmigen alten Mann), meine Familie hat das gesammelt. Leider sind die Betten noch nicht bezogen, ich mach das mal schnell, dauert nur eine Minute. Es gibt noch ein zweites Leider, dass er sie nämlich morgen wird bitten müssen, in das Zimmer der Dänen umzuziehen, das kleiner ist, denn hierher kommt ein neues schwules Pärchen. Für sie war das alles kein Problem, jung und flexibel, wie sie ist. Und ja, ich bin hier geboren, ich spreche das mitgebrachte Portugiesisch meiner Eltern und Großeltern. Sie sagte, es höre sich gut an.

Und das hier ist der Garten.

Kleines Viereck Gras, Oleander, Drachenbaum, Ficus und Olivenbaum im Topf. Zwei Sonnenliegen. Auf der einen, erwartungsgemäß, die Heroinschlampe. Sie lupfte den Strohhut, der auf ihrem Gesicht lag, um zu sehen, wer da schon wieder

redete. (Trotz Hut ist ihr Gesicht genauso dunkelbraun verbrannt wie der Rest des Körpers).

You look good, dear! rief er ihr zu.

Sie grinste geschmeichelt und verdeckte wieder ihr Gesicht.

Er zwinkerte der Jungmanagerin zu. Ihr Name war übrigens
Adelia. Ein sehr schöner Name.

Adelias Ankunft hatte die aufgewühlte Oberfläche dieses Tages
wieder ein wenig geglättet, eine wohltuende junge Frau, Mario
trat beschwingt aus der Tür der Pension. Auf dem Treppenabsatz stieß er mit Indra zusammen, und seine Laune wurde noch
besser.

Schätzchen!

Hallo.

Sie sah müde und schlecht gelaunt aus. Sie trug eine schwere
lederne Schultertasche, aus der Papiere ragten, und in der Hand
ein rotes Plüschherz.

Hier, das ist für dich.

Ein rotes Plüschherz.

Ja.

(Hat sie es extra gekauft? Sie? Ein rotes Plüschherz? Oder
war es ein Geschenk von einem Hotel? Egal. Sie hat es mir mitgebracht.) Ansonsten hatte sie Kopfschmerzen.

Komm mit hoch, ich mach dir Kaffee. ... Italienisch oder
französisch?

Was schneller geht.

Er kochte Wasser, füllte Pulver in den Kaffeemacher. Sie sah
ihm aus flatternden Augen zu. Ungeduldig. Kann sich kaum
zurückhalten, aber sie tut es natürlich, erstens, weil sie das ge-

lernt hat, zweitens, weil es sowieso nicht schneller gehen kann, als es geht. Sie trat mit der Tasse an den Wasserhahn und ließ kaltes Wasser in den Kaffee, damit sie ihn schneller trinken konnte. Sie trank innerhalb von fünf Minuten die Kanne leer. Nur eine 2-Personen-Kanne, aber immerhin.

Soll ich noch einen machen?

Ja. Hast du Zucker?

Sie trank nun etwas langsamer und mit Zucker. Sie nahm eine Kopfschmerztablette dazu.

Du solltest auch einen Cognac trinken.

Geht nicht. Bin im Dienst.

Aber dann trank sie doch einen.

Besser?

Am liebsten würde ich noch einen trinken, aber wenn ich das mache, bin ich betrunken. Hoffentlich wirkt die Tablette bald.

Armes.

Er betrachtete sie lächelnd. Sie sah abgekämpft aus, älter als sie war, jetzt passen wir besser zueinander. Sie trug halbhohe schwarze Pumps und hautfarbene Strumpfhosen. Das muss sie.

Auf Stühlen sitzend ist es schwierig, sich zu umarmen. Er nahm vorerst nur ihre Hand. Sie war kalt und auch ein wenig feucht. Schwitzen dir die Hände?

Geht es dir nicht gut?

Ach. Nur für einen Moment. Habe mich so gestresst, zwischendurch herzukommen. Totaler Nonsens. Halbe Stunde hin, halbe zurück.

Er küsste ihre Hand.

Sie erzählte das Programm der Gruppe herunter, die sie betreut, heute früh, Nachmittag, Abend, morgen früh, Nachmittag, Abend, Abreise übermorgen. Sie reist mit ihnen ab.

Und wann kommst du wieder?

Mittwoch.

Kommst du zum Abendessen wieder her? Ich habe Schnecken gekauft.

Ich hab dir doch grad erzählt, dass ich mit den Gästen zu Abend essen muss. Zwanzig Minuten sind noch. Ich dusch mich schnell.

Sie stand auf, ging aber nicht Richtung Badezimmer, sondern zur Tür.

Du duschst dich nicht hier?

Nein, bei mir. ... Was soll das werden? Wieso kommst du mit?

Du hast doch gesagt, wir haben noch zwanzig Minuten.

Und?

Ich mein ja nur.

Bitte. Kann ich nicht einfach nur mal duschen? Wirklich. Ich renne hierher, wie eine arme Irre, lasse das Mittagessen sausen, habe Kopfschmerzen wie Sau. Ich wäre wirklich gerne diejenige, die, wo sie geht und steht, die Bedürfnisse aller befriedigt, damit ja keiner einen Mangel leiden muss, aber, nein, eigentlich nicht. Sorry.

Ist gut, sagte er und ließ sie alleine in ihre Wohnung gehen. Bevor sich die Tür hinter ihr schloss, fragte er noch, ob sie dann nicht wenigstens, wenn die Gäste schlafen, noch einmal herkommen wolle.

Ich werde sehen, sagte sie, während die Tür schon zuging.

Ich werde auf dich warten!, rief er durch die Tür.

Sie klopfte noch einmal, bevor sie ging, sie küssten sich, und dann kamen auch schon die Möbelhändler.

Zwei von den drei, die er eingeladen hatte.

Der eine war nach 5 Minuten wieder weg.

Der andere schaute und schaute.

Sie sind auseinandergenommen, sagte er.

Ja. Für den Transport müssen sie auseinandergenommen werden.

Es gab aber auch genug, die man nicht auseinandernehmen kann. Zum Beispiel das Bett, für das sich der Händler interessierte.

Er sagte, na ja, das da könnte er für seine Tochter kaufen. Er müsse es natürlich noch aufarbeiten lassen.

Was muss man daran aufarbeiten?

Hier. Winzige Fehler im Nussfurnier, unten an der Kante, nahe den Beinen. Er bot ein Zehntel dessen, was das Bett ursprünglich gekostet hatte. (Damit muss man rechnen. Ich weiß. Selbst wenn es sehr gut läuft, kriegt man selten mehr als die Hälfte heraus. Und dennoch. Wenn du drei Händler einlädst, stellst du dir natürlich vor, wie sie sich gegenseitig überbieten usw.) Sie verhandelten ein bisschen hin und her und kamen schließlich auf ein Viertel des Einkaufspreises. Das hilft mir überhaupt nichts, aber vermutlich muss man irgendwo anfangen. Die Linie überschreiten. Für seine Tochter. So ein blöder Mist. Und dann besitzt er noch die Frechheit zu fragen, ob er einen Bilderrahmen mit dazu haben könnte. Warum habe ich nicht Nein gesagt? Weil ich Angst hatte, dann würde er auch das Bett nicht nehmen. Den Rahmen nahm er gleich mit. Um das Bett kommen in zwei Stunden welche. Er ließ einen Hunderter als Anzahlung da.

Während er auf die Transporteure wartete, setzte Mario die Schnecken auf, wusch die Bettwäsche und hängte sie auf. Die Möbelpacker werden sie sehen. Und wenn schon. Aber wo ist die Mieterin? Vielleicht im Urlaub. Sie hat sich nicht abgemeldet, das ist unerhört. Sie ist nicht meine Angestellte, aber meine Dienstleisterin, Wäsche und Putzen, und all das schwarz, das muss auch aufhören. Ich muss sie von der Steuer absetzen können, sonst bekommen wir alle Schwierigkeiten. (Wobei seine natürlich größer sein würden, aber die Mieterin ist vermutlich nicht so hell, um das zu wissen. Obwohl: wer weiß. Nicht klug, aber schlau.)

Die Möbelpacker kamen mit Verfrühung und hatten es offenbar auch eilig. Donnerten die Stufen hoch, als gäbe es kein Morgen, redeten in einer Sprache miteinander, die wir nicht verstehen, und fingen ohne viel Federlesens an, die nummerierten Möbelteile beiseitezuräumen, die ihnen im Weg standen.

Langsam, langsam, sagte Mario, aber sie hörten nicht zu. Der eine roch so stark nach Zwiebeln, dass man Angst um seine frisch gewaschene, duftende Wäsche bekommen musste. Mario rief den Händler an.

Ihre Leute machen hier aber mächtig Druck!

Der Händler sagte, er sei gleich da.

Das ganze Gespräch hatte nicht einmal eine Minute gedauert, aber die Packesel hatten noch weniger gebraucht, um ihre Tragegurte um das Bett zu schnallen. Null Manieren, aber immerhin, Profis. Als Mario auflegte, waren sie schon längst im Treppenhaus, und gerade, als er die Dachbodentür hinter sich schloss: ein riesiger Rums weiter unten und Schreie und Fluche und noch mehr Schreie.

Was ist passiert?

War ein Gurt abgerutscht, oder war einer gestolpert, das kam nie heraus. Sie redeten und schrieen ausschließlich in ihrer Sprache. Das Bett klemmte quer über den Treppen zwischen erstem und zweitem Stock, mit einer vorderen Ecke in die Wand gebohrt, ein hinteres Bein steckte zwischen den Sprossen des Treppengeländers, ein weiteres Bein war abgebrochen und lag extra, aber das sah Mario erst später. Für den Moment war er ganz eingenommen von dem einen Helfer, der sich unterhalb des Bettes, direkt vor der Tür zu den Gästezimmern, winselnd über seine Hand krümmte. Der, der sich nicht verletzt hatte, war am Telefon, rief vermutlich die Rettung. Mario kraxelte über das Bettgestell. Die verletzte Hand sah übel gequetscht aus, eingedellt, sie blutete sogar aus einem Schnitt und schwoll zur gleichen Zeit sichtbar an. Er wird sich die Mittelhandknochen gebrochen haben.

Scheiße, sagt Mario. Warten Sie, ich bringe Ihnen Eis.

Ob überhaupt Eis da ist? Ein Kühlakku? Das Eiswürfelfach gefüllt? All das ist überhaupt nicht sicher. Vielleicht sind wenigstens Erbsen da.

Nichts davon. Er fand tiefgekühltes Fleisch, Fischfilets und Broccoli. Was kannst du da tun, er nahm den Broccoli und beeilte sich zurück zum Verletzten. Er hörte sie noch unten im Treppenhaus lärmen, als würden sie fluchen, vielleicht beruhigte der eine den anderen auch nur, und dann noch eine Stimme, das war der Händler, er war also endlich da.

Als Mario wieder beim Bett ankam, standen die Packer nicht mehr auf dem Treppenabsatz im ersten Stock. Den Geräuschen nach zu urteilen, verließen sie unten gerade das Haus.

He! rief Mario. He!

Ich bin hier! rief der Händler zurück.

Kam gemütlich die Treppe hochgeschlendert. Mario stand im Bettgestell, eine Packung gefrorene Broccoli in der Hand. Es brannte.

Der Händler pfiff durch die Zähne.

Wie ist das denn passiert?

Keine Ahnung, ich war nicht dabei, die sind ja gerannt, wie von der Tarantel gestochen. Haben die noch was vor, oder was?

Jetzt nicht mehr, sagte der Händler.

Die Ruhe selbst. Holte sein Telefon hervor, sagte, alles in Ordnung, keine Panik, er organisiere einen neuen Transport. Wendete sich ab, um zu telefonieren, und sprach so undeutlich, dass es Mario nicht verstehen konnte.

Tut mir leid, sagte der Händler. Bückte sich, richtete sich wieder auf und hielt ein abgebrochenes Bettbein in der Hand.

Das ist nicht meine Verantwortung, sagte Mario schnell. Das waren Ihre Packer.

Ja, ist ja schon gut, sagte der Händler. Es kommt gleich jemand.

Hielt das Bein in der Hand, es sah so aus, als würde er überlegen, ob er es sich in die Jackentasche stecken sollte, aber dann legte er es doch auf einer Treppenstufe ab.

Es kommt alles in Ordnung, ja?

Und ging wieder davon. Mario, im Bettgestell, mit den brennenden Broccoli in der Hand: He, warten Sie!

Machen Sie sich keine Sorgen!, oder so etwas Ähnliches rief der Händler von unten, dann fiel die Tür hinter ihm zu.

Was hätte ich tun sollen? Ihn am Weggehen hindern? Dazu habe ich nicht das Recht.

Der Händler war gegangen, das Bett klemmte zwischen erster und zweiter Etage fest. Wenn die Nachbarin nach Hause kommt, wird sie drüberklettern müssen, um in ihre Wohnung zu kommen. Wenn sie Koffer dabeihat. Wenn sie Einkäufe dabeihat. Wenn sie ihre Mutter dabeihat. Sie wird bestimmt lamentieren.

Und die Chinesen, wenn sie gerade jetzt wiederkommen. (Wie ich mein Glück kenne ...)

Und Indra.

Die Gäste in der ersten Etage sind nicht betroffen. Außer, dass sie es sehen.

Wie aufs Stichwort trat die Heroinschlampe aus der Wohnung. Ist es schon so spät, dass sie zur Arbeit muss? Halb sechs. Die Heroinschlampe schaute hoch, sah das verkeilte Bett, sah Mario darin stehen (immerhin, den Broccoli hatte er inzwischen abgelegt), sie sagte Hi, als wäre nichts, und wandelte die Treppe hinunter.

Mario versuchte, das Bett alleine zu bewegen. Er war nicht so dumm, unterhalb zu stehen, er stemmte sich in die Stufen oberhalb und versuchte, es zu ziehen. Ging natürlich nicht. Er kletterte über das Bett und ging hinunter auf die Straße. Schaute auf und ab. Als ob sie so schneller kämen.

Weder schnell, noch langsam. Nur der Feierabendverkehr.

Er rief den Händler an. Der ging nicht ran. Gleich bekomme ich eine Gehirnblutung. Der Mistkerl wird mich einfach hängen lassen. Hat darüber nachgedacht, dann hat er das Bein wieder hingelegt. Schrott. Ein Haufen Schrott. Es aufarbeiten lassen. Es jemandem für ein Zehntel des Einkaufspreises überlassen, damit er es aufarbeiten lassen kann. Und die Wand!

Du kannst nicht mit vor Wutschweiß an der Stirn klebenden Locken schnaubend vor deiner Tür stehen und fluchen. Wenn dich die Gäste sehen. Also riss er sich zusammen und rief die Packer an, die ihm normalerweise halfen, seine Möbel auf den Dachboden zu wuchten. Es ging auch einer ran, aber er sagte, er sei schon unterwegs zum Match.

Was für ein Match?

Fußball wohl.

Sie lassen einen Auftrag sausen, um sich ein Fußballspiel anzusehen?

Offenbar.

Ist das zu fassen? Die Leute einfach. Sie sind manchmal einfach nicht zu verstehen. Wie sie leben, wie sie denken. Zum Match gehen. Jemandes Bett durch ein Treppenhaus schmeißen und abhauen. Wie kann man dieses Leben meistern? Irgendeine Idee, Frau Wambut?

Adelia, die Jungmanagerin, kam in dem Moment wieder, als sich die beiden Polizisten, die er gerufen hatte, um den Schaden zu melden, gerade dabei waren, ihre Kamera und ihr Klemmbrett wieder wegzupacken und sich zu verabschieden. Das Bett lag natürlich immer noch da, wo es hingefallen war. Dafür ist die Polizei nicht zuständig.

Adelia erkundigte sich mitfühlend, er berichtete über das schändliche Verhalten des Händlers, dessen Helfer, seiner eigenen Helfer.

Brauchen Sie Hilfe? Vielleicht, wenn wir es zu zweit versuchen?

Das geht nicht zu zweit. Und außerdem sind Sie eine Dame.

Sie versuchten es trotzdem.

Wenn schon, dann sollten Sie nach oben gehen und ziehen, und ich schiebe von unten. (Schließlich bin ich der Mann hier und der Hausherr und der gottverdammte Held dieses gottverdammten Tages!)

Er schob, sie zog: es ging nicht.

Da kam der pensionierte Lehrer an, ein dürrer Kerl und noch dazu über 60, aber er hatte überraschend viel Kraft. Nun schoben sie zu zweit, und so schafften sie es tatsächlich, das Bett nach oben zu bewegen. Ein Riesenratsch in der Wand, einer im Treppengeländer, und einmal wäre fast der Knöchel der Jungmanagerin unter das Gestell geraten, aber sobald es aus der Verklemmung gelöst war, war es gar nicht mehr so schwer.

Sie bugsierten das Bett zurück auf den Dachboden.

So viele Kruzifixe, sagte Adelia.

Ja. Ich finde, über ein altes Bett gehört ein altes Kruzifix.

Sind Sie religiös?

Das auch.

Meine Oma hatte sogar noch einen Weihwasserspender an der Wand, sagte der österreichische Lehrer.

Ja, meine auch.

Meine auch.

Drei, die lächeln.

Er lud sie zu sich zum Abendessen ein. Auf Schnecken, Brot und Wein. (Indra wird das verstehen.) Das ist das Minimum, das ich euch schulde.

Sie sagten, sie wollen noch Tango tanzen gehen.

Zusammen?

Ja.

Dass der Lehrer Tango tanzt, wusste er, aber dass auch Adelia?

Es ist ihr erstes Mal.

Ihr habt euch ja schnell angefreundet.

Der Lehrer grinste.

Man kann auch erst essen und dann Tango tanzen.

Das ist wahr.

Besonders, wenn es sich um Schnecken handelt. Der Lehrer hatte im Laufe seines langen Lebens schon welche gegessen, Adelia noch nicht.

Die Schnecken lagen genau die richtige Zeit im Sud, jetzt waren sie perfekt, so gut sind sie mir ehrlich gesagt noch nie gelungen.

Hier wieder die zu erwartende Konversation über Schnecken. Wo, wie etc.

Was hatte Mario diesmal anders gemacht als sonst immer?

Gar nichts. Ich habe alles ganz genau so gemacht.

Der österreichische Lehrer sinnierte darüber, ob es auch bei Schnecken so etwas wie Jahrgänge oder gelungene und weniger gelungene Ernten gibt.

Bestimmt.

Wie kommt es, dass Adelia als Portugiesin noch nie Schnecken gegessen hat?

Kam einfach nicht vor.

Wer was gegessen hat in seiner Kindheit.

Flan zum Frühstück an Wochenenden und in den Ferien gab es sowohl bei Mario als auch bei Adelia.

Der Lehrer erzählte, was ihm die Dänen erzählt hatten. So und so viele Kilometer Küstenlinie, aber die Dänen essen lieber Schwein.

Der alte Mann und die junge Frau hatten einen guten Appetit und einen guten Durst. Adelia trank keinen Alkohol, der Österreicher im Gegenteil, die erste Flasche Wein war schon leer. Aßen und sahen sich dabei das Zimmer an. Die Möbel, die Bilder an den Wänden. Drucke mit historischen Stadtansichten. Lissabon vor und nach dem großen Erdbeben von 1755.

Und was ist das?

Unser Familienwappen.

Ihr habt ein Familienwappen?

Ja. In den vier Feldern stehen Symbole aus den Wappen von vier Vorfahrenfamilien, deren Name mein Großvater für sich ausgewählt hat. Das Kreuz und die fünf Sterne sind jeweils religiöse Symbole. Der Löwe und der Berg mit dem Baum stehen für Kraft, Mut, Beständigkeit und Grundbesitz. Die Krone zeigt das Recht an, in das portugiesische Königshaus einheiraten zu dürfen.

Wau, sagte Adelia.

Der Österreicher krähte: Heutzutage kann man sich einfach ein Wappen im Internet bestellen!

Natürlich. So, wie das immer schon war. Sie wollten ein

Wappen, Sie haben sich eins machen lassen. Dieses hier, wie gesagt, mein Großvater.

Der Anwalt auf der Tafel neben dem Eingang: bist du das selbst, fragte Adelia, oder ein Verwandter gleichen Namens?

Das bin ich selbst.

Anwalt und Zimmervermieter?

Warum nicht? Alles, was Spaß macht.

Was ich als Mann immer schon wissen wollte, wendete sich der pensionierte Lehrer an die Jungmanagerin. Sie sind ja eine junge Frau. Wie ist das? Spielt der Beruf des Mannes eine Rolle bei der Partnerwahl? Würden Sie eher etwas mit einem Anwalt oder mit einem Gastwirt anfangen?

(Arschloch.)

Nun ja, sagte Adelia. Meine Mutter hat gesagt: Wähle dir einen Mann, der dich nicht herunterzieht. Und meine Oma hat gesagt: Ist egal, als Frau bist du am Ende sowieso die Magd. Ausgehend von beidem, würde ich sagen: der Beruf ist wohl nicht der wichtigste Faktor bei der Partnerwahl.

Und das Aussehen? fragte der Lehrer weiter.

(Es ist doch immer wieder schockierend, was für dämliche Idioten doch alle möglichen Berufe ausüben können.)

Der Tisch war inzwischen leer gegessen, aber sie machten noch keine Anstalten, zu gehen. Mario entschuldigte sich mit einem Lächeln und ging in die Küche. Er räumte mehr oder weniger alles aus dem Kühlschrank, was noch da war: Wurst und Käse, sogar die 5 Oliven, die in einer Schale lagen. Er arrangierte alles auf einer Holzplatte und rief dabei Indra an. Er sprach leise. Bei ihr war es laut, aber auch sie versuchte, leise zu sprechen.

Was gibt's?

Nichts. Ich wollte nur sagen, dass wir gerade deine Schnecken aufgegessen haben.

Was sagst du? Wer hat was gemacht?

Zwei meiner Gäste. Deine Schnecken. Ich habe sie eingeladen. Sie haben mir geholfen.

Geholfen, wobei?

Lange Geschichte. Erzähle ich dir später.

Mario, was ist los? Bist du betrunken?

Ein wenig vielleicht. Kommst du später vorbei? Die Schnecken sind alle, tut mir leid, aber ich bin noch da.

Mario, ich hab dir doch gesagt, dass ich nicht komme. Ich esse hier mit den Gästen zu Abend, und dann gehe ich auf mein Zimmer und lege mich hin. Ich habe immer noch Kopfschmerzen. Und wenn du auch noch besoffen bist, entschuldige…,

Besoffen wäre zu viel gesagt…

Wie auch immer. Hab Spaß. Ich melde mich, wenn ich wieder kann, ja?

Ja, sagte Mario. Ich vermisse dich.

Mario und seine Gäste aßen auch Käse und Wurst auf und leerten noch eine Flasche Wein, die Wirkung beim Lehrer war deutlich zu sehen, trotzdem zogen sie noch los in die Tangobar. Wenn sich Emil (das ist der österreichische Lehrer) etwas vorgenommen hat, dann macht Emil das auch. Sie gingen so, wie sie waren, der Lehrer in Sandalen, Adelia in Jeans und Turnschuhen. Mario zögerte erst, ob er mitgehen sollte, und dann, ob er sie bitten sollte, zu warten, bis er das Hemd gewechselt hatte. Tat schließlich beides. Ein neues weißes Hemd und schwarze Schuhe.

Vorbei am Ratsch in der Wand und im Geländer. Jetzt, wo er sie wieder sah, erschienen sie ihm gigantisch. Es schmerzt, als wäre es mein eigenes aufgeschürftes Fleisch. Ich kann das alles nicht zusammenhalten. Ihm wurde schwindlig. Hoffentlich waren die Schnecken nicht schlecht. Es reicht, wenn eine schlecht war.

Unten auf der Straße stank es. Wenn der Wind ungünstig steht, riecht man die Tankstelle an der Ecke bis hierher. Das ist ein Standortnachteil. 35 Jahre. Würden die Einnahmen aus dem Verkauf des Hauses bis an mein Lebensende reichen? Aber Gäste zu empfangen und Bettwäsche zu wechseln, ist tatsächlich das, was ich am liebsten tue. Und dieser Dachboden ist ganz einfach mein Zuhause. Die Möbel müssen geopfert werden. Frau Wambut hat Recht.

Frau Wambut lächelte und nickte. Sie war mit einem Mann da. Vermutlich mit ihrem Ehemann, aber das kann man einem Menschen natürlich nicht ansehen. Frau Wambut saß auf einem Barhocker, ihr Fuß in den schwarzen Tangoschuhen wippte, der Mann stand hinter ihr. Sie trug eine schwarzweiße Bluse zu einem schwarzen Rock. Keine Netzstrümpfe, immerhin.

Frau Wambut! Sie hier?

Frau Wambut lächelte und nickte, sagte sonst nichts. Mario ging schnell weiter, stellte sich so, dass er sie sehen konnte, sie ihn aber nicht. Frau Wambut und der Mann hinter ihr blieben an der Bar. Werde ich je erfahren, wie sie Tango tanzt? Sie auffordern? Das wäre ganz und gar dumm. Der pensionierte Österreicher tanzte derweil mit der Jungmanagerin. Sie stellte sich gar nicht so dumm an. Er allerdings sah aus wie eine riesige Spinne. Abklatschen ist nicht die feine Art, andererseits, was kann er mir schon? Mario ging hin und forderte Adelia auf. Der Pensionist musste sie nicht freigeben, aber er tat es, grinsend, es stand ihm Schweiß auf der Stirn, er trollte sich Richtung Bar. Wo Frau Wambut saß oder nicht. Mario schaute nicht hin. Er umarmte Adelias Oberkörper, so, wie man es machen muss beim Tango. Sie steifte sich ein wenig heraus, aber alles in allem ließ sie sich gut führen. Sie tanzten die Nummer zu Ende und dann noch eine, danach wollte sie auch etwas trinken. Frau Wambut und ihr Mann waren nicht mehr an der Bar. Adelia trank weiterhin nur Wasser.

Es ist nicht höflich, dabei auf sein Handy zu schauen, er tat es trotzdem. Indra hatte eine Nachricht hinterlassen.

Entschuldigt mich, sagte Mario zu den beiden anderen. Emil grinste und nickte.

Ich stehe hier vor deiner Tür, sagte Indra auf seiner Mailbox. Und wo bist du? Vielen Dank auch, dass ich mich todmüde durch die Stadt schleppen durfte, Arschloch!

Mario winkte dem Lehrer vom anderen Ende des Raumes zu, dass er gehen müsse, und dann rannte er. Er rief Indra im Laufen an.

Ich bin gleich da!

Schön für dich. Ich bin schon wieder im Hotel.

Dann komm wieder zurück! Ich bin in 5 Minuten da! In 10!

Du hast sie doch nicht mehr alle! Ich bin schon im Bett. Und überhaupt, was denkst du, dass ich bin? Dass ich hier die ganze Nacht für dich durch die Stadt renne?

Dann komm ich zu dir!

Vergiss es. Du kannst hier nicht rein.

Dann komm du zu mir!

Sag mal, hörst du mir nicht zu? Ich habe gesagt: nein! Das Ding ist gelaufen.

Du bist nie da. Immer bist du weg. Immer bei den Gästen. Man braucht doch auch ein Privatleben!

Ich war heute zweimal da. Was willst du eigentlich noch?

Tut mir leid. Es ist meine Schuld. Aber ich kann nichts dafür. Es war ein Mordstag.

Sie sagte nichts mehr. Er rannte immer noch, hörte seinen Atem im Telefon. Man müsste etwas sagen, aber was.

Hör zu, sagte sie. Das ist doch nichts Halbes und nichts Ganzes.

(Sag was. Aber ihm fiel nichts ein.) Er rannte und rannte. Ab der Ecke kann man das Haus schon sehen.

Kannst du mal ...? Kannst du mal stehen bleiben? Ich kann so nicht reden. Während du rennst.

OK.

Er blieb stehen.

Ich stehe.

Stützte sich auf die Knie, der Atem pfiff. Dort ist das Haus.

Ich stehe.

Hör zu, sagte sie. Es tut mir leid. Ich wollte es dir persönlich sagen, nicht am Telefon. Ich werde am Mittwoch nicht kommen. Am Mittwoch nicht und auch nicht später. Es geht einfach nicht. Wir, unsere Lebensweisen ... Das ist doch nur Stress, sonst nichts. Es ist besser, wenn wir damit aufhören. ... Hallo? ... Sagst du was dazu?

Er sagte nichts. Er drückte den Knopf fürs Auflegen. Er trug das Telefon in der Hand nach Hause, aber sie rief nicht noch einmal an.

Er stieg drei Etagen hoch. Er zögerte nicht. Er ging gleich in ihre Wohnung. Ein Himmelbett, ein Schrank, ein Frisiertisch, eine Kommode. Keine persönlichen Sachen mehr von ihr da. Auch im Bad nicht. Hat sie sie heute abgeholt, oder hat sie schon lange keine mehr hier gehabt? Die Mieterin weiß es bestimmt, sie putzt auch hier. Die Mieterin weiß alles. Die Mieterin ist aber nicht da.

Er legte sich in ihr Himmelbett. Wenn sie nicht da ist, lässt er ihre Bettwäsche einmal die Woche wechseln. Wenn sie da ist, wechselt sie sie selbst zweimal die Woche, auch, wenn sie nicht in ihrem eigenen Bett, sondern bei ihm schläft.

Er stand wieder auf und ging in seine eigene Wohnung. Die Trümmer des Abendessens auf dem Esstisch. Er räumte auf, warf weg, was weggeworfen werden musste, wusch ab und saugte die Krümel aus dem Teppich, auf dem er heute früh einen Krampf hatte. Sein Bett hatte er nach Indras erstem Besuch am Nachmittag bezogen, aber er legte sich jetzt nicht hinein, er ging hinunter in die Kanzlei.

Die Jalousien zur Straße waren heruntergezogen. Das ist unangenehm. Er zog sie hoch. Der Schein der Stadt, der auf den Schreibtisch fiel. Er setzte sich in den Sessel und legte sein Gesicht auf die grüne Lederauflage.

Hallo?

Hallo Camilla? Ich bin's. Mario. Du, was ich dir noch sagen wollte, gerade ist bei mir im Haus eine Wohnung frei geworden. Im dritten Stock. Unten die Kanzlei, oben die Wohnung. Sie ist jetzt auch frei geworden. Ich dachte, das würde dich bestimmt interessieren.

Mario?

Ja.

Es ist um 1:00 in der Nacht.

Oh! Habe ich dich geweckt?

Ähm, ja. Nicht so schlimm. Danke, dass du angerufen hast. Wie groß ist die Wohnung?

Sie ist nicht sehr groß, eine Single-Wohnung, aber für alle Fälle, für den Anfang... Ich wollte es dir einfach nicht vorenthalten, wer weiß...

Ja, sagte sie. Danke. Wir reden noch, ja? Morgen. Oder übermorgen.

Ja, wenn du willst, können wir uns jederzeit treffen. Ich bin meistens in der Nähe. Du kannst dir das Büro nochmal anschauen. Wenn du willst, kannst du moderne Möbel reinstellen oder die, die da sind, benutzen. Wie du willst.

Ja, sagte die Frau namens Camilla. Danke. Ich melde mich, OK?

OK, sagte Mario. Danke. Und entschuldige. Schlaf schön. Und entschuldige. Und ruf an. Bis bald, ja? Bis bald.

Selbstbildnis mit Geschirrtuch

Der Schweizer Lehrer hat mir ein Fahrrad überlassen. Jemand hat es ihm zur Aufbewahrung gegeben oder sogar geschenkt, aber er fährt kein Rad dort, wo das Dumme und das Böse auf Geschwindigkeit und Platzmangel treffen. Sprich: im Stadtverkehr. Das Dumme und das Böse auf Geschwindigkeit und Platzmangel. Er hat diesen Satz gemacht, er ist sehr stolz auf ihn. Er wiederholt ihn auf Französisch, dann noch einmal auf Italienisch. Nicht, um mich zu unterrichten, sondern um sich selbst zu erfreuen. Welche Sprachen ich denn noch könne? Polnisch. Er verzieht ein wenig das Gesicht. Davon abgesehen, ist er eine Seele von einem Mann. Ich lächle ihn an. Das Problem mit dem Schweizer Rad ist, dass es irgendein besonderes Format hat, ich muss darauf achten, keinen Platten zu bekommen, man bekommt hier keine Ersatzschläuche dafür. Ich werde es hüten, wie meinen Augapfel, sage ich.

Das tue ich tatsächlich, denn es hat mein Leben hier so erleichtert, wie bisher noch nichts. Seitdem ich das Fahrrad habe, bin ich jeden Morgen und oft auch abends glücklich. Ich habe einen Weg gefunden unten am Fluss, er ist wohl als Spazierweg gedacht, aber zu den Zeiten, zu denen ich dort entlangfahre, habe ich noch nie jemanden spazieren gehen gesehen. Der Fluss liegt fünf Meter tiefer als die Straße, er fließt langsam, der Verkehr oben ist laut, der Fluss unten ist still. Am Anfang muss man das Rad 36 Treppenstufen von der Straße heruntertragen und zum Schluss wieder hoch, aber das ist es mir wert.

Der erste Tag mit dem Rad war der erste Tag hier, an dem ich euphorisch war.

Davor war ich zum letzten Mal euphorisch, als Felix mich seine Braut nannte.

Davor an meinem ersten Tag in Berlin.

Davor, als ich die achte Klasse abschloss, und davor einmal an einem Abend im Sommer, als ich vielleicht sieben war. Ich war mit meinen Eltern durch unsere Stadt unterwegs, in der die meisten schon schliefen, als im Licht einer Straßenlaterne plötzlich der Schatten eines Gartens an einer Hauswand vor uns erschien. Der Schatten eines geheimen, von der Straße aus sonst nicht zu sehenden Gartens, und wie wir so gingen, gerieten auch wir hinein, nur, dass wir riesenhaft groß erschienen. Ich war so groß wie ein Apfelbaum. Ich blieb stehen und flüsterte: Oh, kann es nicht immer so sein?

Fünf Momente der Euphorie? fragt Felix und zieht einen Mundwinkel nach oben.

Bis jetzt! sage ich keck. (Und du? Wie viele kannst du zählen? Nicht fragen. Erstens willst du die Antwort darauf nicht hören, weil du sie kennst, zweitens wird aus so etwas immer Streit. Lachen kann der Mann nicht, aber noch grimmiger werden, als er es sowieso schon ist, das kann er.)

Der eine ist mürrisch, der andere schreckhaft. Das wäre ich. Lautes, Plötzliches geht mir durch Mark und Bein, und das nicht erst in letzter Zeit. Als Kind wusste ich auch, dass in unserer Straße hinter jedem Tor ein Hund war und dass er bellen würde, wenn ich vorbeiging, dennoch erschrak ich jedes Mal. Mit laut klatschenden Sandalen die Straße hinunterrennen, sollen sie doch vor mir erschrecken. Musst du so laufen? fragten Mutter und Oma, beziehungsweise: eine Dame läuft so nicht. Wann war ich jemals eine Dame? Und jetzt werde ich wohl auch keine mehr.

Kaum hatte die Freude Schwung aufgenommen am ersten Tag mit dem Rad, erschrak ich auch schon wieder. Unter den Brücken, am Fluss, wohnen Obdachlose. Vermutlich spaziert deswegen hier keiner entlang. Unter der ersten Brücke, unter der ich durchfahren musste, war es noch dazu dunkel, auf den Pflastersteinen lag Erde, und in der Erde glitzerte etwas Weißes. Ob das wohl Scherben sind, fragte ich mich und bekam Angst um mein Rad. Da erblickte ich auch noch den Mann, der auf seiner Matratze an die Wand gedrückt saß. Ein Mann mit langen, schwarzen Haaren und Bart, und Weiß in den Augen. Das war's, dachte ich. Hier kann ich nicht mehr entlangfahren. Die Matratze, der Mann, die Glasscherben, das ist zuviel. Gefährlich zum einen, ungehörig zum anderen. Mit dem Fahrrad durch jemandes Zimmer fahren. Ich dachte noch darüber nach, als ich unter der übernächsten Brücke wieder durch jemandes Wohnung fuhr. Hier war es hell und geordnet. Es schienen drei da zu wohnen, zwei Männer und eine Frau. Warum wohnt der Vierte nicht bei ihnen? Wer ist gefährlich, krank oder unverträglich: der Erste, der in Feuchte und Dunkelheit mit den Scherben haust, oder diese drei hier?

Als ich dann am Ende die Treppen mit dem Fahrrad hochging und genau dort auch noch ein Verkehrspolizist auf dem Gehsteig stand, war ich endgültig einer Ohnmacht nahe. Mit zitternden Knien das steil aufgestellte Rad halten, obwohl ich am liebsten einfach losgelassen hätte. Mich, das Rad, einfach rückwärts die Treppen hinunterfallen lassen. Der größtmögliche Schaden: mit gebrochenem Rückgrat überleben, der Schädel auf einer Stufenkante, und dann schiebt sich das Gesicht des Polizisten davor, hämisch, triumphierend: Das hast du jetzt davon. Aber er sah mich und tat weiter nichts. Offenbar ist es nicht verboten, Fahrräder die Treppe von der Flusspromenade her hochzutragen. Ich ging danach trotzdem kompliziert über die Kreuzung, und meine Knie hörten erst zu zittern auf, als ich schon bei der Arbeit war.

Dumm und böse, sagt auch Felix. Das ist es, womit man rechnen muss. Mit dummem und bösartigem Verhalten. Es mögen nur wenige sein, die es immer sind, die sich dafür entschieden haben oder nicht anders können, schon das kann für andere, Ausgelieferte, fatal enden. Aber wenn die Leute in Bedrängnis kommen, wenn sie panisch werden, verändern sich die meisten, ihre Kraft reicht nicht mehr aus, gegen das Dumme und Böse, das in uns allen ist, anzukämpfen, und wenn du einmal soweit gekommen bist, bleibst du eine ganze Weile so. Während das Gute, wie das Glück, innerhalb eines Augenblicks verwelkt.

Felix hält nicht viel von Menschen und macht sich nicht viel aus Orten. Er verlässt die Wohnung nur, wenn er muss, und er muss so gut wie nie. Er hat ja mich. Wir leben hauptsächlich davon, was ich mit Putzen verdiene. Außer dem Schweizer Lehrer haben wir hier noch einen Freund, er heißt noch dazu Edel, er hat mir die ersten drei Schlüssel besorgt. Mittlerweile habe ich sieben. Den meisten Auftraggebern bin ich nie begegnet. Wenn ich komme, liegt, mit einem Aschenbecher, einer Tasse, einem Stein beschwert etwas Geld auf dem Tisch. Der Vereinbarung nach sind es 5 Euro pro Stunde. Auf diese Weise verdiene ich 100 Euro in der Woche. Die größte Wohnung, die ich putze, hat 4 Zimmer, die kleinste 2. In zwei Wohnungen leben Kinder, in zwei Junggesellen, in zwei jeweils ein Ehepaar, die siebente scheint eine Ferien- oder Gästewohnung zu sein. Hierher werde ich am häufigsten gerufen, immer wenn wieder jemand abgereist ist, und hier bin ich am liebsten. Am wenigsten gerne bin ich im Zuhause der Familien. Die Kindersachen, die Ehesachen.

Auf dem Rückweg waren die Obdachlosen nicht zu Hause (Putzen ist gut, nach vier bis sechs Stunden fühlst du dich geordnet genug, um auch auf dem Rückweg wieder unter den Brücken durchzufahren), und auch von den Scherben unter der dunklen Brücke stellte sich heraus, dass sie nicht aus Glas, sondern aus dünnem Plastik waren. Der Mann mit dem schwarzen Bart war auch am nächsten Morgen nicht da, erst am übernächsten, und als ich feststellte, dass ich darüber erleichtert war (es gibt ihn also noch, er ist zurückgekehrt), war es entschieden: ich hatte mich an ihn und alles, was mit dem Fahren unter den Brücken zusammenhing, gewöhnt.

Seitdem ich das Rad habe, habe ich auch vor der Unterführung zu unserer Siedlung weniger Angst. Die Unterführung ist kurz, aber stockfinster, und natürlich riecht sie nach Urin. Ich bin froh, dass ich dort nicht mehr auf eigenen Füßen durchgehen muss. Kurz, bevor ich das Fahrrad bekam, hat es angefangen, auch noch nach Fisch zu riechen, aber gleichbleibend, nicht so, als würde dort tatsächlich ein Fisch verrotten und dann vertrocknen. Ich rausche mit angehaltenem Atem durch. Als müsste ich jedes Mal durch eine dunkle Grotte tauchen, um zu meinem Zuhause zu kommen. Vorher Luft holen, am liebsten auch die Augen schließen, aber das ist zu gefährlich. Die Unterführung macht einen Bogen, man muss schauen, wo sich das Licht am anderen Ende zeigt, und dann dorthin lenken. Auch bei offenen Augen gibt es einen kurzen Moment, wenn es ganz und gar dunkel wird, und jedes Mal kommt mir dabei der Gedanke, ob, wenn es wieder hell ist, auf der anderen Seite, noch alles so ist, wie es zuvor war, ob man da wieder Luft holen und das Gewohnte sehen kann. Das Gewohnte ist eine Siedlung, bestehend aus in unterschiedlichem Maße heruntergekommenen und bekritzelten sechsstöckigen Riegeln. Geplant für einfache Leute, Arbeiter und Studenten. Zwischen den Häusern ist genug Platz für etwas Grün, um das sich allerdings niemand kümmert. Das Gras wächst hoch, die Büsche an den Rändern wuchern, Müll verfängt sich in ihnen. Der Schönheit der Bäume kann allerdings nichts etwas anhaben. Die Weiden, die Pappeln, die Zieräpfel. Sie von unten und von oben sehen. Wir wohnen im obersten Stock, ich kenne die anderen Stockwerke gar nicht, ich nehme meistens den Lift, auch wenn die Beleuchtung darin schon bei unserem Einzug nicht ging. In meinem früheren Leben wäre ich nie mit einem Fahrstuhl ohne Licht gefahren, allerdings gab es dort, wo ich herkomme, sowieso keine Fahrstühle. Die anderen Bewohner des Hauses halten sich genauso bedeckt wie wir. Manchmal hört man Stimmen und Musik, aber immer nur dumpf, nie durch das geöffnete Fenster, und manchmal ist da der Geruch von Essen. Aber meistens ist es so still, dass man denken könnte, wir seien die Einzigen hier, und es riecht nur nach den Steinen. Der Geruch steinerner Treppen. Einmal habe ich einen Afrikaner im Hausflur gesehen. Ich nickte ihm zu, er nickte mir zu, dann drehte er mir den Rücken zu und ging von mir weg.

Wenn ich nach Hause komme, Fahrrad und Glück hin oder her, bin ich meist so müde, dass ich mich mit Felix streiten muss. Es geht immer um dasselbe: ob er die Wohnung an dem Tag überhaupt verlassen hat, und wenn nicht, was er zu Hause gemacht hat, wieso er nichts gemacht hat.

Manchmal sagt er, er habe nicht nichts gemacht, sondern gemalt, aber meistens sagt er gar nichts. Wenn er nichts sagt, hat er vermutlich auch nicht gemalt, nicht einmal die Vasen und die Teller. Anfangs haben wir das beide gemacht, mittlerweile macht er es allein. Nicht, um mich zu entlasten, sondern weil er es nicht ertragen kann, wenn nicht alle Vasen und Teller auf die gleiche Art bemalt sind. Sie haben nicht etwa alle dasselbe Muster, im Gegenteil, wir stellen individuelle Stücke her, dennoch, wenn sie nicht alle aus einer Hand stammen, sieht man das, und das stört ihn. Ich vermisse das Bemalen. Einmal habe ich in meiner Not eine kleine Holztruhe aus dem Sperrmüll mitgebracht und habe sie bemalt.

Sie ist trotzdem Schrott, sagte er. Kitsch und Schrott.

Ich weiß, sagte ich. Nichts, was besser zum Aufbewahren von nicht-existentem Familienschmuck taugte.

Er zog einen Mundwinkel hoch. (Spott? Anerkennung? Nicht fragen.)

Im Zusammenhang mit dieser bemalten Schrottkiste gab es dann doch noch einen Moment der Euphorie, den ich ver gessen habe aufzuzählen. Ich hatte Geburtstag und pflückte mir selber Zweige mit stark duftenden weißen Blüten von einem Strauch. Die Äste waren widerspenstig, aber am Ende waren sie es, deren Haut abratschte, und ich diejenige, die mit einem Strauß stark duftender Blüten im pechschwarzen Fahrstuhl stand. Zu Hause angekommen, sah ich, dass auch Felix hinuntergegangen war und mir Blumen gepflückt hatte: kleine, zarte Gänseblümchen aus dem Gras. Er stellte sie in den Pfefferstreuer, den wir eh nicht benutzen. Sie sahen mickrig aus neben meinem halben Strauch, oder eher sah mein halber Strauch lächerlich aus neben seinen Gänseblümchen, und ich fing vor Rührung zu weinen an. Er liebt mich also doch. Und dann schenkte er mir auch noch einen Ring, den er aus Kupferdraht geflochten hatte (war er hinuntergegangen und hat extra nach diesem Draht gesucht, oder hatte er ihn schon?). Für den Familienschmuck. Da weinte ich erst richtig. Später ruinierte ich alles, weil ich ihn über den Klee für den Ring lobte und sagte, er könnte ja auch Schmuck herstellen. Daraufhin legte er Messer und Gabel neben den Teller (Bratkartoffeln, Möhren, Ei) und schob seinen Stuhl nach hinten. Das machte mich so wütend, dass ich sagte:

Das ist nicht die Zeit und der Ort, um ein Snob zu sein. Der Mensch, der vor der Universität Schmuck verkauft, ist ein Dichter aus Peru!

Worauf er seinen Hut nahm und die Wohnung verließ.

Um nicht allein zu Hause zu hocken und heulend, erst vor Wut, dann vor Sorge, auf ihn zu warten, ging ich auch hinaus. Das Fahrrad ist ein Segen, man ist in Sicherheit, höher, schneller. Man kommt damit nur ein wenig zu schnell in unbekannte

Gebiete. Dort, wo viele sind, ist das kein Problem. Ich lausche, ob ich jemanden Polnisch sprechen höre, und wenn es sein muss, spreche ich sie an und sie werden helfen. Aber diesmal fuhr ich einfach und fuhr, bis keiner mehr da war, nur Häuser, in denen kaum mal ein Fenster erleuchtet war. Die Mauer eines Friedhofs zog sich endlos an einer Seite entlang, die Straße daneben war von Wurzeln durchdrungen, das Fahrrad schepperte laut. Die Straßenlaternen standen weit auseinander, und ich hatte abwechselnd Angst vor den dunklen und den hellen Bereichen. Wo es hell war, war ich gut zu sehen, wo es dunkel war, kam es jedes Mal zu diesem Moment, wie in der Unterführung, wenn man plötzlich ins Nichts gerät und nicht anders kann, als zu erschrecken. Das Schweizer Fahrrad hat keine Beleuchtung. Sollte ich unter großem Geschepper über die Wurzeln stürzen, würde jemand aus den dunklen Häusern heraussehen oder gar herauskommen, und würde er mir dann helfen oder würde er, im Gegenteil, meine Schwäche ausnutzen?

Warum kehrte ich nicht um, ich weiß es nicht, ich fuhr einfach immer weiter, als würde jeder Weg im Kreis verlaufen, irgendwann wieder zurückführen dorthin, wohin man muss. Ich schaffte es erst anzuhalten, als ich an eine große, hell erleuchtete und verlassene Kreuzung kam. Dort war eine Tankstelle, dahinter begannen schon die Felder. Ich wanderte ordnungsgemäß um drei Seiten der großen Kreuzung herum und verließ sie in die Richtung, aus der ich gekommen war. Das war für einen Moment gut. Auch die Friedhofsmauer wiederzusehen, war gut (ebenfalls für einen Moment), aber ich wusste immer noch nicht, ob ich die Wohnung, in der ich mit Felix wohnte, jemals wiederfinden würde. Das heißt: die Wohnung schon, irgendwann, vielleicht nach quälenden nächtlichen Stunden des Herumirrens, aber ob Felix dann dort wäre? Ich schimpfe zwar immer mit ihm, dass er die Wohnung nicht verlässt, wenn er sie aber verlässt, habe ich Angst, er käme nie mehr wieder. Nicht, weil er es nicht wollte. Nein, ich stelle mir vor, die Stadt würde ihn einfach einsaugen, diese riesige Stadt würde uns einfach voneinander trennen, wenn wir uns beide in ihr bewegen. Einer muss immer auf der Stelle bleiben, damit der andere ihn wiederfinden kann. Vor allen Dingen müsste er wollen, dass er gefunden wird. Es müssten beide wollen. Wenn er nicht wiederkommen, sondern verschwinden wollte, dann könnte er das ohne viel Mühe. Wir könnten weiterhin hier in dieser Stadt sein und uns nie wiedersehen. Wie soll ich leben ohne dich? Irgendwie, bestimmt, aber doch: wie? Und würde er seine Bilder dalassen oder mitnehmen? Er malt immer nur Selbstporträts. Nichts anderes, als Selbstporträts. Er hat sich das nicht als Markenzeichen ausgedacht. Er kann nichts anderes malen. Man könnte mit Porträtmalerei Geld verdienen, aber er hat nicht einmal mich jemals gemalt. Er verzog den Mund: Der Maler, der seine Frau malt, womöglich noch nackt. Wenn er die Bilder daließe, wäre es ein klein wenig besser zu ertragen. Wenn er aber heimlich käme, um sie mitzunehmen, wäre das ein Verrat, den ich nicht überleben würde.

Solche idiotischen Gedanken machte ich mir, während ich durch die Stadt radelte, mich selbst bedauernd und hassend. Alles meine Schuld, alles seine Schuld, und dazu die Umstände. Obwohl, wer weiß. Schwierig ist es doch immer.

Irgendwann kam ich dann wieder in einen Bezirk, in dem die Leute ausgehen, aber auch diese Gegenden sehen sich so ähnlich, ich war überhaupt nicht sicher, ob das der gleiche war, durch den ich fuhr, als ich aufbrach. Immerhin, die Leute sahen freundlich aus, alle waren jung und fröhlich, aber ich sprach sie doch lieber nicht an, um zu fragen, wo wir denn hier seien. Ich fuhr einfach weiter, durch Straßen, die mir mal bekannt vorkamen und mal nicht, und dann, auf einmal, sah ich Felix auf dem Gehsteig. Sein Mantel, sein Hut. Ich rollte an ihn heran und fragte mit klopfendem Herzen: Weißt du, wie man von hier aus nach Hause findet? Er lachte. Er roch nach Alkohol, er war also trinken gewesen. Genügend, um gute Laune zu haben. Er kannte sich natürlich prächtig aus, und das, obwohl er angeblich nie rausgeht. (Nicht fragen.) Vielleicht kann er sich einfach orientieren und ich nicht. Als wir an die Unterführung kamen, nahm ich ihn auf den Gepäckträger, und wir fuhren lachend hindurch. Felix sagte: von einem Mädchen auf den Gepäckträger genommen zu werden ist fast so gut, wie ein Mädchen auf den Gepäckträger zu nehmen. Ich lehnte mich im schwarzen Fahrstuhl an ihn und sog seinen Geruch nach Hut, Mantel und Alkohol ein. Die Stoppel an seinem Kinn stachen in meine Stirn.

Zu Hause begutachteten wir wieder den Ring. Ich bat ihn, ihn mir noch einmal auf den Finger zu stecken. Er tat es. Machst du für dich selbst auch so einen? Er sagte: Wenn ich wieder Draht habe.

Ich liebe dich, sagte ich. (Ohne dich würde ich es nicht schaffen wollen. Frauen haben es leichter. Aber ohne dich würde ich es gar nicht wollen.)

Du solltest mal wieder was Anständiges malen, sagte er.

Ich kaufte einen Fisch, nur, um ihn malen zu können. Wir essen beide nicht gerne Fisch. Felix isst ohnehin nur Brot, Quark und Rindersuppe gerne, aber ich kann keine gute Rindersuppe kochen. Er wird immer dünner. Als ich ihn kennenlernte, trug er einen grünen Hut, den ich ihm später abluchste, um ihn selber zu tragen. Ich war sehr schick mit diesem grünen Männerhut. Er ist irgendwo unterwegs verloren gegangen. Felix hat noch einen braunen, den setzt er zu den seltenen Gelegenheiten auf, wenn er hinausgeht. In der Wohnung trägt er alle möglichen »Narrenkappen«, wie er sie nennt. Er malt sich darin. Ich habe mich schon seit Ewigkeiten nicht mehr selbst gemalt.

Mir liegt nicht mehr so viel daran, Künstlerin zu sein, aber außer malen und putzen kann ich nichts. Um zu unterrichten, müsste man die Sprache besser beherrschen, aber seitdem ich das Fahrrad habe, lerne ich sie wieder langsamer. Ich bin schneller unterwegs und höre nicht mehr so viel. Was könnte ich für den Schweizer Lehrer tun, damit er mich unterrichtet? Seine Frau macht den Haushalt, und sie haben selber kaum Geld. Er hat schon versucht, ein Bild zu verkaufen, das ihm sein Vater hinterlassen hat. Er hat es mir gezeigt, damit ich ihm sage, ob es meiner Ansicht nach wertvoll sei. Eine Aquarellskizze, der Maler ist mir nicht bekannt, das Bild selbst ist nicht schlecht, allerdings auch nichts Besonderes, und es ist nicht fertig. Ich weiß nicht, sagte ich. Ich schickte ihn zu Edel. Bei dem war er schon, sagte er.

Einen Tag später hatte der Schweizer Lehrer eine neue Idee. Stimmungsvolle Stadtansichten, so, wie sie Touristen gerne kaufen. Er würde mir kleine Keilrahmen kaufen, ich würde quasi Postkarten darauf malen, die wir dann auf dem Markt verkauften. Ich kann mich aber nicht auf den Markt setzen, sagte ich. Er besorge jemanden, der das für uns tue. Der bekomme einen Anteil, der Lehrer bekomme einen Anteil und ich. Ich hielt das nicht für so eine schlechte Idee, aber dann kam es doch so, dass ich kein einziges dieser Stadtbilder gemalt habe. Ich wurde krank. Erst tat nur die rechte Schulter weh, dann wanderte der Schmerz weiter hinunter. Die rechte Hüfte, das Knie, der Knöchel, das Großzehgelenk. Auf der linken Seite fing es unten an und breitete sich langsam nach oben aus. Zum Schluss schmerzte sogar der Kiefer, aber vielleicht nur, weil ich wegen der anderen Schmerzen die Zähne so fest zusammenbiss. Ich nahm Aspirin und trank Wodka hinterher. Einmal, als ich Zahnschmerzen hatte, hatte das prima geholfen. Aber diesmal half es nicht. Stattdessen fingen die Daumengelenke an, weh zu tun. Ich legte mich auf den Dielenboden und wälzte mich, um den steifen Rücken zu massieren, dann legte ich mich auf die Matratze, um es weich zu haben.

Ich brauche ein Schlafmittel, sagte ich zu Felix.

Er, als verstünde er nicht, was ich von ihm wollte.

Könntest du, bitte, hinuntergehen und mir ein Schlafmittel kaufen?

Er sagte, er könne nicht in eine Apotheke gehen. Ich wurde wütend. Wieso er in keine Apotheke gehen könne, sei er etwa lahm? Seit wann ist eine Apotheke ein gefährlicher Ort? Ich heulte laut. Jemand klopfte an unsere Wand. Davon erschrak ich so sehr, dass ich selbst die Schmerzen für einen Moment vergaß. Schließlich holte Felix ein Bier und machte es warm für mich.

Du bist ein Engel, sagte ich, bevor ich einschlief.

Zwischenzeitlich waren die Schmerzen besser geworden, besonders auf dem Fahrrad. Aber im Moment scheint es so, als kehrten sie wieder. Ich merke es, wenn ich das Rad die Treppen hinunter- und natürlich besonders, wenn ich es hochtrage. Ich beiße die Zähne zusammen und lehne mich mit einer Schulter gegen die Wand, um mehr Halt zu haben, so lasse ich das Rad langsam über die Stufen rollen. An manchen Tagen bin ich fast beschwerdefrei. Fahre zu meinen Arbeiten, erledige sie, trage das Rad runter und wieder hoch. Neuerdings ist Felix häufiger nicht da, wenn ich nach Hause komme. Als er das erste Mal verschwunden war, erschrak ich wieder einmal über die Maßen. Ich wurde ganz hilflos. Rannte in der Wohnung auf und ab, sah durch sämtliche Fenster, aber hinausgehen und ihn suchen, das brachte ich nicht fertig. Das Maximale war, dass ich in den Hausflur ging, die Treppen hinunter und wieder hoch und horchte, aber in die Flure selbst ging ich nicht hinein. Ich war ungeheuer wütend auf mich. Was ist das für ein Verhalten, was ist nur los, was soll diese ohnmächtige Angst? Und warum hatte ich nie in meinem verdammten Leben Freundinnen, warum bin ich nicht in der Lage, Freundinnen zu haben, immer nur Männer, keine Freundinnen, das hast du jetzt davon. Kannst nirgends hingehen. Zum Schweizer Lehrer. Dessen Frau und Kind du nicht wiedererkennen würdest, wenn du ihnen ohne ihn auf der Straße begegnetest. Weil du so eine bist.

Als Felix wiederkam, schrie ich ihn an, als hätte er, wer weiß, was getan. Er nahm es so ruhig hin wie sonst nie und sagte einfach, er sei bei Edels gewesen. Sie werden bald für eine Weile in die Schweiz gehen. Wir könnten die nächsten 3 Monate ihre

Wohnung hüten, das wäre ihnen sogar sehr recht, und uns die Miete hier sparen.

Ich schrie wie am Spieß, ich klopfte mir an die Stirn: 3 Monate? Und danach? Denkst du eigentlich manchmal auch nach?

Seine Miene verdüsterte sich: Red so nicht mit mir.

Ich, langsam und deutlich: Wir können diese Bude hier nicht aufgeben. Wer weiß, an wen wir geraten, wenn wir dann in 3 Monaten eine neue brauchen? Was denken sich Edels eigentlich? Denken *die* eigentlich mal nach?

Er, nicht ganz so langsam und deutlich, aber so, dass ich es verstehe: Jeder weiß, dass hier eine Menge Illegale leben. Wir können nicht zu lange an einem Ort bleiben.

Ist mir egal, sagte ich. Ich gehe nirgendwohin.

Was ist los mit dir? Seit wann bist du so dumm?

Immer schon. Wusstest du das nicht?

Es wurde eine schreckliche Nacht. Ich tobte, dann hatte ich Angst, er würde gehen, aber er blieb. Er war ganz ruhig, er hielt mich aus, und am Ende schlossen wir einen Kompromiss. Wir behalten die Wohnung, ich fahre weiter zur Arbeit, und er geht zu den Edels, malt dort (Edel ist ein Amateur, der sich Material leisten kann) und kommt am Abend wieder. Er hat mir versprochen, niemals dort zu übernachten. Seitdem das so läuft, wirkt er fröhlicher, obwohl ihm die Füße wehtun von 40 Minuten Fußmarsch hin und 40 zurück, jeden Tag. Jetzt bin ich diejenige, die immer mürrisch ist. Ich habe gelernt und mir angewöhnt, immer freundlich dreinzuschauen, wenn's geht, sogar fröhlich, das steht einer Frau besser, und außerdem vertrauen einem die Leute mehr. Aber neuerdings lässt sich mein Gesicht genauso schwer bewegen wie der Rest meines Körpers.

Ich fahre mit eingefrorenem Gesicht am immer kühler werdenden Fluss entlang. Unter den Brücken sind keine Obdachlosen mehr. Erst ist der unter der dunklen Brücke mit den Scherben verschwunden, mittlerweile auch die anderen. Einige Sachen liegen noch da. Die Matratzen. Wo sind sie hin? Ist das normal? Ziehen sie mit dem Ende des Sommers woandershin? Oder sind sie nicht freiwillig gegangen? Ist ihr Verschwinden ein Zeichen für etwas Schlimmeres, das dabei ist, sich auszubreiten, und wir, bei all unserer Aufmerksamkeit, merken es nicht?

Bis ich am Ende des Spazierwegs zu den Treppen komme, wo ich wieder schleppen muss, vergesse ich die Obdachlosen wieder und denke nur mehr an mich selbst und an den Polizisten, der dort fast immer steht. Es hat etwas mit der Regelung des Verkehrs über die Brücke zu tun, irgendwie bekommen sie das nicht anders gelöst. Er wedelt herum im Stau, ist sehr konzentriert. Es ist nicht immer derselbe, und mit keinem von ihnen hatte ich bis jetzt Augenkontakt.

Ich verbringe jetzt immer mehr Zeit in den Wohnungen, die ich putze, als es notwendig wäre. Warte, dass die Bettwäsche trocknet. Bügle sie und ziehe sie wieder auf. Danach setze ich mich noch auf einen Stuhl und schaue mir abwechselnd das schön aufgeräumte Zimmer an oder beim Fenster hinaus. In Wahrheit warte ich darauf, dass jemand kommt. Dass wir uns versehentlich sehen. Aber es kommt niemand. Ich fahre wieder nach Hause.

Felix ist natürlich nicht da. Er redet über Edels Wohnung nur noch als »das Atelier«. Ich weiß nicht, wieso mich das anekelt. (Sage nichts.) Neulich ist mir aufgefallen, dass ich nicht einmal die Adresse weiß. Ich wusste sie mal und ich war auch schon dagewesen, aber ich habe alles vergessen. Ich bringe sie mit den Wohnungen durcheinander, in denen ich putze. Oder putze ich etwa auch die Wohnung der Edels, ohne es begriffen zu haben? (Was ist diese Verwirrung? Hat sie etwas mit den Schmerzen zu tun? Oder verliere ich unabhängig davon den Verstand?)

Weil ich sonst nicht weiß, was ich tun könnte, setze ich mich an die Teller. Richtig zu malen, wäre zu anstrengend, das würde ich nicht schaffen. Dekoration zu malen geht. Ich kann Ornamente malen, also bin ich doch noch nicht verrückt. Ich werde die Putzjobs aufgeben und stattdessen das Tellermalen wieder aufnehmen. Obwohl es so kälter ist. Man bewegt sich weniger. Und überhaupt ist es Wahnsinn. Schwarz putzen zu dürfen, ist ein Segen, und kein Mensch braucht so viele bemalte Teller. Man könnte noch irgendwo in einer Küche arbeiten, aber das ist noch anstrengender als das Putzen. Für Prostitution sehe ich schon zu schlecht aus.

Felix kommt nach Hause und fragt, ob es etwas zu essen gibt.

Wieso, hast du was mitgebracht?

Dann müsste ich ja nicht fragen.

Nein, sage ich, ich hab' nicht daran gedacht. Ich habe gemalt.

Was hast du gemalt?

Teller, müsste ich sagen, aber ich sage es nicht, das würde ich nicht aushalten. Was er mit seinem Mundwinkel machen würde. Stattdessen frage ich zurück: Und du?

Er antwortet nicht. Wenn es nichts zu essen gibt, gibt es

eben nichts zu essen. Scheint ihm auch egal zu sein. Er macht Tee. Um ihn ihm nicht gleich so, wie er ist, heiß und schwarz, in den Kragen zu kippen, mache ich auch etwas. Ich mache Brühe aus Würfeln und werfe Brotstückchen hinein. Ich sage: Himalaya-Bergsteiger machen das auch.

Er schaut mich an. Sein Mund lächelt nicht, aber seine Augen. Himalaya-Bergsteiger? fragt er.

Ja, sage ich, und das ist wieder wie an dem Tag, als wir uns kennengelernt haben. Ich hatte gerade jemandem erklärt, wie man pflügt. Er sah mir zu, amüsiert. Zwei Stunden später lagen wir schon bei ihm im Bett.

Für einen Moment ist die Würfelsuppe mit den darin sich auflösenden Fetzen trockenen Weißbrots wie der Himmel auf Erden. Für einen Moment ist alles geheilt, ich bin warm von innen, habe keine Schmerzen mehr.

Später am Abend kehren sie natürlich wieder und schlimmer als je zuvor. Ich liege auf der Matratze und wimmere. Ich kann nicht einmal aufstehen, um etwas auf die zu salzige Suppe zu trinken. Was ist das bloß? Essensgeruch und Stimmen aus dem Haus. Hinuntergehen, die Afrikaner suchen, sich ihnen anvertrauen. Sie kennen bestimmt einen, der heilen kann. Ich frage Felix, ob er das tun könnte. Würdest du zu den Afrikanern gehen für mich?

Er: Hast du Fieber?

Aber er legt seine Hand nicht auf meine Stirn, um zu fühlen. Wenig später höre ich, dass er rausgegangen ist. Ich kann mir nicht vorstellen, wie Felix mit den Afrikanern redet, aber vielleicht geht er diesmal in eine Apotheke.

Ich schlafe ein, ich wache auf. Es ist dunkel geworden, und

ich bin allein. Es ist kalt. In den Fluren heute schon den ganzen Tag Geräusche. Vielleicht bereitet sich etwas vor. Vielleicht laufen sie hin und her und besprechen etwas. Vielleicht sollte ich auch dabei sein. Ich kann ruhig mit der Decke über der Schulter rausgehen, das wird hier keinen stören. Immer noch halb im Schlaf wanke ich hinaus in den Hausflur. Unter der Decke ist es warm, aber an den Füßen ist es kalt. Ich bin barfuß. Kälte ist nicht gut für meine Gelenke. Im Treppenhaus ist niemand, nur die Kälte und der Geruch der Steine. Felix hat sich einfach aus dem Staub gemacht. Hat gewartet, bis ich eingeschlafen bin, und ist in anderer Leute richtige Wohnung gefahren. Hat unterwegs vielleicht angehalten und hat was getrunken. Gibt unser Geld für Trinken aus, anstatt für Essen oder Medizin. Für Trinken und für Farben, und die darf auch ich herbeischaffen. Der Schweizer Lehrer hat mir den Tipp gegeben, sie im Baumarkt zu kaufen, dort sind sie billiger. Felix hätte mich mit seinen Blicken fast ermordet. Damit kannst *du* malen, wenn du willst. Ich sollte ihn sich selbst überlassen, aber vielleicht hat er schon längst mich mir selbst überlassen. Wird es so enden mit mir? Die Edels haben die Stadt schon verlassen. Der Schweizer Lehrer. Ich kann ihn nicht anrufen. Ich will zu ihm gehen. Etwas in mir weiß, dass es mitten in der Nacht ist und ich das nicht tun kann, Angst habe ich auch, dennoch gehe ich zurück in die Wohnung und steige in ein Paar Schuhe. Erst werfe ich die Decke von mir, aber es ist so kalt, dass ich sie wieder hochhebe und sie mir um die Schultern lege. Ich binde die Schuhe nicht zu. Wie sollte ich das auch tun?

Als die Haustür hinter mir ins Schloss fällt, fällt mir ein, dass ich keinen Schlüssel dabeihabe. Normalerweise würde ich deswegen verzweifelt sein, aber ich bin es nicht. Ich empfinde nichts, keine Angst, nur die Schmerzen. Ich denke nur: wie gut, dass ich wenigstens die Decke mitgenommen habe. So muss ich nicht erfrieren, wenn ich die Nacht draußen verbringen muss. Vermutlich bin ich tatsächlich dabei, den Verstand zu verlieren.

Die Beleuchtung über der Tür zu unserem Haus geht auch nicht. Ich stehe im Dunkeln da, das ist gut. Nichts blendet mich, ich kann die Büsche rundherum gut sehen. Sie bewegen sich, als säßen dahinter welche. Nein, es ist nicht nur der Wind. Es riecht nach Kiff. Ich lasse die Decke etwas sinken, damit mein Kopf weiter herausragt. Ich spüre, wie sie nun unten auf den Boden aufliegt. Sie wird schmutzig. Sie riecht nach Felix und nach mir. Wir tauschen im Schlaf immerzu die Decken.

Hey! rufe ich den Büschen zu. Ich habe Schmerzen. Habt ihr was für mich? I'm in pain. You got something for me? J'ai des douleurs, pouvez-vous m'aider? Und schließlich sogar: Mam bóle. Czy macie coś dla mnie?

Ich habe eine hohe Stimme. Eine Frauenstimme. Und meine Silhouette, was denken sie sich wohl dazu?

Wer weiß, vielleicht haben sie mich sogar erkannt. Vielleicht sind sie aufmerksamer als ich. Ich erkenne sie jedenfalls nicht wieder. Es sind zwei junge Afrikaner, soviel sehe ich. Der eine ist sehr dünn und hat einen schmalen Kopf, der andere einen runden und ist auch sonst gedrungener. Treten aus den Büschen und winken mir. Ich kann das nicht tun. Ich kann nicht zu ihnen in die Büsche gehen. Zum einen habe ich Angst, aber zum anderen ist mein Rücken inzwischen so steif, dass ich mich nicht mehr von der Stelle bewegen kann.

Aber dann bewege ich mich doch. Steif die drei Treppenstufen hinunter. Die Decke schleift über den Trampelpfad. Der Geruch des aufgewühlten Staubs. Die Männer treten einen Schritt zurück zwischen die Büsche, aber nicht so weit, wie sie zuvor waren. Ich stehe mit meiner Decke noch außerhalb. Der Runde reicht mir einen Joint.

Das Zigarettenpapier ist feucht, ich nehme seinen Speichel zwischen meine Lippen und sauge den Rauch ein. Ich kann nicht rauchen, ich muss mich konzentrieren: Rauch einsaugen und gleich darauf Luft durch den Mund holen. Ich gebe ihm den Joint wieder.

Suffit? fragt er verwundert, aber wenn er sie schon einmal hat, saugt er auch an der Kippe.

Ich schüttle den Kopf. Auch das tut weh. Ich werde noch sehr viel mehr rauchen müssen. Kann auch sein, dass ich schon längst im Delirium sein werde, aber der Schmerz immer noch da. Ich nehme den Joint wieder und behalte ihn. Der Runde dreht sich einen neuen. Der Lange schaut nur mit unbewegtem Gesicht. Auch der Runde sagt nichts mehr und ich auch nicht. Stehen zwischen den Büschen und rauchen. Später tritt der Runde noch einen Schritt weiter zurück und zeigt hinter sich in die Büsche. Dort liegt ein Baumstamm. Ich solle mich dorthin setzen. Ich setze mich. Mit der Decke ist es schön weich. Die beiden setzen sich links und rechts neben mich.

Comment tu t'appelles?

Felka.

Ich bin Régis. Das ist … (unverständlich).

Régis wohnt bei uns im Haus, in der Dritten. Der Lange nicht.

Dann reden wir wieder nicht. Ich rauche den Joint und schaue zwischen den Büschen hinaus in die Sterne. Langsam wird es warm. Der Duft der Bäume. Ich bin glücklich. Mein Kopf sinkt, ich kann nichts dagegen tun, auf die Schulter des Langen. Ausgerechnet des Langen, aber er lässt es zu. Régis auf der anderen Seite nimmt meine Hand, die aus der Decke ragt, mit der ich den Joint gehalten habe, und fängt an, sie zu massieren. Er erzählt etwas, wofür mein Französisch nicht mehr gut genug ist. Offenbar sucht er nach Druckpunkten in meiner Hand, die etwas mit dem Schmerz in meinem Rücken zu tun haben. Er findet auch welche, und nicht wenige. Als er auf den Bereich zwischen Daumen und Zeigefinger drückt, ist der Schmerz so heftig, dass ich aufschreie. Er hört sofort auf, aber ich kann mir nicht mehr helfen. Ich weine laut und heftig.

Felka? Felix' Stimme von weitem. Felka?

Ich reiße mich aus der Mitte der beiden unbekannten Männer los und stolpere heulend durch die Büsche nach draußen.

Felix?

Äste krachen, dazu mein Geheul und mein Rufen: Felix? Mir ist, als hätten die beiden hinter mir Ssssscht! gesagt. Der Lange freut sich nicht, dass sie sich überhaupt mit mir abgegeben haben. Ich breche durchs Gebüsch, obwohl ich vermute, dass ich Felix' Stimme nur halluziniert habe. Mein eigenes Geheul ist so laut, dass ich nicht mehr höre, ob er mich noch ruft.

Aber da steht er, auf dem Trampelpfad zu unserem Eingang. Er hält ein in Zeitungspapier eingeschlagenes Bild unter dem Arm.

Mit dem Bild und der Decke und meinem Kiffgeruch im pechdunklen Fahrstuhl. Wir passen kaum hinein. Mein Atem, der die Daunen in der Decke zusammenschiebt.

Felix wärmt ein Kissen mit trockenen Bohnen auf, das ich einmal genäht habe, und legt es mir auf den Rücken. Er massiert mich auch, obwohl er nichts davon versteht. Er stellt das Bild, das er in der Wohnung der Edels gemalt hat, so, dass ich es sehen kann. Eigentlich wollte er es dalassen, für sie, als Geschenk, aber dann hat er es doch mitgebracht, um es mir zu zeigen. Er hat natürlich wieder sich selbst gemalt. Auf dem Bild trägt er ein Geschirrtuch auf der Schulter und eine weiße Kappe auf dem Kopf, die wie ein Topfdeckel aussieht.

Das ist das beste, das du je gemalt hast, sage ich, und wieder muss ich weinen.

Es ist dunkel, ich kann nicht sehen, was er mit seinen Mundwinkeln macht. Seine Hand berührt mein Haar.

À la recherche

Ich kam an einem Abend an, ich trug einen Wintermantel. Vor dem Tor standen kurzberockte junge Frauen mit nackten Beinen in goldenen Sandalen. Es nieselte. Die Mädchen lachten. Im Bus, der kam, saß eine müde, ältere Schwarze, sie trug einen grauen Parka und einen Turban. Sie sah heraus, ohne eine Miene zu verziehen. Die Mädchen stiegen lachend ein, und fort waren sie.

Welcome to the shithole!

Der Mann, der kommt, um mich abzuholen, schiebt ein Fahrrad mit einer 8 im Vorderrad nebenher. Er ist soeben beim Einbiegen vom Weg am Kanal auf die Hauptstraße von einem Transporter touchiert worden. Er selbst ist rechtzeitig abgesprungen, aber das Rad hat es erwischt. Überall nur Wahnsinn, überall. Sein Name ist übrigens Ollie.

Die Bremse am eiernden Vorderrad schleift bei jeder Umdrehung zweimal an der Felge und bringt das Rad zum Stehen. Man darf es hier nirgends anbinden, also schiebt Ollie es ruckelnd und schimpfend über den Campus. Dazu das Rollen meines Rollkoffers, die Räder laufen auch nicht mehr ganz rund. Zwei mit zwei humpelnden Geräten gehen durch die Nacht.

Der Campus ist groß, dutzende Gebäude, sehr alte und sehr

neue. Das Licht der Weglampen spiegelt sich in den neuen und spiegelt sich nicht in den alten. Ollie bringt mich in eines der Letzteren. In einem Büro bekomme ich einen Schlüssel, dann wandern wir wieder, beinahe zurück bis zum Eingang: die Kofferrollen, das eiernde, sirrend abgebremste Rad, der Nieselregen. Und was ist das für ein Friedhof? Steinplatten, bemoost, dazwischen Kies. Alte Sepharden. Durfte man nicht planieren, also hat man den Campus drumrum gebaut. Keine Angst, die sind friedlich, sagt Ollie und grinst endlich.

Das Zimmer, das man mir zugewiesen hat, ist überraschend komfortabel. Das Gebäude, darin die Teppiche, sind neu, die Fenster sind dicht. Es gibt ein Bett und einen Tisch, eine Kochzeile und ein Badezimmer, sogar mit Wanne. Die Heizung kann man nicht selber regeln, aber es gibt eine. Als ich zuletzt hier war – nicht genau hier, nur hier in der Stadt –, kamen wir in einer unbeheizten WG unter, wo während einer Party die Jacke meines Freundes von der Garderobe gestohlen wurde. Ich lieh ihm meinen Wintermantel, bis er sich eine neue gekauft hatte.

Das einzige Fenster des Zimmers blickt auf einen Kanal, eine Lampe beleuchtet eine Baumkrone, ein Stück Uferweg und den Regen. Was braucht ein Mensch mehr.

Abgesehen vielleicht von einem guten Nachtschlaf. Um halb eins schreckt mich der Feueralarm aus der Badewanne hoch. Hastiges, unvollständiges Abtrocknen, Hose und Shirt ohne Unterwäsche, Stiefel ohne Socken an, darüber den Wintermantel. Ich renne die Treppen hinunter, vorbei an Stufe um Stufe schlendernden indischen Jugendlichen. Jung und phlegmatisch müsste man je gewesen sein. Oder Insider. Ist das eine Übung?

Ich bin unter den Ersten draußen. Wir sammeln uns vor dem Gebäude. Ein Feuer ist nicht zu sehen. Die Partygänger ziehen unbeeindruckt vorbei. Als auch der Letzte das Gebäude verlassen hat, rollen drei truckgroße Feuerwehrautos durch das Tor. Gelangweilte Feuerwehrmänner schauen auf uns heraus. Jeweils einer pro Wagen steigt aus. Irgendwo fällt der Satz: You burnt the eggs? Dann kehren alle wieder dorthin zurück, wo sie hergekommen sind.

Als die Sonne am nächsten Tag aufgeht, ist sie grau, und so bleibt es auch für den Rest meiner Zeit. Ein milder, vernieselter Spätherbst. Jenseits des Kanals führt ein Spazierweg.

Seit jeher bin ich am Wasser entlanggegangen, es war anfangs nur kein Kanal, sondern ein Fluss. Das Dorf, aus dem ich komme, liegt an einem Nebenarm der Donau, das Gymnasium, das ich besuchte, am Hauptfluss. Die Schule stand an der Uferpromenade, wo es alles gab, was es an Malerischem geben konnte: Platanen und Bänke, Wurzelrisse im Gehsteig und ein gemauertes Ufer, darin Treppen, aber uns Schülern war es verboten, sie hinunterzugehen. Es war sogar verboten, die Straße, den Gehweg und den Grünstreifen gegenüber der Schule zu überqueren und sich auf die obere Kante der Ufermauer zu setzen. Also gingen wir soweit beiseite, bis man nicht mehr sagen konnte, wir wären direkt vor der Schule, und setzten uns dort auf die Kante oder die Treppen.

Das Dorf, darin das kleine, perfekt würfelförmige Haus der Familie, lag 10 km außerhalb. Es gab Busse, alte, klapprige, sechsmal am Tag, es sei denn, einer fiel aus irgendeinem Grund aus. Oder er fiel nicht aus, aber er raste an der Haltestelle vorbei, weil er zu voll war oder sich der Fahrer aus einem anderen Grund nicht in der Lage sah, anzuhalten. Jeder von uns ist schon einmal den Schleichweg durch die Felder nach Hause gegangen.

Anfangs war es die Notlösung, später, als ich alt genug wurde, um mich herumtreiben zu wollen, die Regel. Den Rückweg mindestens musste ich zu Fuß gehen. Ein Mädchen, egal welchen Alters, also auch eine Frau, hat sich nicht herumzutreiben, in der Einkaufsstraße zu flanieren, ist beinahe schon Hurerei, von alleine ins Kino zu gehen, ganz zu schweigen, und in beliebigen Vorstadtstraßen herumzulaufen, wo es nichts gibt, außer vielleicht einer Schusterwerkstatt oder einem Geschäft für religiöse Literatur, ist jenseits von allem Verstehbaren. Und wie, in aller Welt, kann man nicht begreifen, wie gefährlich es ist, auf unbeleuchteten Feldwegen, neben Schienen, im Schwemmgebiet zu laufen, und das, noch einmal: als Mädchen? Dinge, die du der sich sorgenden Familie nicht erklären kannst. Auch gut, werde ich eben lügen, wofür bin ich Teenager. Sie hatten den Busfahrplan im Kopf, also musste ich ihn auch im Kopf haben und ihn mit anderen Wahrscheinlichkeiten kombinieren. Von wann bis wann dauert normalerweise eine Sitzung der Schulzeitung? Des Schulradios? Die Chorprobe. Das Handballtraining. Die Vorbereitung für Fachwettbewerbe. Eine Aufräumaktion im Physikkabinett. Und den Staub von den Schuhen gewischt und die Kletten von den Hosenbeinen gepickt, bevor du das Dorf betrittst. Im Winter lief ich in einem petrolfarbenen Winterparka, im Sommer in einem grünen Sommerparka, dazu weiße Turnschuhe mit einem Loch in der linken Sohle. Aus einer Stadt, besonders einer nächtlichen herauszulaufen, ist schön. Neben Schienen zu gehen, und auf der anderen Seite der Schienen sind Weiden und hinter den Weiden ist ein Flussarm, auch das ist schön. Ich bin durch Schwärme von Glühwürmchen gegangen, durch Wolken von kleinen Füchsen, über Umzüge von Pillendrehern. Mücken natürlich auch, was soll's. In der Stadt gibt es weniger Insekten, das hat auch seine Vorteile.

Meinen ersten Gang am Kanal entlang fange ich zu früh an. Die anderen sind noch auf dem Weg zur Arbeit. Halb wünsche ich, die Granatsplittern gleich vorbeipfeifenden Radfahrer mögen ins Wasser stürzen, halb mache ich mir Sorgen, sie würden es tatsächlich tun. Wie ich an meinem ersten Tag in London einen Radfahrer aus dem Regent's Canal gerettet habe. Aber niemand stürzt, und mit der Zeit werden es auch weniger Jogger, Spaziergänger und Hunde. Als ich am Limehouse-Becken ankomme, ist alles schon wie ausgestorben. Das also ist die Themse. Braungrünes Wasser, kleine Wellen. Wind, der an Luxuswohnungen in ehemaligen Industriegebäuden entlangweht. Die Boote im Becken machen die zu erwartenden glucksenden, klimpernden Geräusche. Obwohl ich in der Nähe eines Flusses aufgewachsen bin, mache ich mir nicht besonders viel aus Wasserfahrzeugen. Auf dem Weg zurück konzentrierte ich mich lieber auf die Bäume. Platanen, Eichen, Kastanien, Pappeln, Weiden. Die Trauerweide ist mein Lieblingsbaum.

Et tu mi fili Brute? fragt einer im Netz, ein ehemaliger Klassenkamerad, der eigentlich Robert heißt, sich dort aber Deviant Majority nennt. Ein Mann, der gerne klatscht. Na ja. Wer ist heutzutage nicht in London? 25mal so viele, wie meine Ge-

burtsstadt Einwohner hat. Als wäre das ganze Donauknie ausgewandert.

Aber kennst du *einen*? frage ich zurück.

Faria, wie man hört.

Faria heißt eigentlich Maria Farkas, sie trug aber schon als
Fünfzehnjährige den Künstlernamen Faria Marcos. Wir gingen
in derselben Stadt ins Gymnasium, allerdings in verschiedene.
Sie war die Klügste in ihrem, ich war die Klügste in meinem.
Wir wurden uns einmal am Rande eines Schülerwettbewerbs
vorgestellt. Sie nannte ihren Künstlernamen. Den Wettbewerb
gewann sie, ich wurde Zweite. Im nächsten Jahr, als sie nicht
mehr dabei war, gewann ich. Fast ein Schuljahr lang sangen wir
sogar in demselben Chor: sie war Mezzo, ich zuerst Sopran, bis
ich einen heftigen Stimmbruch erlitt und selbst im Alt nur so
tun konnte, als würde ich mitsingen. Schließlich gab ich ganz
auf. Weder im Sopran, noch im Alt stand ich jemals neben ihr.

Ich kann es mir kaum erklären, warum ich relativ viel über
sie weiß, während ich von anderen aus dieser Zeit nahezu alles
vergessen habe. Ich habe zum Beispiel ein recht genaues Bild
von ihrem Aussehen, als hätte ich damals und auch seitdem
Fotos von ihr mit mir herumgetragen. Dunkle Haare, damals
lang, und eisblaue Augen. Sehr dünn, sie war schon damals
Vegetarierin. Durch die Dünnheit bekam ihr Gesicht etwas
Pferdeartiges. Die Nase, der Mund. Kräftige Zähne. Während
ich eher wie ein Fuchs aussehe, mit schmalen Augen, einer langen Nase und einem dreieckigen Kinn.

Aber natürlich weiß ich, wieso ich noch so viel (eigentlich:
wenig) über sie weiß. Sie war so etwas wie eine Prominente
unter den Leuten meines Alters. Es erschienen sowohl Gedichte

als auch Zeichnungen von ihr in einem lokalen Kunstblatt. Selbstverständlich gestaltete sie bei sich die Schulzeitung und war Schülersprecherin und verdiente eigenes Geld, indem sie in einer Kneipe jobbte, wo sie sogar die Zapfanlage bedienen durfte. Außerdem lebte sie in einer unübersichtlichen Patchworkfamilie mit 7 oder 8 Kindern, während die meisten von uns es auf maximal 2 Geschwister brachten. Ich war ein Einzelkind mit einer glatten 1,0, sonst nichts. Ich wünschte mir, sagte die Klassenlehrerin, du würdest außer diesem schönen Zeugnis noch etwas anderes auf den Tisch legen. Also latschte ich zu den Wettbewerben und wurde Zweite hinter Faria, oder Erste, wenn sie nicht da war. Der Direktor erwähnte mich lobend in seiner Jahresabschlussrede. Ich hielt mein Gesicht still. Ich ging in die Nachmittagsvorstellung im Kino und danach nach Hause und lauschte dem Gebell der Hunde, bis ich irgendwann schlief. Die meisten Schulaufgaben waren so leicht, dass ich einmal bei einer Klassenarbeit für mehrere Sekunden dachte, ich sei in der Zeit zurückgereist und müsste wieder in die siebente Klasse gehen. Oder, dass ich gerade verschlafen und zu spät zur richtigen Arbeit kommen würde. Ich fuhr erschrocken hoch und wollte beim Fenster hinaussehen, um mich zu vergewissern, wo ich war und wann, aber unser Klassenzimmer war im Erdgeschoss, das untere Drittel der Scheiben war aus Milchglas.

Deviant Majority behauptet, Faria sei nach dem Tod ihrer Mutter mit ihrer jüngsten Schwester nach London ausgewandert.

Ich bin nicht ausgewandert, schreibe ich Deviant Majority, oder jedenfalls nicht nach London. Ich arbeite nur an etwas.

Trotz meines gleichmäßig verteilten schulischen Talents, das mit ebenso gleichmäßig verteiltem Desinteresse gepaart war, konnte ich einen Berufswunsch formulieren, der sich auch verwirklichen ließ. Viele der weniger langweiligen Wunderkinder unserer Stadt wurden nach dem Abitur erst einmal Briefträger. Ein älterer Stiefbruder Farias war auch für eine kurze Zeit Briefträger, bevor er aus der Stadt verschwand. Er ist der Einzige, von dem ich, außer ihr, noch ein Bild habe. An eine Schwester erinnere ich mich nicht.

Ich darf ein Semester lang in London sein, ich darf auf dem Campus wohnen, und ich darf die Bibliotheken und andere Apparate benutzen. Konkret sieht das so aus, dass ich vom Morgen bis zum frühen Nachmittag in einem Lesesaal sitze. Was unglücklicherweise der Teil meines Berufs ist, den ich nicht mag.

Ich mag das Unterrichten, das Zusammensitzen mit den Erstsemestlern in Vorbereitungskursen und Einführung-in-die-Wissenschaft-Seminaren. Während die Forschung so ist, als müsste man in einer Box eingesperrt an etwas werkeln. Das ist keine Definition, es ist nur so, dass ich nur werkeln kann, wenn ich in der Box sitze, außerhalb der Box fehlen mir die Fähigkeiten dazu, also begebe ich mich in die Box und werkle, was zu werkeln ist, bis Hunger und/oder Schmerzen mir erlauben, es gut sein zu lassen. Ab und zu gibt es auch einen Flow, wenn ich ganz in der Aufgabe versunken bin, das dauert einige Minuten, selten, dass es Stunden werden, wenn ich dann wieder ans Gehen und zuvor an das Mittagessen denke. Um den Feueralarm nicht auszulösen, koche ich selten etwas. Ich gehe zum japanischen Imbiss an der U-Bahn-Station und esse eine

Udon. Daneben ist ein kleiner Supermarkt, dort kaufe ich ein, was ich außerdem noch brauche. Jeden dritten Tag gehe ich in den Waschsalon. Einige Male in der Woche rede ich mit anderen Menschen.

Neben Ollie gibt es am Lehrstuhl noch Evelyn, die in meinem Alter ist. Sie trägt einen Heiligenschein aus blonden Locken. Auch sie isst gerne Udon. Sie ist hergekommen, nachdem ihr Vater gestorben ist.

Ja, sagten wir, die Beine sehen schon besser aus. Dabei trat schon das Wasser durch die Haut. Wenn einer stirbt, muss man das Fenster aufmachen, sagt Evelyn. Damit die Seele entweichen kann.

Mich hat mein Geliebter nach 8 gemeinsamen Jahren verlassen, als ich ihm sagte, er sei mein Leben, sage ich. So etwas kann man doch zu keinem Menschen sagen, sagten meine Freunde. Da verließ ich sie und kam hierher.

Zurück in meinem Zimmer öffne ich das Fenster, bis es zu kalt wird, dann gehe ich wieder los.

Der Wintermantel ist zu schwer und zu warm, ich gehe bis zum Einkaufszentrum in Canary Wharf und suche die Filiale einer billigen Bekleidungskette. Es gibt keinen petrolfarbenen Parka, aber ich finde einen hellbraunen. Ich kaufe einen petrolfarbenen Pullover dazu, den ich drunterziehen kann. Ich schleppe den Wintermantel in der Einkaufstüte nach Hause. Der Nieselregen knuspert leise auf meiner neuen Kapuze. Ohne die Tüte mit dem Wintermantel drin wäre ich jetzt viel jünger, petrolparkajung. Mehrfach der Impuls, die Tüte irgendwo stehen zu lassen. Dann doch nicht. Es ist nicht sehr wahrscheinlich, dass es nicht auch noch kälter werden wird irgendwann, irgendwo.

Wenn man 28 ist, sind 8 Jahre nicht wenig. Erst war ich Kind, davon weiß ich kaum mehr etwas, dann war ich Gymnasiastin, davon weiß ich noch das Gehen, danach war ich Studentin und bewohnte eine winzige Wohnung in Pest. Meine Heimatstadt liegt nah genug an der Hauptstadt, dass man jeden Tag zwei hässliche, unzuverlässige, zugige Busse hätte nehmen können. Die Familie hatte wenig Verständnis dafür, wieso ich mir, anders als Tausende andere, zu fein war, jeden Tag zu pendeln, aber am Ende verkauften sie doch ein handtuchgroßes Stück Feld (Felder verkauft man nicht!), damit ich mir eine 23qm Wohnung im Erdgeschoss kaufen konnte, immerhin im Hinterhof, nicht vorne, an der großen Straße, über das es ein schönes, hundertjähriges Gedicht gibt, über die Linden dort, aber der Stadtverkehr hat mittlerweile alles kataton gemacht.

G. – den alle, auch ich, tatsächlich nur »Ge« nannten – und ich lernten uns im ersten Semester kennen. Er war der einzige Junge in unserer Gruppe. Manche waren der Meinung, er sei zu gutaussehend für mich (ich weiß auch nicht: alle um mich herum waren immer so geradeheraus), eine Kollegin meinte, er sei bestimmt schwul, weil er so weich aussah und ich so burschikos. Wir waren 8 Jahre lang ein Paar, ohne jemals zusammen gewohnt zu haben. Erst wohnte er in der hässlichen, winzigen Neubauwohnung seiner Eltern, die gerade für ein Jahr in Finnland waren. In dieser Wohnung übernachtete ich ein-, zweimal, in einem Jugendlichenbett, das in eine Schrankwand eingebaut war. Nachdem seine Eltern wiedergekommen waren, war ich nicht mehr dort. Er war viel bei mir, aber auch in seinem alten Kinderzimmer, er teilte seine Zeit gut ein. Am Ende der 8 Jahre reichte eine Plastiktüte, um seine Sachen, die er noch bei mir hatte, abzuholen.

Im Netz sind wir noch Freunde, deswegen bin ich dort auch nicht mehr aktiv, jetzt sehe ich doch nach. Er ist auch nicht aktiv. Zwei Karteileichen, auch das passt, immer noch. Woanders werde ich nicht nach ihm suchen, ich weiß sowieso, was er macht: dasselbe wie zuvor. Er wollte nicht sein Leben umkrempeln, er wollte nur mich nicht weiter dabeihaben. Stattdessen schaue ich, ob Faria unter ihrem eigenen oder ihrem Künstlernamen aktiv ist. Weder noch. Ich finde nur alte Sachen. Drei verstreute Gedichte. Nach der Schule war sie technische Mitarbeiterin bei einer Universitätszeitung (Was für eine Technik mag sie wohl beherrschen? Oder heißt das etwas völlig anderes, als ich mir vorstellen kann?) und Redakteurin bei einer anderen. Vor zwei Jahren verschwand sie vom Netz. Die Todesanzeige ihrer Mutter ist ebenfalls zwei Jahre alt. Nach kurzer, schwerer Krankheit. Es trauern um sie: ihre Kinder und ihre Mutter. Was soviel heißt, dass sie sich wohl irgendwann von Farias Stiefvater und den Stiefkindern getrennt hat.

Faria arbeitet angeblich als Kellnerin, weiß Deviant Majority. Was ungarische Akademiker im Ausland eben so arbeiten.

Am Vormittag lese und schreibe ich, am Nachmittag gehe ich. Wenn ich in etwas gut bin, dann in der Etablierung von Routinen. Routinen mit kleinen Korrekturen, damit sie nur soweit monoton sind, wie sie es sein müssen, um ein Zuhause zu sein. Erst verbrachte ich mein Leben auf dem Weg zwischen Dorf und Kleinstadt, dann mehr oder weniger zwischen meiner Wohnung und der Uni, an der ich erst studierte, dann arbeitete. Während dieser Zeit war ich mit ein und demselben Mann liiert. Mein Leben drehte sich, wie das Leben der meisten, um Wege, Mahlzeiten und Freizeitprogramme, die nicht viel Geld kosten. Mein Freund machte Karate, ich ging gern in Art-Kino. Ich hielt den Termin für meine Doktorarbeit ein, er verlängerte um ein Jahr, und dann fiel irgendwann der Satz, dass ich ihm sagte, er sei mein Leben, woraufhin er die Beziehung aufkündigte und ich anfing, Studienaufenthalte im Ausland möglichst lückenlos aneinanderzureihen. Der erste war in Deutschland, der zweite in Frankreich (auch dort ging ich jeweils am Fluss entlang), jetzt bin ich hier.

Schreiben, gehen, schlafen, das ist ein gutes Leben. Befreit von der sogenannten Bürde des Unterrichtens, plus von allem anderen, was ein Mensch an Verpflichtungen haben kann, die über die pure Selbsterhaltung hinausgehen, ist meine gegenwärtige Situation nahezu laborhaft ideal. Manchmal vergesse ich mehrere Tage hintereinander, dass ich je anders gelebt habe. Ich bin eine gute Geherin, wegen des vielen Trainings, oder von Anfang an. Zwei Stunden spazieren bin ich nur am ersten Tag gegangen, am nächsten Tag waren es schon vier. Vier Stunden, das ist einmal bis zum Regent's Park und zurück. Im Park bleibe ich eine Weile, schaue mir die Pflanzen und diejenigen von den Menschen an, die ich gerne sehe. Schüler, die in die Parks gebracht werden, damit sie dort Sport treiben. Ich schaue ihnen so lange zu, bis ich sie auseinanderhalten kann. Das dickliche schwarze Mädchen, das Handstand übt, und die winzige Blonde, die Räder schlägt, und wer gut mit dem Ball ist und wer mit dem Springseil und wer die Brücke kann. Wenn sie gegangen sind, gehe ich auch. Ich treffe zusammen mit der Dunkelheit auf dem Campus ein, esse etwas zu Abend und schaue mir englische Serien im Fernsehen an. Wenn mir das zu langweilig wird, schaue ich beim Fenster hinaus und sehe den Studenten zu, wie sie zum Trinken losziehen, und später dann, wie sie wieder zurückkommen. Zwischendurch gibt es immer mal wieder einen Feueralarm, dann gehe ich hinaus und warte geduldig, bis die Feuerwehr uns erlaubt, zurück in unsere Zimmer zu gehen. Ich gehe selten aus. Da ich keinen Alkohol trinke, werden Partys und andere sogenannte gemütliche Zusammenkünfte schnell zu grotesk.

Auch G. trank keinen Alkohol, was mit sich brachte, dass wir nur solange mit anderen in Kneipen herumsaßen, bis ihre Betrunkenheit noch einigermaßen zu ertragen war, und unsere Wohnsituation war jeweils so, dass wir keine größeren Gesellschaften zu uns einladen konnten, also verbrachten wir unsere Abende meist zu zweit und zu Hause. Er hörte sich Musik an, ich las. An den Abenden, an denen er nicht bei mir war, ging ich ins Kino oder einfach in der nächtlichen Stadt spazieren. Ich vermisste ihn, aber das sagte ich nicht. Ich kann allein sein, wenn ich es muss, ich ging meine ganze Kindheit über allein. Wenn ich weiter den Mund gehalten hätte: wo wäre ich dann heute? Ich weiß, das zu beantworten, ist unmöglich.

Evelyn trinkt gerne Wein, Ollie bevorzugt Bier. Weil sie fußläufig zu erreichen (also leicht wieder zu verlassen) ist, gehe ich einmal zu einer Party mit. Ich stelle mich als Sophia vor (so heiße ich nicht, sondern Zsófia, aber das sind Details). Ich bin zur Zeit Gast am Centrum for Anglo-German Studies und forsche …

eigentlich translation studies,

aber je nachdem, wem ich gegenüberstehe, sage ich:

die Literatur des Absurden,

oder linguistic purism

oder discourses of foreignness in school books

oder germans in english film

respektive germans in english gay and queer film.

Nur language of politics and culture sage ich nicht, weil das Ollies Gebiet ist.

Einmal sage ich, ich forsche über the literature of the threshold, und einige Zeit später stellt sich heraus, dass mein Gegenüber dachte, ich forschte über Schwellen im konkreten Sinne. Schwellen zu und in Häusern. Wir lachen.

Als ich zu Hause ankomme, sind die Feuerwehrleute schon dagewesen.

Nach 6 Wochen immer dieselbe Strecke entlang, immer am Kanal hin und her, kenne ich Details, die mir auch nach 10 Jahren nicht vertrauter sein könnten. Die Graffitis und bestimmte Muster in den Steinen der Ziegelmauer. Wo ein hellerer auftaucht, ein dunklerer, einige, die röter sind als andere. Farbverläufe in der Bemalung von Geländerteilen. Gräser und Moose, die an bestimmten Stellen wachsen. Sogar Schneckenhäuser und Taubenkot. Exakt ein gewisser Fleck Taubenkot. Warum der Gedanke, dass 6 Wochen wie 10 Jahre sein können, beruhigend für mich ist, kann ich nicht erklären, aber es ist so.

Es wird jetzt immer früher dunkel. Die Jogger joggen schon mitten am Nachmittag mit Stirnlampe, die Hunde tragen Leuchthalsbänder, ihre Bälle leuchten ebenfalls. Wenn es schon früh dunkel wird, spielt es keine Rolle mehr, ob es Nachmittag ist, Abend oder schon Nacht. So kommt es, dass ich einmal zur Abendessenszeit noch in Camden bin, und eine gut gelaunte deutsche Touristengruppe mir French Fries und Cider ausgibt. Nette, junge, hemdsärmelige Rentner, warum haben sie ausgerechnet mich ausgewählt? Und warum habe ich mich auswählen lassen? Ich könnte vorgeben, um mein Deutsch zu testen (ich werde gelobt), aber das ist wahrscheinlich nicht die Wahrheit. Ich verstehe es nicht, aber ich genieße es, ich sitze grinsend zwischen ihnen, obwohl sie laut sind, trunken und grotesk, dennoch ist es einer der besten Zusammenkünfte, bei der ich je war. Träume ich das alles vielleicht? Ich denke gerade: träume ich das vielleicht, als ich eine ungarische Stimme hinter mir höre. Ich schaue mich um: zwei Kellnerinnen reden miteinander. Ich höre nicht mehr, was sie sagen, dennoch bin ich mir sicher, dass nur sie die Ungarinnen sein können. Ich starre sie an, ich versuche, ihre Lippen zu lesen: ohne Erfolg. Sicher ist nur: keine der beiden ist Faria. Ich stehe auf und schiebe mich kompliziert in Richtung der Toiletten, um sie weiter belauschen zu können – Die Deutschen sind laut, was müssen sie so laut sein? –, aber die Kellnerinnen reden nicht mehr miteinander. Im Waschraum schaue ich in den Spiegel. Ich kann nicht sagen, ob ich wiederzuerkennen bin. Ich habe eine Narbe auf der Stirn, aber nicht alle schauen einen anderen so genau an, um das später noch zu wissen.

Als ich am nächsten Morgen aufwache, ist mein erster Gedanke das Café in Camden, und ich verbringe auch meinen gesamten Arbeitsvormittag damit, davon zu träumen. Ich weiß, dass es Nonsens ist, dennoch kann ich die Idee nicht loslassen, dass ich, wenn ich noch einmal hinginge, in einer anderen Schicht Faria dort finden würde. Oder noch einmal die netten Deutschen. Ab jetzt jeden Tag. Pommes, Cider, Dunst, und sie erzählen von ihrer Heimatstadt und ich von meiner. Aber natürlich ist, als ich am Nachmittag dort vorbeikomme, das Café fast menschenleer, und keine der Kellnerinnen ist Faria. Ich bleibe oben auf der Straße und wandere noch eine Weile von Café zu Kneipe. Es ist immer wieder Ungarisch zu hören, meist von jungen Frauen, einige von ihnen sind auch Kellnerinnen, keine ist Faria. Ich gehe so weit, bis ich in einer U-Bahn-Station nachsehen muss, wo ich mich überhaupt befinde. Die U-Bahn ist sehr voll. Um es auszuhalten, schaue ich mir alle Gesichter an, ob ich jemanden erkenne, aber natürlich erkenne ich niemanden. Einen Mann, der in einem Ungaretti-Band liest, spreche ich fast an, aber dann lasse ich es doch.

Ich schreibe Deviant Majority, ob er Kontaktdaten von Faria habe. Er verspricht, sich umzuhören, aber dann meldet er sich nicht wieder.

Dafür schreibt mir das Mädchen, das meine Wohnung in Budapest gemietet hat. Ich befürchte, es hätte wieder einen Wasserschaden gegeben oder die Heizung ginge nicht, und was könnte ich von hier aus tun? Aber nein. Es ist nur, dass sie auszieht. So haben wir nicht gewettet. Aber sie beruhigt mich, sie habe einen Ersatz für sich gefunden, eine gewisse Veronika.

Der Wechsel der Untermieterin beunruhigt mich so sehr, dass ich auch nicht mehr weiter nach Ungarinnen in Cafés suchen kann. Ich kehre wieder an den Kanal zurück, in die zugige, brackige Ruhe, aber es wird nicht mehr so richtig gut.

Das Problem ist, dass ich um so viel fitter bin, als der Tag. Ich habe hier, das wollen wir nicht vergessen, auch etwas zu arbeiten, aber ich verbringe immer weniger Zeit in der Bibliothek. 4 Stunden Gehen, das ist schon lange vorbei, 6 sind mittlerweile das Minimum, aber 8 kommt wesentlich häufiger vor, und meine Beine könnten noch weitermachen. Meine Schuhe sind nichts Besonderes, aber immerhin Walking-Schuhe, mir tut nichts weh. Ich bin schon in viel schlechteren Schuhen gegangen. 6 Stunden, das sind die 11 km von Mile End bis zum nördlichen Ende des Kanals in Little Venice, und dort geht es dann nicht weiter, deswegen laufe ich lieber Richtung Süden, nach Greenwich und einmal bis nach Lewisham. Beinahe hätte ich in Lewisham übernachtet, um am nächsten Morgen von dort aus einfach weiterzugehen, aber dann habe ich es doch nicht gemacht. Ich bin eben doch keine echte Wanderin. Ich beende den Tag nicht gerne woanders, als ich ihn begonnen habe.

Weil ich am Ende zum Anfangspunkt zurückkehren *muss*, habe ich im Moment des Umkehrens öfter das Gefühl, gerade eine Niederlage zu erleiden, als dass ich erleichtert oder voller Vorfreude auf das Zuhause wäre. Ich werde ungeduldig, fange an zu hetzen, das wiederum ermüdet mich schnell, so dass ich irgendwann nicht mehr gehe, sondern mich nur noch schleppe, und das verdirbt rückwirkend sogar die Hintour. Um das zu vermeiden, beschließe ich, die Rückwege ganz wegzulassen, lieber immer nur vorwärts, vorwärts, bis es nicht mehr geht, und dann dort ein Fahrzeug nehmen. Ich fahre lieber mit Bussen als mit U-Bahnen. Die Studentinnen mit den nackten Beinen lassen mich höflich aussteigen. Von der Bushaltestelle bis zum Gebäude, in dem ich zur Zeit wohne, sind es keine 200 Meter. Sie noch in Würde absolvieren. Mit dem Fahrstuhl in die erste Etage und dann in die Badewanne stürzen. Wenn der Feueralarm losgeht, während ich noch dort liege, rühre ich mich nur, um mir die Ohren zuzuhalten.

Ich schlafe nun immer länger. Mittlerweile ist es schon 11:00, bevor ich den ersten Handschlag getan habe. Ich suche mir im Lesesaal eine Nische nah an der Wand und setze mir Kopfhörer auf. Ich höre mir nichts an, ich schließe nur etwas Luft ein zwischen meinem Ohr und der Membran, die dann ein gleichmäßiges Rauschen erzeugt, das die meisten wohl als Stille bezeichnen würden. Das geht solange gut, bis das Schwitzen unter den Kopfhörern zu unangenehm wird. Dann reiße ich sie mir vom Kopf und gehe unverzüglich los. Da ist es häufig noch nicht einmal ganz 14:00.

Gehen ist gut fürs Denken, aber effektiv nur in den ersten anderthalb bis zwei Stunden. Ich mache mir Gedanken um die Arbeit, die ich schreiben muss, und manchmal fällt mir auch etwas Winziges dazu ein. Es geht im Schneckentempo vorwärts, ich bin in den letzten Monaten rätselhafterweise dumm geworden. Das heißt, in Wahrheit ist es überhaupt nicht rätselhaft. Es wundert und ärgert mich nur, dass es so funktioniert, so simpel. Die ersten anderthalb bis zwei Stunden denke ich also über die Arbeit nach und versuche, wenn es ein kleines Ergebnis gibt, dieses zu speichern, bis ich zu dem Punkt komme, da ich denke, dass ich dumm geworden bin. Dann setze ich mich in einem Park auf eine Bank, solange mir das eben möglich ist. 10 Minuten. Ich sitze auf der Bank, schaue mir die verschiedenen Enten- und Gänsearten an, die den kleinen Teich und die Grünfläche drumherum mit Federn und Exkrementen übersäen, schaue mir die Mütter mit den Kinderwägen an, die in ihrer Nähe sitzen, schaue mir die Jogger an und denke gar nicht an G. Er wollte einfach ohne mich leben, so etwas kommt vor. Ich denke also nicht an ihn, sondern daran, wieso alle sich so verblüffend einig darüber waren, dass das alles meine Schuld sei, und wieso sie so offen waren, mir das auch zu sagen: All das hast du dir selbst zuzuschreiben. Wie konnten sie sich so einig sein, und wie konnten sie so offen sein, und wieso war das gleichbedeutend damit, dass sie nichts mehr mit mir zu tun haben wollten. Ich finde keine Lösung, ich schaffe es nur, bis zum Selbstmitleid zu kommen, dann stehe ich auf und laufe weiter, bis auch das vergeht.

Kurz vor den Weihnachtsferien muss ich vor Studenten etwas über meine Forschung erzählen. Ich laufe 8 Stunden, bis nach Sevenoaks, und nehme für den Rückweg für ein Vermögen ein Taxi, ohne dass mir etwas dazu einfällt. Ich falle ins Bett und denke noch, am Morgen bin ich ohnehin viel frischer im Kopf. Werde ich mich eben vor dem Treffen noch einmal sammeln. Aber dann fällt mir während der gesamten Morgentoilette, dem Frühstück und auf dem Weg zum Seminargebäude nichts ein. Ich hoffe, dass mir, wenn ich losreden muss, alles einfallen wird, ich habe doch schon oft Seminare abgehalten, in deren

Vorfeld mein Kopf absolut leer war. Aber dann ist es genau wie manchmal in üblen Träumen: ich stottere nur. Schließlich schütze ich ein Unwohlsein vor, das ist alles nur, weil ich krank bin, und mache mich aus dem Staub.

Ich habe mir einen Tee gekocht, als wäre ich wirklich krank, sitze am Fenster und schaue hinaus auf den Kanal und auf die, die dort im Nieselregen gehen dürfen, weil sie nichts verbrochen haben. Ich werde aufhören zu laufen. Diese Zwanghaftigkeit muss aufhören. Ich werde jetzt bis zu den Ferien nicht mehr gehen.

Aber natürlich wird mir noch im Laufe desselben Abends klar, dass ich ohne Gehen noch weniger würde arbeiten können, und eine noch größere Verzögerung kann ich mir nicht leisten. Also gehe ich gleich am nächsten Morgen wieder los und nehme den Laptop mit.

Der Laptop ist nicht ganz alt, dennoch macht er den Rucksack schwer. Schon nach kurzer Zeit tun die Schultern weh, der Nacken, der Rücken, schließlich sogar die Hüften und die Knie. Die Schmerzen zwingen mich, mich in einen Coffeeshop zu setzen, wie alle anderen auch, und auch wenn es auf den ersten Blick so aussieht, als hätte ich mir das prima ausgedacht, ein cleverer Plan, so kannst du alles haben: Gehen und Arbeit gleichzeitig und dabei rein zufällig das Café finden, in dem Faria jobbt, in Wahrheit ist das natürlich alles Mist. Ich nehme den Laptop nicht mehr als zweimal mit, bevor ich diesen Klotz am Bein wieder zu Hause lasse.

Einmal versuche ich, statt zu laufen, mit dem Bus zu einem Art-Kino zu fahren. Es war in einem Art-Kino, dass ich Faria das letzte Mal sah. Verbotene sowjetische Filme. Ich kann mich noch an genau zwei Sachen erinnern. Dass die eine Figur am Ende einer ganzen Reihe von Beschwerlichkeiten, Ungerechtigkeiten und Demütigungen nur soviel sagte: »Hauptsache, es ist kein Krieg«. Und, dass, als ich herauskam, Faria im Vorraum stand mit einpaar anderen. Sie diskutierten. Ich blieb nicht stehen, begrüßte sie nicht und versuchte auch nicht zu verstehen, was sie redeten. Ich nahm die Straßenbahn und fuhr zurück in meine Wohnung. Aber irgendwie ist auch die alte Liebe zum Film erloschen. Ich gehe kein zweites Mal ins Art-Kino.

Als letzten Versuch fahre ich zu zwei Adressen, unter denen laut der Seite »Junge Ungarn in London« Zimmer zu vermieten sind. 100 bis 160 Pfund die Woche könnte selbst ich verdienen. So laufe ich einmal nach East Ham und einmal nach Upney. In East Ham sind viele Inder, in New Malden hingegen wohnen, wie ich hörte, viele Nordkoreaner, aber das ist mir zu westlich, das versuche ich gar nicht mehr.

Meinst du, die Freunde könnten Recht gehabt haben? frage ich Evelyn. Wir sitzen in einem Café, am Tisch hinter uns sitzen mal wieder zwei Ungarinnen. Hältst du es für möglich, dass die Tatsache, ihn geliebt zu haben und das nicht verborgen zu haben, der entscheidende Fehler war?

Nein, sagt Evelyn. Das Entscheidende war, dass er nicht so empfand. Du kannst ihm im Grunde dankbar sein, dass er dich nicht gefangen gehalten hat in einer Beziehung, in der du nicht geliebt wirst.

Woraufhin ich mich auf der Stelle in Evelyn verliebe. Wir verbringen den Rest des Nachmittags und anschließend den Abend miteinander. Sie nimmt mich mit zu sich nach Hause. Evelyn bewohnt zwei Schlafzimmer mit Blick zum Kanal für nur einen Tausender im Monat.

Was für ein unfassbares Glück doch ein Mensch haben kann, sagt Ollie, der dazugekommen ist. Ursprünglich wollte er seine Freundin mitbringen, aber: Sie ist sauer auf mich, sagt Ollie. Sie hat gesagt: mach du nur deine Sachen, ich mache meine, wir sehen uns zu Silvester.

Immerhin, sagt Evelyn. Sie hat gesagt: wir sehen uns zu Silvester.

Aber Ollies Laune wird nicht mehr wirklich besser. Er sagt mehrfach »shithole« und mäkelt am Curry herum, das er uns gekocht hat, umsonst sagen wir immer wieder, dass wir es für perfekt halten.

Evelyns Wohnung ist fast vollständig leer, sie hat noch nicht einmal in jedem Zimmer eine Lampe. Wir essen das Curry auf dem Boden sitzend. Vor dem Einschlafen träume ich davon, dass ich einen Job in einem Coffeeshop angenommen habe und mich darauf freue, bei Ikea Einrichtungsgegenstände zu kaufen, mit denen Evelyn und ich die Wohnung einrichten. Dann bekomme ich aber doch Angst, denn ich habe ihr ja noch gar nichts davon gesagt, dass ich bei ihr einziehen möchte.

Das Gute ist, als mir nach dem Aufwachen wieder G. und dann Faria in den Sinn kommen, denke ich, dass es wohl doch möglich sein wird, sie bald zu vergessen.

In den letzten Tagen vor Weihnachten arbeite ich endlich wie andere Leute auch und gehe im Dunkeln joggen. Einmal verpasse ich den Ausgang aus dem Victoria-Park und umrunde ihn zweimal statt wie üblich einmal, so dass ich am Ende 2 Stunden statt nur einer gelaufen bin, aber ich kann widerstehen und wiederhole das nicht. Nach dem 13. Feueralarm hole ich den Wintermantel wieder hervor und nehme ein Flugzeug nach Hause.

Zu Weihnachten fährt man nach Hause. In den Wäldern, den Gärten, auf den Feldwegen liegt Schnee, aber ich sitze die meiste Zeit im hinteren Zimmer und lese oder schaue mir DVDs an, bis es wieder Zeit ist zum Essen. Das erste Mal verlasse ich das Zimmer am zweiten Weihnachtsfeiertag, wenn die Familie, wie immer, feierlich in die Stadt zieht, um sich das Weihnachtskonzert anzuhören. Ich denke mir nichts Böses, aber dann ist die Basilika so mit Menschen voll, dass mich doch noch Widerwillen und Gereiztheit packen. Ich bleibe in der Nähe einer Tür stehen, aber es ist hoffnungslos. All die Köpfe und Hüte und Mäntel, Kommen-und-Gehen durch mehrere offene Türen. Ich erinnere mich an nichts vom Konzert, ich habe keinen einzigen der Musiker und nichts vom Chor gesehen, gehört ja, aber dann wieder nicht, weil ich die ganze Zeit nur an diese Hinterköpfe denken musste, Hüte und Mäntel, auch meine Familie trägt Hüte, Damenhüte, Herrenhüte, nur ich habe keinen, keinen Hut und keine Mütze, nur einen Wintermantel, darunter trage ich einen petrolfarbenen Rollkragenpullover, den ich in London gekauft habe, und ich denke böse Sachen, wie, dass doch die meisten von denen, die ich hier oder woanders sehe, überflüssig sind, die meisten Menschen sind überflüssig, soviel Variabilität braucht kein Genpool, Verschwendung, was für eine Verschwendung überall, und dann, wo ich es versaut habe, ob nach 8 Jahren aussortiert zu werden, automatisch dazu führen muss, kein Zuhause mehr zu haben, oder ob es nicht auch anders sein könnte, ob ich es nicht vielleicht ganz woanders, schon viel früher oder später oder unabhängig davon versaut habe. Und dann denke ich daran, dass Faria bestimmt auch hier ist, in der Menge, weil *jeder* hier ist, aber ich habe weiterhin keine Chance, sie zu finden, dabei würde ich sie gerne fragen, wie sie das alles sieht, was für eine Lösung sie gefunden hat.

Immerhin hat das Basilika-Erlebnis mir das Gehen wieder möglich gemacht. Meine Schuhe durchweichen im Schnee, so wie früher. An einem Tag klappere ich Kirchen ab, am nächsten Buchhandlungen und Antiquariate. Mit Letzterem bin ich bald fertig, es gibt nicht mehr als ingesamt 5. Anschließend esse ich ein Kastanienpüree in einem Café, das ich nicht von früher kenne, und gehe schließlich in das Multiplex im Einkaufscenter, und dort ist sie dann. Faria. Sie steht im Kassenraum mit einigen anderen zusammen, die ich nicht kenne oder nicht wiedererkenne. Sie trägt weder Hut noch Mütze, dafür einen großen, karierten Schal. Sie ist ziemlich groß, das hatte ich so nicht mehr in Erinnerung. Oder sie ist nach ihrem 18. Lebensjahr noch gewachsen. Sie überragt die anderen um fast einen Kopf. Sie bemerkt, dass ich sie anstarrte, und schaut zu mir zurück. Immer noch ein Pferdegesicht, aber die Wimpern sind getuscht, das hebt die blauen Augen sehr schön hervor. Sie lächelt, das Lächeln gilt eindeutig mir, und ich bin drauf und dran, mich umzudrehen und wegzugehen, aber ich reiße mich zusammen und bleibe stehen.

Hallo, sagt sie.

Hallo, sage ich. Weißt du noch, wer ich bin?

Ja, sagt sie. Natürlich. Wie geht es dir?

Ich lebe jetzt in London, sage ich.

Und sie: tatsächlich?

Aber nicht so, wie jemand, der auch dort lebt, denn: sie lebt gar nicht dort. Nein, ganz und gar nicht, und hat es auch nicht vor. Sie hat ein zweites Studium angefangen in Budapest. Psychologie.

Und deine Schwester? Wie geht es ihr?

Sie lässt nicht erkennen, dass sie wüsste, dass ich ihre Schwester gar nicht persönlich kenne. Sie sagt: Gut. Sie macht demnächst Abitur.

Als sie sich wieder ihren Freunden zuwendet, ich also für einen Moment unbeobachtet bin, verschwinde ich.

Ich nehme den Bus zurück ins Dorf, ziehe mich in das hintere Zimmer zurück, sehe mir etwas auf DVD an und bin, zumindest, was die Faria-Sache anbelangt, endlich einigermaßen zur Ruhe gekommen. Das versorgt mich mit genügend Kraft, zu Silvester nach Budapest zu fahren. Die Familie gibt sich überrascht. Zu wem ich denn führe, jetzt, da es G. nicht mehr gibt. Es ist noch zu früh, um darüber zu reden, sage ich mit all meiner Erfahrung.

Veronika, die neue Untermieterin, hat mir erlaubt, bei ihr, in meiner Wohnung zu übernachten. Sie ist überraschend anders als ihre Vorgängerin, die Jacqueline hieß und schwarz umränderte Augen hatte. Ein kläräugiges Mädchen mit einem braunen Zopf. Studiert Latein und Englisch. Sie geht zu Silvester nicht aus. Es kommen zwei Freunde, und wir spielen zu viert Brettspiele. Bei Scrabble gewinne ich haushoch, es ist nicht anders möglich. Sie schauen mich bewundernd an. Ich bin fast 10 Jahre älter als sie, habe einen Doktortitel, forsche in London, und bin gut in Scrabble. Für einen Abend kann das reichen.

Am Ende schlafen wir alle, drei Frauen, ein Mann, dicht an dicht in der Einzimmerwohnung. In London darf ich bis Ende Februar bleiben. Ich habe beschlossen, mir einen Job in einem Coffeeshop zu suchen, bis ich das nächste Stipendium antreten kann. Das werde ich abwechselnd solange machen, wie es geht, oder mir einfällt, was ich sonst tun könnte. Andererseits, jetzt, wo ich so neben Veronika liege... Ich schlafe nicht richtig, ich verbringe die Zeit mit Träumen. Wie es wäre, wenn wir hier zusammen wohnten. 10 Jahre Altersunterschied sind in unserem Alter nicht wenig, aber noch im Rahmen. Sie könnte oben auf der Galerie schlafen und ich unten oder umgekehrt.

Als allerdings die anderen am nächsten Morgen aufwachen, sind sie zwar immer noch sehr freundlich, trotzdem ist klar, dass ich störe. Ich akzeptiere das und gehe. Ich fahre zurück aufs Dorf und hole meine restlichen Sachen. Die Familie bietet mir an, mich mit dem Auto zum Flughafen zu fahren. Ich sage, nicht nötig, ich nehme den Bus.

Die Gepard-Frage

Sachverhalt:

Der Ordnungsdienst der kreisfreien Stadt M. bemerkte am 10.05. dieses Jahres in einem locker mit Einfamilienhäusern bebauten Wohngebiet im Garten des Herrn W. einen ausgewachsenen Geparden. Als die städtischen Bediensteten Herrn W. aufsuchten, teilte dieser ihnen mit, dass er allein lebe, Invalidenrentner sei und das Tier handaufgezogen habe. Es handele sich dabei um ein Weibchen, welches mittlerweile vier Jahre alt und völlig zahm sei.

Am 12.05. dieses Jahres erfuhr das Ordnungsamt, dass der Gepard über den 1,80 m hohen Gartenzaun gesprungen sei und den 22jährigen Maurer Bruno S. mit einem Biss verletzt habe. Dieser habe Zeugenaussagen zufolge das Tier zuvor durch Steinwürfe bzw. Stockstiche durch die Maschen des Zaunes gereizt. Mitarbeitern des Städtischen Tierheimes gelang es ohne Probleme, sich des Tieres zu bemächtigen und es vorläufig sicherzustellen, da der Halter, Herr W., nicht zu Hause war.

Aufgabe: Wenden Sie die notwendigen Verfahren an!

Für die Prüfung standen vier Stunden zur Verfügung, Erasmus Haas brauchte nur drei, und auch davon saß er die letzte halbe Stunde nur herum. Er bekam seinen Ausweis und sein Handy wieder. Er ließ es ausgeschaltet. Er machte keine Umwege, er ging gleich zur Haltestelle der Straßenbahn und nahm die alte Drei zur Insel hinüber. Nach wochenlangen Regenfällen war der Fluss so angeschwollen, dass es aussah, als machte er einen Katzenbuckel unter der Brücke. Durch die Geländestäbe der Brücke betrachtet, sah das Wasser so braun aus wie früher, als es noch tot war.

Auf der Insel ist alles noch ein Stück feuchter als in der Stadt. Erasmus Haas wohnt im vierten Stock, trotzdem hat er oft das Gefühl, der Fluss steigt gleich durchs Fenster. Wasserstraße 4. Kein Witz. Die Kohlen werden in Kisten im Innenhof gelagert, ein Keller macht hier wenig Sinn. Aber nun wird es sowieso bald Sommer. Vorerst regnete es noch, ein November im Juni, aber auch das würde vorbeigehen und für die nächsten fünf Tage war das Wetter sowieso ohne Belang. Diese fünf Tage zwischen Ende des Semesters und Beginn der sommerlichen Freiwilligenarbeit wird Erasmus Haas zu Hause verbringen, in seinem einzigen Zimmer, in Gesellschaft seines Tisches, seines Fensters, seines Kaktus', seines Regals, seiner Matratze, seines Ofens und seiner Vorräte. Speisen und Getränke für fünf Tage. Er wird keinen Fuß auf das rutschige Pflaster setzen müssen. Offiziell war er verreist, auf Freundschaftsbesuch, die Nummer des ausgeschalteten Handys kannte ohnehin nur eine Handvoll Personen, und jeder von denen konnte warten.

Bier und Wein für den Durst, Wasser gegen das Austrocknen. Es war der Zwölfte des Monats, also begann er mit dem Zählen in der linken oberen Ecke und nahm, dem Uhrzeigersinn folgend, die zwölfte Flasche aus dem ersten Kasten. Ein dunkles Alt, na bitte.

Er stellte sich vor den Badezimmerspiegel und sah sich beim Trinken zu. Braune Flasche, rosa Kopf und Hals, weißes Hemd, geöffnet, am unteren Blickrand der rosa Bauch, der sich schluckweise zwischen den Hemdhälften bewegte. Mein Körper, meine Burg, meine wehenden Vorhänge. Sämtliche Behaarung auf dem Körper von derselben Farbe: rotblond. Auf dem Kopf drei Millimeter, im Gesicht (noch) null, der Rest: wie Gott es schuf. Er bleckte die Zähne: gelblich. Eckzahn maskulin. Der eine. Der andere fehlt. Ein Mann, was schöner ist als ein Aff, ist ein Luxus, wie meine Mutter zu sagen pflegt. In der freien Wildbahn kommt es selten vor, dass einer einen Zahn verliert. Nur Haustieren werden Zähne gezogen. Und Tieren im Zoo.

Apropos Zoo. Diese Prüfung heute. Thema für Verwaltungsangestelltenanwärter am Ende des zweiten Jahres: die Gepard-Frage. Nach »das Kind als Schaden« und dem »Kranzgeld« nun die Frage nach dem Tier. Und das mir. Erasmus Haas, ehemaliger Großkatzenpfleger. Bei der Ausbildung zählen mitgebrachte Kompetenzen rein theoretisch. Zentral sind die mittlere Reife und das Führungszeugnis.

Das Hemd roch nach Neonlicht und klecksendem Kugelschreiber. Er zog es aus. Das erste Bier war alle, er holte sich ein zweites.

Musterlösung:
Sehr geehrter Herr W.,
da der von Ihnen ohne Erlaubnis gehaltene weibliche Gepard eine Gefahr für die öffentliche Sicherheit und Ordnung i. S. des
§ 3 des Gesetzes über die öffentliche Sicherheit und Ordnung des

Landes S-A. (SOG LSA) in der Fassung der Bekanntmachung vom 01. 01. 1996 (GVBl. LSA S.2) darstellt, verfügt die kreisfreie Stadt M. auf Grundlage des § 13 SOG LSA:

Das Tier bis zum …

entweder a) einschläfern zu lassen

oder b) im Zoologischen Garten der Stadt M. unterzubringen, damit das Schutzgut des menschlichen Lebens bzw. der Gesundheit nicht mehr gefährdet ist.

Der Zoologische Garten der Stadt M. Das waren vielleicht Jahre. Jaguar, Zebra, Nerz, Mandrill, Maikäfer, Ponny, Muli, na, und so weiter. Bis Zehenbär. Wie sich das Galgenkind und der Tierpfleger die Monatsnamen merken. Den Zehenbär als solchen gibt es nicht, aber zu Erasmus' Zeiten im Zoo gab es zwei Braunbären, die waren ein echtes Liebespaar und ein Publikumsmagnet. Braunbärliebe. Paarungszeit Mai bis Juni. Gepardenweibchen hingegen sind nur alle 2 bis 3 Jahre für etwa 6 Tage paarungsbereit und zudem so wählerisch, dass eine natürliche Befruchtung in Gefangenschaft zu versuchen keinen Sinn macht und auch eine künstliche nur unter günstigen Bedingungen klappt. Zum Beispiel dürfen keine Löwen in der Nähe untergebracht sein, das macht sie zu nervös. Der Zoologische Garten der Stadt M. hatte zwar anno keine Löwen, trotzdem klappte es nicht. Solange Erasmus dort war, bekam nur die schwarze Pantherin Jungen, zwei Weibchen und ein Männchen, zur Freude aller. (Einmal habe ich ein in Folie eingeschweißtes Bärensteak gesehen. Aber wann und wo? Ich weiß es nicht mehr. Vielleicht habe ich es auch nur geträumt. Das ist nun auch schon eine Ewigkeit her.)

Er verspürte Hunger, aber zuerst musste der Blasendruck reguliert werden. Die ersten zwei Biere waren schnell durchgelaufen. Er konnte bis neunzig zählen, bevor der Urinstrahl endgültig verebbte. Er sah durch das Badfenster in den Himmel, bedeckt bis Sprühregen, davor die Antennenkreuze des Vorderhauses. Dahinter, unsichtbar, der Fluss. Die Wasserstraße. An eine Stange unbekannter Funktion hatte jemand einen blauen Fetzen gebunden. Er hing durchnässt herunter und sah auch sonst schon ziemlich verwittert aus, aber davor war es vielleicht eine Fahne. Ob derjenige, der sie gehisst hat, noch im Vorderhaus wohnt?

Vom Vorderhaus aus kann man die alte Anlegestelle der Fähre sehen. Sie hatte ihre Tätigkeit zur gleichen Zeit eingestellt, als Erasmus Haas nach seiner Scheidung auf die Insel zog, also vor einem Jahr. Dafür gab es neuerdings wieder Ausflugsschiffe, die hielten allerdings nicht hier, sondern drüben, auf der Seite der Innenstadt. Auf dem alten Anlegesteg der Fähre hat jemand eine Sitzbank aufgestellt, eine hässliche, weiße Plastiksitzbank. Man braucht eine Genehmigung, um eine Bank auf öffentlichem Grund aufzustellen, und eine von dieser Machart würde niemals genehmigt. Ein Wunder, dass sie noch nicht weggeweht oder von jemandem ins Wasser geschmissen worden ist. Erasmus setzte sich dort nie hin, er blieb nur manchmal daneben stehen und sah aufs Wasser. Gelegentlich dachte er daran, einmal mit dem Ausflugsschiff zu fahren, aber bis jetzt war es noch nicht dazu gekommen. Dafür rief ihm einmal ein Mann, der in einem Kahn an der alten Fähranlegestelle vorbeitrieb, während er da neben der Bank stand, zu: Na, willst mitkommen? Er schüttelte den Kopf, der

Mann steuerte den Kahn weiter flussabwärts, Richtung Kaffee-rösterei, wo auch die Ausflugsschiffe wenden. Manchmal gibt es Windstellungen, da scheint der ganze Fluss nach Kaffee zu riechen, wenn man allerdings nah an die Fabrik heranfährt, riecht es eher nach Ruß.

Als Kind liebte er das, diesen braunen Geruch, er liebte auch den Dieselgeruch der Fähre, er sah darin ein Zeichen des Fort-schritts, wie auch in den pastellfarbenen, perfekt kugelförmigen Körnern des künstlichen Düngers, der auf den Feldern lag. Den Fortschritt kann man nicht aufhalten, es wird fortgeschritten, immer bereit, immer fort. Später, als Teenager, war zu Him-melfahrt natürlich immer Regen, sie standen auf der Brücke und versuchten, in den Fluss zu pissen. Das ist gar nicht so ein-fach. Mit der einen Hand hielt er sich an seinem Kumpel fest, sein Strahl über dem dunklen Fluss war ein goldhelles Elixier, und er dachte, damit werde ich ihn reinigen, die Brühe, wenn meine Alchimistennieren nur genügend Gold aus Korn destil-lieren könnten. Alles war klitschnass, die Jeans, die Jeansjacke, die damals noch auf die Schulter fallenden rotblonden Locken. Was soll nur aus euch werden, Jungs? Ich werde der Flusspisser. Ich werde das alles *desinfektiieren*, ja, halt mich, halt mich an der Gürtelschlaufe, ich erkläre mich hiermit zum neuen Brü-ckenheiligen! Hier riss die Gürtelschlaufe, aber zum Glück fiel er nicht hinunter, er musste sich nur für eine Weile hinsetzen auf dem nassen, öligen Pflaster und johlen.

Das befriedigende Plingpling, wenn der Keramikgriff am Ende der Spülkastenleine auf die Fliesen trifft. Das Verprickeln der Bläschen am Rande des zum Stillstand gekommenen Was-sers, durchsichtig im braunen Abfluss. Eigentlich hätte er jetzt

Zeit gehabt, das Klo zu putzen. Später. Er holte sich ein drittes Bier.

Es ist sicher nicht das Vernünftigste, das sich ein Mensch vornehmen kann, aber Erasmus Haas war schon sehr lange nicht so betrunken gewesen, wie er es gerne gewesen wäre. Zuletzt letzten Sommer und das sogar öffentlich, aber das sah man ihm nach, er war gerade sitzen gelassen worden, was soll ein Mann da sonst machen, aber seitdem nicht wieder, nicht so, und davor auch schon ein Jahr lang nicht. Suchtkranke, auch Alkoholiker, sind nicht nur zur Pflege potenziell gefährlicher Tiere ungeeignet, sie sind auch von Ausbildungsmaßnahmen für zukünftige Beamte ausgeschlossen. Im Grunde hielt er schon seit zwei Jahren die Luft an, und deswegen fiel ihm, als er darüber nachdachte, was er in diesen fünf Tagen, in denen er unbeobachtet war, tun könnte, einzig und allein und zwingend nur ein, dass er sich eine oder zwei Kisten Bier kaufen würde, dazu ein halbes Dutzend Flaschen Wein und eine Kiste Wasser, und dann würde er die nächsten fünf Tage damit tun, was er auch immer wollte. Ihr kriegt mich nicht, ich werde jetzt fünf Tage in meiner eigentlichen Heimat verbringen: im Saufen und im Fernsehen.

(Wie fängt es an? Unspektakulär. Mit 14 das erste Mal und dann nicht wieder aufhören können. Es ist kein Sonderzustand, es ist der, der sich am natürlichsten anfühlt. Trinken, trunken werden.

Gefährliche Tiere im Sinne des §2 Satz 1 sind:
folgende Großkatzen:
Löwe (Panthera leo)

Tiger (Panthera tigris)

Leopard oder Panther (Panthera pardus)

Schneeleopard (Panthera uncia)

Jaguar (Panthera onca)

Puma (Felis concolor)

Luchs (Lynx, alle Arten)

Serval (Felis serval)

Gepard (Acinonyx jubatus)

Auch Spinnen, Schlangen und Bären. Seine Exfrau nannte ihn »Bär«. Aber egal.)

Wer vor dem Fernseher trinkt, der isst auch dort. Im Kühlschrank war frisch gekaufter alter Gouda. Er wusch sich sorgfältig die Hände und schnitt den Käse in hauchdünne Scheiben. Dazu eine Scheibe haltbaren Mischbrotes, bestrichen mit salziger Butter. Er arrangierte alles auf zwei Holzbrettern und ging wieder zu den Getränkevorräten im Wohnzimmer. Tafelwein, rot, mit Kronkorken. Wir trinken ihn nicht wegen des Geschmacks, sondern wegen der Erinnerung. Ihm lief der Speichel im Mund zusammen. Käse und Wein.

Er hatte natürlich auch einen Flaschenöffner, aber um stilvoll (d. h. »wie früher«) zu schwelgen, hakte er den Kronkorken lieber in den metallbeschlagenen Rand des Ofens ein und schlug mit der flachen Hand drauf. Es ging schwer. Es ging gar nicht. Wollte nicht. Er schlug mit schmerzendem Handballen wieder zu. Zweimal, dreimal, na, was ist denn los, der Schmerz schlug zurück bis in die Schulter, die Brust, so ein Mist, na, noch einmal. Er prügelte auf den Korken ein. Ein Knirschen, dann riss der Korken endlich ab, zusammen mit einem Stück des Flaschenhalses, und gleichzeitig auch etwas anderes: in seinem Körper, irgendwo in der Mitte, wo es weich ist, im Bauch, plötzlich dieses Gefühl: es platzt gerade etwas auf. Hoch, bis in den Mund. Langsam, so dass er jede Sequenz seines Fallens sehen konnte, im Wechsel das dumpfe Glitzern des Metalls, das ledrige, weiße Innenfutter und den grünen Pfeil des am Rande festklemmenden Glassplitters, kam der Korken auf dem Sockel des Ofens auf.

Ach du Schfsz… hob er an, aber statt Worten sprudelte etwas anderes, Flüssiges aus ihm heraus, körperwarm auf seine Hand, röter als Wein. Es spritzte gegen den Ofen, klatschte auf den Sockel. Er sah noch, wie der Kronkorken hochsprang, als ihn der nächste Blutschwall traf, dann war Dunkel.

Die Dielen sind dunkel. Er hatte sie mit Fußbodenfarbe gestrichen. Er hätte sie abschleifen sollen, aber er hatte keine Lust, die Schleifmaschine vier Etagen hochzuschleppen. Dunkelbraune Fußbodenfarbe. Den mehligen Zwischenraum zwischen zwei Dielen konnte sie nicht einfärben. Genau dort lag nun seine Nasenspitze. Die kleinen Splitter an den Rändern der Bretter berührten seine Augenbrauen. Wie lange war er ohnmächtig gewesen? Seine Wange lag sehr fest auf der Diele auf. Wange an Wange, alte Aknehaut. Hier in Rosa, da in Dunkelbraun. Alles andere war dunkelrot.

Die Flasche war hinuntergefallen, aber offenbar nicht zerbrochen, er konnte sie sehen. Ihr Inhalt war natürlich bis auf einen kleinen Rest ausgelaufen. Rotwein und Blut auf den Dielen, Schweiß und Blut an seinem Kinn, der Brust, dem Bauch, und wer weiß noch, wo, soweit konnte er nicht sehen. Er schloss die Augen wieder.

Als er wieder zu sich kam, war die Oberfläche des Blutfilms ge-
stockt. Dahinter sah er den Rand der Kiste mit den Wasserflaschen. Wasser trinken. Das ist sicher gut.

Er bewegte eine Hand, dann die andere. Es gelang ihm, sie
bis neben seine Schultern zu bringen. Liegestützen waren noch
nie meine Stärke. Mit zitternden Ellbogen stemmte er den
Bauch einen Zentimeter über die Dielen. Jesus. Der Schmerz
war heftig, brennend, schneidend, alles zugleich, und als er die
Spannung herausnahm, um sich wieder auf dem Boden abzule-
gen, fühlte es sich an, als würde er aus mehreren Metern Höhe
abstürzen. Abbremsen, nicht zu Tode kommen, den Schmerz
mindern, aber wie. Er schnappte nach Luft. Sein Mund füllte
sich mit Flüssigkeit, er legte seine Wange so vorsichtig, wie
er konnte, ab und öffnete sanft die Lippen. Das auslaufende
Blut füllte die Rillen, ein paar Tropfen rollten durch den hellen
Staub und blieben liegen: Schokokügelchen in Puderzucker. Er
zwang sich, die Augen nicht noch einmal zu schließen. Sah sich
die bestäubten Kügelchen an. Wenn er den Fokus verlor, richtete er ihn neu ein.

Beim zweiten Versuch stellte er es schlauer an. Er rollte sich
auf die Seite und manövrierte sich so ins Sitzen. Er schob sich
auf dem Hosenboden vorwärts, bis er die Kiste erreichte. Eine
Flasche aus einem Kasten ziehen, einen Schraubverschluss öffnen, ohne viel Bauchmuskeln einzusetzen, nur mit den kleb-
rigen Händen, ist nicht gerade einfach. Dass es vielleicht gar
nicht gehen würde, dachte er, dass er sich doch weiterschie-
ben müsste bis ins Bad, aber da war die Flasche schon auf. Es
war Sprudelwasser, es spritzte ihm ins Gesicht. Er verrieb es.

Die Spannung aus dem getrockneten Blutfilm am Kinn nehmen. Er wusch auch die trocken gewordenen Lippenränder mit dem Zeigefinger. An der Fingerkuppe sammelten sich geronnene Partikel in brauner Flüssigkeit. Türkischer Kaffee, auch das war früher. Er setzte die Flasche an den Mund, aber das Blubberwasser war unangenehm, er nahm nur einen Schluck davon in den Mund, spülte und spuckte aus. Der Schmerz im Magen war nicht mehr so überwältigend wie vor der letzten Ohnmacht, aber beträchtlich größer als alles, woran er sich erinnern konnte. Das ist zweifellos ein Magenblutsturz. Er sah sich die Pfütze auf den Dielen an. Wie viel davon ist Wein, wie viel davon ist Blut, ist das schon so viel Blut, dass man sich zu erkennen geben muss, oder ist das hier auch ohne fremde Hilfe zu überleben? Vier Tage, fünf Nächte. Das ausgeschaltete Telefon war noch in der Jackentasche, die Jacke hing im Flur. Sehr weit weg, aber mit etwas Ausdauer könnte man es bis dorthin schaffen. Eine Notfalltaste in Griffweite haben, nur für den Fall der Fälle. Es gibt die ärztliche Schweigepflicht, und die Eltern würden ihn auch nicht verraten, dennoch. Das Telefon einzuschalten, hätte sich angefühlt, wie eine zu früh eingestandene Niederlage. Dann lieber sich der Gnade des Schicksals überlassen. Wenn so, dann eben so. Wenn ich hier verbluten soll, dann sei es so.

Saß da, inmitten des Zimmers. Sich irgendwo anlehnen wäre schon gut. Er schob sich bis zur Wand vor, drehte sich umständlich um und legte Rücken und Hinterkopf behutsam auf der rauen Tapete ab.

Aus diesem Winkel verdeckte der Tisch einen Teil des Fensters. Er schaute drüber hinweg. Im hellgrauen Fensterausschnitt die Umrisse eines Flaschenhalses. Der Finnlandia von heute früh. Es war noch eine Handbreit drin. Bei Magenschmerzen soll man Hochprozentiges trinken. Und bei Zahnschmerzen. Aspirin mit Wodka. Den Zahn spülen damit. Als seine Exfrau noch seine Freundin war, flößte er ihr einmal in einem Einkaufszentrum Aspirin mit Wodka ein, um sie von ihren Schmerzen zu befreien. Die Erinnerung machte ihn für einen Moment glücklich. Als wäre es noch so. Als könnte ich mit solchen Aktionen noch der Held sein. Als könnte man danach gut gelaunt nach Hause gehen und sogar Sex haben. Später kamen die Schmerzen allerdings wieder, und er musste sie doch noch zum Zahnarzt bringen, wo man ihn ruppig behandelte, dabei konnte man doch gar nicht wissen, ob und was er verbrochen hatte, also waren sie vielleicht einfach nur so ruppig. Vergiss den verdammten Wodka und versuche, ins Bad zu kommen, wo es richtiges Wasser gibt – und hier glitt er wieder weg.

Als er die Augen wieder öffnete, sah ihn jemand an. Riesige, grüne Augen, die direkt in seine blickten. Diese Augen gehörten zu keinem Menschen, sie gehörten zu einem Tier. Es stand über ihm, riesig, und sah ihn an. Ein Katzengesicht. Aber riesig. Eine Großkatze. Scheinbar unbewegt, aber er kannte das. Jede Faser ist unter Spannung. Wenn ich mich jetzt bewege, zerreißt sie mich?

Er wusste, das konnte nicht sein. Es konnte kein Gepard in seinem Wohnzimmer sein. Logisch denken. Das ist eine Halluzination. Wenn er sich bewegte, verschwände sie. Oder nicht. Sein Herz pochte. Als Tierpfleger darfst du nie vergessen, Angst zu haben. Mann in seinem Wohnzimmer von Raubkatze zerrissen. Das Ordnungsamt greift ein. Denk, was logisch ist. Er versuchte, die Augen zu bewegen, ohne dass es das Gegenüber merkte.

Es war, natürlich, alles ganz banal. Er konnte sich nicht erinnern wie, aber er hatte sich wohl doch von der Wand wegbewegt und versucht, ins Bad zu gelangen, war dann aber unterwegs liegen geblieben, direkt unterhalb des verdammten Katzenkalenders. Sein Weihnachtsgeschenk mütterlicherseits. Cats. Zwölf moderne Hauskatzen. Die Katze des Monats ist die Felis bengalis. Eine Großaufnahme der Schnauze, so nah, dass die Ohren und die Spitzen der Schnurrhaare gar nicht mehr aufs Bild passen. Nur die Augen und die Zeichnung auf der Nase. Die Bengalkatze hat den Blick eines Jägers und die Zeichnung eines Leoparden. Der Leopard ist ein naher Verwandter des Geparden. Da hast du's. Alles hängt zusammen. Nur eine Frage der Perspektive. Ein ganz unfassbar gedankenloses Geschenk der eigenen Mutter, denn dass Absicht dahintersteckte, kann man sich weder nüchtern noch betrunken vorstellen.

Die Frau, die er bis vor einem Jahr liebte, liebte ihrerseits Katzen, wie sie sagte »über alles«. (Das junge Glück. Er Tierpfleger, sie Krippenerzieherin. Wo bleibt denn das junge Glück?, fragte seine Mutter auf einem Familienfest, und alle lachten.) Er seinerseits sagte, sie müsste doch eigentlich verstehen, warum jemand, der im Zoo arbeitet, keine Haustiere mag.

Die Lebenserwartung der Wohnungskatze ist fünfmal höher als die ihrer freilaufenden Artgenossen! Sie hielt ihm triumphierend das Lexikon unter die Nase.

Das ist eine irrelevante Wahrheit, sagte er.

Darüber wurde sie wütend, sie verbat sich seine Überheblichkeit und bezichtigte ihn außerdem des Egoismus, der Verstocktheit und der mangelnden Liebe zu ihr, aber deswegen ließ sie sich nicht scheiden. Sie blieb sogar bei ihm, als er ein Jahr lang jeden Tag betrunken war, aber ausgerechnet, als er dem abschwor und ihr und seinen Eltern zuliebe diese unfassbar öde Ausbildung anfing, verließ sie ihn doch. Es ist einfach zu spät, sagte sie. Ich liebe dich nicht mehr. Sie nahm die Matratze aus ihrer Hälfte des Ehebetts mit und legte sich gleich in der ersten Woche nach ihrem Auszug zwei Katzen zu.

Er schaffte es ins Badezimmer, er schaffte es, in die Badewanne zu steigen. Kohleofen, im Bad nicht einmal das, aber eine Wanne. Der Vormieter hatte sie eingebaut. Eine alte, mit Füßen. Da es keinen Abfluss dafür gab, hatte er die Abpumpvorrichtung einer elektrischen Dusche unten angebaut. Den Schlauch hängt man ins Waschbecken. Der Vormieter hatte all das für eine Frau getan, natürlich.

Er schaffte es, sich abzuduschen. Abgesehen von gelegentlichem leichten Schwindel, war es angenehm. Er duschte sich auch in den Mund, auch das war gut. Die Zähne gründlich spülen. Hinunterschlucken mochte er aber auch von diesem Wasser nichts. Wer weiß, ob der metallische Geschmack wirklich von den alten Rohren kam oder etwas mit den Vorgängen in seinem Inneren zu tun hatte, aber sicher ist sicher. Dass ich mir um so etwas Gedanken mache, zeigt mir, dass es mir nicht wirklich egal ist, ob ich hier nun sterbe oder nicht.

(Einmal, ein einziges Mal, waren auch Halluzinogene mit im Spiel. Hawaiischer Salbei oder so ähnlich. Kniete 7 Stunden lang vor der Kloschüssel und betete: Bitte, lass mich nicht im

Scheißhaus sterben. Man würde denken, so etwas kuriert einen. Aber Alkohol ist anders, ganz anders.)

Die verschmutzte Kleidung konnte er nicht wieder anziehen, zu neuer war der Weg vorerst zu weit. Er setzte sich wieder neben den Wasserkasten und öffnete mit pochender Seite sämtliche Wasserflaschen, damit die Kohlensäure entweichen konnte. Das schöne Geräusch, wenn die Bläschen platzen. Einige schafften es bis zu seinem Gesicht hoch. Ihr sanftes Sticheln. Als würden sie einem sagen: Sei ganz ruhig, du lebst noch. Man solle sich endlich damit abfinden, dass die Welt der Körper aufhöre zu existieren, hatte er neulich irgendwo gelesen, und als er das las, leuchtete es ihm auch völlig ein. Jetzt lehnte er nackt an der Wand zwischen Wohnzimmer und Bad und dachte daran. Fünf Tage, vier Nächte. Er fröstelte.

Zum Kleiderschrank schaffte er es nicht, aber bis zum Bett konnte er sich vorschieben. Das heißt, bis zur Matratze, die er seinerseits aus dem gemeinsamen Bettgestell gezogen hatte. Das Bett und den Rest der Möbel verkaufte er und teilte die Einnahmen gerecht mit ihr. Danke, sagte sie.

Er hievte sich auf die Matratze und zog die Decke über sich. Sein Kopf sank durch das Kissen, hielt aber an, bevor ihm schwindlig geworden wäre. Jetzt blickte er nicht mehr in Katzenaugen, dafür auf die Unterseite eines Regalbretts. Was habe ich mir nur dabei gedacht? Ein Hängeregal über dem Kopfende des Bettes? Das Regal war zwar an der Wand festgeschraubt, trotzdem. Lauter dicke Schmöker darin, noch aus der Schulzeit. Lexika, Atlanten, ein Buch mit vielen Abbildungen über Flugpioniere. Sechs Bände Brehm: Thierwelt, sowie das einbändige Medizinische Lexikon mit Darstellungen der Fortpflanzungsorgane und Fotos von Geschlechtskrankheiten und siamesischen Zwillingen. Blutsturz ist Hämorraghie. Bei Lungen- und Leber- wäre er vermutlich schon tot. Es kann nur der Magen sein. Wenn wir Glück haben, nur ein Geschwür. Das Telefon wäre doch gut. Und wirklich trinken, nicht nur Flaschen öffnen und dann stehen lassen.

Aber, natürlich, wieder nichts davon. Die Matratze sog ihn ein, er bewegte sich nicht, dennoch schaukelte sie leicht mit ihm, das verursachte ein wenig Übelkeit. Vorher lieber einschlafen. Die Fenster sind undicht, das ist gut. Der Luftzug, der über das Gesicht streicht.

Er träumte davon, wie sein Körper in der Matratze lag. Er konzentrierte sich auf seine Umrisse, um nicht an die Mitte denken zu müssen. Nicht in sich hineinhorchen, lieber außen rum gehen, die Fingerspitzen, die Zehenspitzen, die Nasenspitze, der Luftzug, der gute Luftzug. Er träumte, dass das Fenster ganz offen stand, weil der Sommer endlich wirklich da war, aber dann merkte er, dass gar nicht das Fenster auf war, sondern das Dach fehlte und über ihm der Himmel war, und sein Herz schlug höher vor Freude. So glücklich war ich zuletzt, als ich das erste Mal auf einem Dach lag, auf der Dachpappe, eine geschmolzene Riesenkerze neben und Himmel und Schwalben über mir. Das Haus, das erste, in dem wir als Paar lebten, war so marode, dass alles darin erzitterte, wenn die Straßenbahn draußen vorbeifuhr, von LKWs ganz zu schweigen. Auch dieses Zittern kam jetzt in den Traum, originalgetreu, mit dem Knacken von Holz, dem Klirren von Glas, dem Klimpern von Metallen, darunter kam ein Dröhnen hervor, was war das? Für einen Moment meinte er, er läge gar nicht mehr in seinem Haus, sondern auf der Brücke, mit seiner Matratze auf der Brücke, aber als stünde er gleichzeitig auch und hielte sich am Geländer fest, weil die Brücke wie verrückt wackelt. Jetzt sah er auch den Fluss, da war er tatsächlich, unter ihm, als könnte er sich aus seiner Wohnung heraus darüberbeugen, man musste nur vorsichtig sein und nicht über das Geländer stürzen, dass es da statt einer vierten Wand gab. Er beugte sich vorsichtig vor, um das Wasser zu sehen, das war jetzt seine Aufgabe, zu sehen, was das Wasser machte, und da kam sie auch direkt auf ihn zu: eine Wolke aus Zittern, die sich über die Oberfläche ausbreitete, und das war nun gruseliger als erwartet, er riss mit einem erschrockenen Einatmen den Kopf nach oben und erschrak noch mehr, denn über ihm war plötzlich nicht mehr der Himmel, sondern eine dunkle Zimmerdecke: stürzt sie gerade auf mich ein?

Er fuhr hoch, sein Bauch erlaubte es ihm. Er atmete sich wieder ein.

Sehr geehrte Damen und Herren,
hiermit lege ich gegen Ihre Verfügung Widerspruch ein und gebe zu bedenken, dass die Gepardin meine einzige Lebenskameradin darstellt. Ich halte Ihre Verfügung für ermessensfehlerhaft und sehe meine Interessen nicht ausreichend berücksichtigt. Das Tier ist völlig zahm und nicht gefährlicher als ein großer Hund; in vier Jahren gab es keinen einzigen Zwischenfall. Ein Hund wird in vergleichbaren Fällen auch nicht sofort getötet oder weggenommen. Ich bitte Sie daher, mir das Tier zu lassen.
Mit freundlichen Grüßen
W.

Da habe ich mir vielleicht etwas eingehandelt. Verwaltungsangestelltenanwärter. Führungszeugnis. Musterlösung. Flusspisser ist schließlich kein Beruf. Tierpfleger ist einer, er ist sowohl begehrt, weil mit romantischen Vorstellungen verbunden, als auch nicht, weil anstrengend, schmutzig, gefährlich und schlecht bezahlt, aber hätte er ihn behalten können, wäre es vielleicht nicht so weit gekommen. Erasmus Haas' Exfrau hatte die Erziehung von Krippenkindern aufgegeben, um ihren Traum eines eigenen Kosmetiksalons zu verwirklichen, und auch er sollte etwas aus sich machen. Die Chance auf Verbeamtung sollte niemand leichtfertig ausschlagen. Abwassergebühren für die Stadt einzusammeln, ist alles andere als eine Schande. Aber da war es bekanntlich schon längst zu spät. Wenn dich eine Frau nicht mehr liebt, ist mit lallender Zunge das Nasobēm zu zitieren nicht mehr amüsant, sondern nur mehr jämmerlich. Wenn schon, dann zieh das jetzt auch durch, sagte seine Mutter. Was kann es schaden.

Durch das geschlossene Fenster waren Rufe und das Heulen von Sirenen zu hören. Das ist gar nicht hier. Die Stahlbrücke trägt die Geräusche über den Fluss, zu den nackten Steinfassaden der alten Häuser, bis in die Hinterhöfe. Man hört sogar den Pfingstjahrmarkt bis hierher und natürlich die Demos, die immer auch ein kurzes Stück über die Uferpromenade laufen. Aber dass einem davon Farbpartikel von der Zimmerdecke ins Gesicht rieseln, ist doch ein wenig stark.

Er blieb sitzen, das ging jetzt schon ohne Anlehnen, und horchte. Nicht aus Interesse, sondern um sich von seiner eigenen Situation abzulenken. Normalerweise erkennt man es am Rhythmus, wer da wieder das Bedürfnis hat, im Gleichschritt zu gehen. Tammtata-tamm-tamm-tammtata-tamm sind die Nazis. Tamm-Tamm-Tamm sind ihre Gegendemonstranten. Das gab's neulich. Er wollte sich eine Pizza vom Laden jenseits der Brücke holen, aber ausgerechnet dort trafen die beiden Züge aufeinander. Standen da, von Polizisten getrennt, und skandierten einander an. Die Brücke unter seinen Füßen bebte. Irgendwann hatte er genug, ging nach Hause zurück und nahm mit flüssigem Brot vorlieb.

Auf dem Fensterbrett der Finnlandia. Wodka beseitigt den schlechten Geschmack im Mund. Einen Schluck nur. Aber er rührte sich nicht. Er starrte gegen die wellige Fensterscheibe. Jetzt war Glockengeläut dahinter. Ist denn schon Sonntag?

Er machte die Probe, ob er schon aufstehen konnte. Ja, und sogar fast ohne Schmerzen. Nicht mehr, als sonst auch. Nur ein wenig zerschlagen fühlt man sich verständlicherweise. Als wären Horden über einen getrampelt. Im Spiegel sieht man ihre Spuren noch. Es gibt Suchtkranke, die wundern sich, wenn sie erfahren, dass man ihnen ihren Zustand ansieht. Und andere, die sich wundern, warum es ihnen keiner ansieht. Er dachte an seine Eltern und ging jetzt endlich in den Flur, um sich das Telefon zu holen.

Es waren fünf Anrufe und eine Sprachnachricht verzeichnet, alle von seiner Mutter.

Wollte nur wissen, ob bei euch auch Erdbeben ist oder nicht. Hier ist Erdbeben, aber wir sind OK.

Davon wurde er nun schlagartig wach. Hinaus, hinaus, es sich ansehen, auf die Brücke gehen und es sich ansehen, wahrscheinlich ist gar nichts zu sehen, aber vielleicht doch, aber als er sich umwandte, um sich schnell etwas überzuziehen, sah er wieder den großen Wein- und Blutfleck auf den Dielen und beschloss etwas anderes.

Das Fenster öffnen, um besser zu hören und um den Gestank hinauszulassen. Am schlimmsten hat es immer bei den Wölfen und den Schakalen gerochen. Danach kamen die Katzenartigen. Er zog sich nicht an, wozu, erst hinterher. Er füllte den Plastikeimer vorsichtshalber nur halb mit lauwarmem Wasser. Er fing im Wohnzimmer an und wechselte mehrmals das Wasser, bis alles sauber war. Zuletzt putzte er den Boden zwischen Badewanne, Kloschüssel und Handwaschbecken. Im Luftzug durch das geöffnete Fenster trockneten Dielen und Linoleum sichtbar, und die Wohnung füllte sich mit dem Geruch stark gerösteten Kaffees.

Er brachte alles in Ordnung, er brachte auch sich selbst in Ordnung und ging erst danach hinaus. Einige Nachbarn standen vor dem Haus, mit der guten Laune und der Offenheit, wie man sie nach harmlosen besonderen Ereignissen miteinander teilt. Er wechselte einige Worte mit ihnen, dann ging er, nicht bis zur Brücke, nur bis zum Fähranleger. Die weiße Plastikbank stand noch da wie vorher. Wirklich nur ein klitzekleines Erdbeben war das.

Als Nächstes wusch er die blutverschmierten Sachen und hängte sie über der Wanne auf. Bis sie getrocknet waren, konnte er nicht warten. Auch so kam er mit einem Tag Verspätung bei der Freiwilligenarbeit an. Die nächsten drei Wochen versorgte er Hunde auf einem Gnadenhof. Als er wieder nach Hause kam, war das Ergebnis der Prüfung da. Nicht bestanden.

Das hast du doch absichtlich gemacht, sagte seine Mutter.

Nein, sagte er. Ich meinte das völlig ernst. Und nein, ich möchte, noch einmal, keinen Kaffee. Ich hab's mit dem Magen.

Das ist, weil du soviel säufst, sagte die Mutter.

Was soll's, sagte der Vater, der als ehemaliger Physiklehrer notgedrungen schon hat Leute durchfallen sehen. Wiederholst du's eben.

Ja, sagte Erasmus Haas. Was soll's.

Die abgelehnte Lösung lautete wie folgt:

Die Musterlösung ist ermessensfehlerhaft. Punkt 1 ist aufzuheben.

Zur Begründung: Geparden sind zwar Raubkatzen, nehmen jedoch systematisch eine Sonderstellung zwischen Hunde- und Katzenartigen ein (können z. B. die Krallen nicht einziehen, was alle echten Katzen können.) Gepardenhaltung ist nicht schwieriger als Hundehaltung. In den zwanziger Jahren waren Geparden die Trendschoßtiere der Reichen, ohne dass es zu bemerkenswerten Unfällen kam.

Die Tötung des Tieres kollidiert mit höherrangigem Recht (Washingtoner Artenschutzübereinkommen, Anhang II). Das Tier an den Zoologischen Garten abzugeben, ist so nicht durchführbar. Geparden leben im Familienverbund und lassen sich nach dem jungadulten Alter von ca. 1 Jahr nicht mehr in eine Gruppe integrieren. Erschwerend kommt hinzu, dass es sich um eine Handaufzucht handelt, die nicht Geparden, sondern Menschen als Artgenossen ansieht. Mit beinahe vollständiger Sicher-

heit wäre der Versuch, Herrn W.s Geparden in die Zoogruppe zu integrieren, ein Todesurteil.

Vorschlag: Das Tier verbleibt im Garten des Herrn W. Anzuraten ist allerdings eine Fluchterschwerung, z. B. Spannseile von der Zaunkrone in den Innenraum, oder Erhöhung des Zauns mit Neigung der oberen Zaunkrone nach innen.

Hinsichtlich der Haltungserlaubnis: In Kenntnis der Sachlage, dass ein durch die Erstverfügung bereits verstörter Sonderling sich möglicherweise nur schwer dazu entschließt, das Ordnungsamt aufzusuchen, könnte die Erlaubnis auch von Amts wegen vorgenommen werden.

Das Geschenk oder
Die Göttin der Barmherzigkeit
zieht um

Es ergab sich so, dass der erste Tag, an dem Masahiko Sato nicht mehr zur Arbeit musste, da wirklich alles abgeschlossen war, das Einführen des Nachfolgers, die Verabschiedungen und das Verabschiedetwerden hier und da, das Auf- und Umräumen, und auch seine Frau verreist war, so dass er den Tag tatsächlich und vollständig zu seiner freien Verfügung hatte, dass dieser erste Tag also ein ätzend grauer Novembertag war. Jetzt bist du also Rentner. Vorerst nur dem Namen nach. Ein Rentner ist einer, der seine Routinen nach und abseits des Erwerbslebens hat, der weiß, was, wann, wo. Masahiko Sato aber wusste all das noch nicht. Er war nicht etwa von einem Tag auf den anderen in diese neuen Umstände geraten, er hatte viele Monate (und eigentlich auch schon davor: Jahre) zur Verfügung, in denen er hätte vorplanen können, sich auf die nächste Phase vorbereiten, aber er tat nichts in der Richtung. Dabei hatte er sich nicht eingebildet, er könnte einfach auf Lebenszeit bleiben, auch wenn das für ihn das gewesen wäre, was sich am natürlichsten angefühlt hätte, er trennte sein Leben nicht nach Arbeit und Nichtarbeit (sog. Freizeit), sein Leben war sein Leben. Er wusste: es gibt Angelegenheiten, da wird die Zeit zentral gezählt, und wenn die entsprechenden Zahlen an die Reihe gekommen sind, bestimmt ein Gesetz, was zu tun ist. In Rente gehen, es sei denn, man wäre fachlich nicht zu ersetzen oder es stünde kein geeigneter Kandidat für die Nachfolge zur Verfügung. In diesem Fall dürfte man seine Position maximal weitere 5 Jahre ausfüllen. Aber es gab einen geeigneten Kandidaten, Masahiko Sato war nicht unersetzbar, und wenn das so ist, ist es einfach unschicklich, den Weg zu blockieren. Letzteres von Vera, seiner Frau.

Einen ungefähren Plan hatte er. Dieser war der gleiche, den viele Professoren haben: ein Buch zu schreiben. Eins, das anders war, als die, die er bis dahin geschrieben hatte, Fach- und Sachbücher in seinem Gebiet, der Japanologie. Vorgeblich würde er ein weiteres Fach- oder Sachbuch schreiben, aber außerdem würde er heimlich ein Buch mit kurzen Prosastücken schreiben. Wie als Schüler, wenn man ein Heft über ein anderes legt, um dann hauptsächlich im unteren zu schreiben. Während man im oberen langsam wäre, gerade so weit vorankäme, um nicht in Verdacht zu geraten, käme man unten wesentlich schneller voran oder ebenso langsam oder gar nicht – das lässt sich leider nicht voraussagen. Aber im Moment gab es diese Hefte noch nicht, nicht konkret. Vorerst, bis, sagen wir, Ende des Jahres, wollte Masahiko versuchen, etwas zu tun, was er im Grunde noch nie in seinem Leben getan hatte: die Zeit außerhalb der Arbeit (die Forschung, die Lehre, die Vor- und Nachbereitung der Lehre, die Verwaltung etc.) nicht mehr mit anderer Arbeit (weiter forschen, schreiben) aufzufüllen, sondern mit, wie soll ich es nennen: Alltag. Dinge tun, die Leute tun, die nicht permanent arbeiten. Wenn es einen geeigneten Zeitpunkt dafür geben konnte, dann war er zweifellos jetzt.

Zum Beispiel könnte man sich etwas mehr um den Haushalt kümmern. Sich etwas aussuchen, das man gerne täte, oder, wenn sich so etwas nicht finden ließe, der Fairness halber trotzdem einen Teil der Lästigkeiten auf sich nehmen, jetzt, wo man mehr Zeit hat. Zum Beispiel könnte man den am meisten Zeit raubenden Teil, das Herbeischaffen der Mahlzeiten übernehmen. In der Vollendung würde das so aussehen, dass Vera ungestört in ihrem Zimmer säße und aus dem Japanischen, dem Tschechischen oder dem Portugiesischen übersetzte, und wenn sie gegen halb eins Hunger verspürte und in die Küche käme, hätte er etwas zubereitet, vorzugsweise eine Suppe, das ist leicht.

Nun ist es so, dass Masahiko Sato keine Suppen kochen kann, weder leichte noch schwere, er kann auch kein Sushi machen, jedenfalls keins, das ihm selbst schmeckte, aber wovon reden wir hier eigentlich? Davon, dass, um auch nur irgendetwas in dieser Richtung bewerkstelligen zu können, er sich besser auskennen müsste. Was ist wo bzw. woher besorgen wir es normalerweise? Das eigene Viertel kennenlernen. Und dann noch andere Viertel, mit dem Ziel, sich endlich wenigstens einigermaßen auszukennen in der Stadt, in der er seit einem Vierteljahrhundert lebte, die er aber kaum kannte, weil er es in all diesen Jahren geschafft hatte, jeden Weg zu vermeiden, den er nicht unbedingt gehen musste. (Man hört, es gibt Leute, die produzieren Honig in der Stadt. Einen eigenen Bienenstock haben oder zwei. Das, zum Beispiel, ist eine interessante Vorstellung.)

Er machte sich also auf den Weg, auf seinen ersten Spaziergang, und dann, ebenso wie vormals mit dem November, traf es ihn härter, als er es sich vorgestellt hätte.

Hier, in dieser gesichtslosen Seitenstraße mit Nachkriegsbebauung wohnen wir also. Grau- und Beigetöne mit Smogbelag. Immerhin Bäume, aber jetzt laublos. Mit Blättern, grünen, dann farbigen, sieht es sicher ein wenig freundlicher aus, aber alles in allem fragt man sich doch: warum nur wohnen wir hier? Vielleicht, weil es, wenn man sich nach rechts wendet, nicht weit zu einer großen Straße und dort zu der Station der U-Bahn ist, mit der Masahiko, ohne umzusteigen, zur Arbeit fahren konnte. 28 Minuten, mit den Fußwegen an beiden Enden nicht mehr als 45, und das in einer Großstadt, das ist ein Faktor. Dieses kurze Stück auf der großen Straße bis zur U-Bahn kannte er, wobei er nicht hätte sagen können, was es dort für Geschäfte gab. Er ging dort nie etwas einkaufen, und offenbar hatte er sich auch die Schaufenster nie so angesehen, dass er noch wüsste, was, wo. Er interessierte sich nicht für Waren, außerhalb seines Fachgebiets interessierte er sich ausschließlich für Essen. Dementsprechend kannte er in der eigenen Straße den Bäcker und das japanische Restaurant, in dem sie (er mit Vera oder mit Gästen) regelmäßig essen gingen, und wenn man statt nach rechts zur großen Straße nach links ging und am Ende der Straße wiederum rechts abbog und bis zur nächsten Ecke lief, war dort ein Laden für asiatische Lebensmittel, in dem er sich gelegentlich tiefgekühlten Seetangsalat, eingelegten Rettich und Edamame holte. Das wäre eine Möglichkeit, fiel ihm ein, als er an dem noch geschlossenen Restaurant vorbei auf den ebenfalls noch geschlossenen Spezialitätenladen zuging, dass Vera diese Wohnung wählte, damit er sich weiterhin ernähren konnte, wie er sich immer schon ernährt hatte: von Reis, Gemüse, Fisch und Meeresfrüchten, was weder besonders günstig noch einfach ist in einer Stadt ohne Anbindung zum Meer. Vera sorgte auch für einen ständigen Vorrat an Gewürzeiern, die er im Prinzip auch selber machen konnte, denn es ist wirklich einfach, aber er machte es nie, außer einige Male ganz am Anfang ihrer Ehe.

Was es außerdem noch hier gab, waren Massagesalons. Medizinische, kosmetische und erotische, betrieben von Thailändern, Japanern und Chinesen. Einmal von Russen. In sämtlichen Auslagen sämtlicher Massagesalons standen Orchideen. Orchideen sind schöne Blumen, aber so, einzeln in Auslagen von Massage- und Kosmetiksalons, rundherum nichts, als grauer November, verstärkten sie nur die Ödnis. (November-häuser. Masahiko Sato überlegte, ob das ein Wort war, das es sich zu merken lohnte. Als angehender Schriftsteller. Unentschieden. Orchideenödnis. Auch so ein Wort.)

Er war keine 5 Minuten unterwegs und hatte schon genug. Genug vor allem von seinen eigenen öden Gedanken. (Nein, das ist nicht poetisch oder geistreich. Das ist … ich weiß nicht was.) Er war drauf und dran, aufzugeben, obwohl der Spezialitätenladen, zu dem er doch sonst auch ging, in Sichtweite war. Es zog ihn zurück in die Wohnung. Nein, eigentlich zog es ihn zur U-Bahn. Zur U-Bahn gehen, wie er immer zur U-Bahn gegangen war, das Gewohnte tun. Aber am anderen Ende der U-Bahn-Strecke ist nichts Gewohntes mehr, wo du ohne irgendwann peinliches Aufsehen zu erregen, hingehen könntest, also: dann doch lieber die Wohnung. Denn: was soll eigentlich dieses Spazieren? Was hat der Mensch auf der Straße verloren, außer von einem konkreten A zu einem konkreten B zu gelangen? Es gibt keine Zufälle, so ist es auch keiner, dass Menschen, die sich länger und ohne konkretes Ziel auf der Straße aufhalten, gemeinhin als verdächtig (Vagabunden) oder als bemitleidenswert (Obdachlose) gelten. Soweit war er in seinem zerstörerischen Marsch gekommen, als die Seitenstraßen von ihm abließen und er sich am Rande eines kleinen Parks wiederfand. In der Mitte der Rasenfläche stand eine Lärche, die gerade ihre goldenen Nadeln abwarf. Masahiko blieb stehen und sah dem Rieseln zu. Das Erste, das er, seitdem er heute losgegangen war, als schön empfand. Eine Lärche, die ihre goldenen Nadeln fallen lässt. Sie rieselten nicht gleichmäßig herunter, sie lösten sich in Schwärmen von den Ästen, ein Schwarm, dann eine Weile fast unmerkliches Rieseln, dann wieder ein Schwarm, dabei wehte überhaupt kein Wind. Masahiko Sato stand eine zeitlose Weile da und sah dem zu, nicht einmal spazieren (ha!) geführte Hunde konnten ihn so stören, dass er sich gezwungen gesehen hätte, weiterzugehen. Irgendwann wurde es ihm aber dann doch zu kalt. Alles zu dünn, die Schuhsohlen, die Socken, die Hosen, die Jacke. (Muss man sich also auch neu einkleiden? Passend zu einem neuen Lebensabschnitt?) Die Lärche hatte immer noch sehr viele Nadeln an den Ästen, und er nahm sich vor, am nächsten Tag wieder zu kommen, um nach ihr zu sehen. (Die Vorstellung, morgen könnte die Lärche bereits ganz kahl sein: traurig. Schnell die Vorstellung eines goldenen Teppichs hinterhergeschickt, auf dem sie in gerader Haltung stand. Wie auch immer: diese Lärche war immerhin eine Perspektive.)

Noch einmal gab er sich einen Ruck und lief nicht auf dem kürzesten Weg nach Hause, sondern über die Parallelstraße, die er auf dem Hinweg ausgelassen hatte. Wie überhaupt bis jetzt immer, der blindeste Fleck, denn welchen seiner bisher bekannten Punkte er auch ansteuerte, diese Straße wäre immer ein Umweg gewesen. Sie war, wie sich nun herausstellte, ein Zwilling jener, in der er wohnte. Die beiden Läden in dieser waren: ein Blumenladen (Orchideen), sowie, in der Mitte der Straße, genau auf der Höhe seines Hauses, quasi Rücken an Rücken: eine Reinigung. Auch hier stand eine Orchidee in der Auslage neben einem kleinen Altar, bestehend aus einer Opferschale und einer Halterung für Räucherstäbchen und einem Holztäfelchen, wie man sie in buddhistischen Tempel verkauft. Zwei Hand hoch, eine Hand breit, goldener Grund und darauf: ein Bildnis der Göttin der Barmherzigkeit. Kannon, die die Töne der Welt wahrnimmt.

Die Kannon ist eine sehr populäre Gottheit, die in unzähligen Formen dargestellt wird, das Besondere an dieser hier war, dass Masahiko Sato sie: kannte. Es war, und zwar ohne jeden Zweifel, die Kannon aus dem Tempel, in dessen Nähe er aufgewachsen war, den er mit seiner Großmutter zusammen besuchte. Wir hatten die gleiche Tafel zu Hause. Die Großmutter gab es nicht mehr, nicht einmal die Eltern gab es mehr, das Haus gab es lange nicht mehr, den Tempel gab es, und vermutlich wurden auch diese Täfelchen dort noch verkauft, dieses hier sah nicht alt aus, nicht so alt, als könnte es aus seiner Kindheit stammen oder aus der einer anderen erwachsenen Person.

Masahiko Sato stellte sich auf die Zehenspitzen, um über die Sichtblende ins Ladeninnere zu schauen, dabei war das unnötig, die Sichtblende war nicht höher als das Pult drinnen. Hinter dem Pult zwei Karussells: auf dem einen die noch schmutzige, auf dem anderen in Folienhüllen die gereinigte Kleidung. Hinter den Karussells war Bewegung, jemand war im Laden, ging hin und her. Masahiko stellte sich wieder ganz auf die Füße und sah wieder zur Kannon, und es war, wie beim ersten Mal: es ging ihm durch und durch. Als würde zusammen mit dem Bild eine Portion Zuspruch (Oder eher: Hoffnung? Oder gar: Glück?) über seine Pupillen in sein Gehirn geschossen und von dort aus überallhin im Körper verteilt, bis in die erzitternden Fingerspitzen hinein. (Freude und Erschrecken.)

Im Laden veränderte sich das Licht, jemand bewegte sich, die Person, die bis jetzt von den Karussells verdeckt worden war, kam nach vorne, und da sah er sie zum ersten Mal: eine Frau, jünger als er, auch etwas jünger als Vera, die ihrerseits eine sehr gut erhaltene 55jährige war. Eine Frau etwas jenseits des mittleren Alters also, die ihren langen, geflochtenen Zopf einmal umgeschlagen und das Ende am Oberkopf befestigt hatte, wo die Haarspitzen sanft auseinanderfielen, wie ein kleiner Fächer. Der Federschmuck eines Vogels. Sie tat irgendetwas am Pult, beugte sich hinunter und richtete sich wieder auf, und er sah ihr eine lange Minute lang dabei zu und dachte an nichts. Er stand da ganz versunken, und als neben ihm jemand den Laden betrat, erklang die Türklingel mit einer Brutalität, wie ein viel zu früh gestellter Wecker, die Frau sah in die Richtung, machte ihr Gesicht für ein Lächeln bereit, aber bevor es fertig war, war Masahiko Sato schon geflohen.

Er ging nach Hause und in sein Zimmer. Dann zurück ins Wohnzimmer, wo in einer großen Bücherwand ein Teil der Erinnerungsstücke an seine Heimat stand. Aber das waren alles neuere Sachen, die er während seiner Studienreisen sammelte.

Er ging auch in Veras Arbeitszimmer, auch hier eine Bücherwand, auch hier Objekte, Bilder und Fotografien. Sein erstes Geschenk an sie, als sie noch nicht mehr als Freunde waren: eine Kalligraphie, die ihr Erfolg bei der Arbeit wünschte. Das zweite Geschenk war schon ein Liebesgeschenk, auch ein Bild. Er hatte es aus der Zeitung ausgeschnitten und in einen Rahmen geklemmt: Man Rays berühmtes Foto von Simone Collinet-Breton an der Schreibmaschine, umgeben von den Surrealisten. Am Rande der Abbildung war etwas vom Zeitungspapier zu sehen, das über die Jahre tief gelb geworden war. Angesichts dieser Gelbheit wurde Masahiko von Rührung erfasst. Um sich gleich im nächsten Moment eifersüchtig weiter im Regal umzusehen, ob irgendwelche Objekte dort standen, die eigentlich ihm gehörten. Aber nichts. Eine kleine, kaum einen Zeigefinger große Kokeshi-Puppe gehörte ihrem Sohn Akito, die er Vera bei seinem Auszug dagelassen hatte, damit sie sie an ihn erinnerte. Also wieder zurück in sein eigenes Zimmer. Das wenige, das er übrig behalten hatte, war hier. Ein altes Buch mit chinesischen Märchen ohne Deckblatt, einige andere Lieblingsbücher aus seiner Kindheit, einige Lackdöschen, eine winzige Maneki-Katze aus Jade, die deswegen so winzig war, weil ihm solche Glücksbringer peinlich waren, und das war auch der Grund, aus dem er keine weiteren Devotionalien aus dem elterlichen bzw. großmütterlichen Haushalt behalten hatte. Das Minimum. Eine Schale, die ihr gehörte. Den Rest überließ er seiner Schwester, und sie behielt auch einiges, aber ob die Votivtäfelchen dabei waren, wusste er nicht. Bei ihr war es noch mitten in der Nacht, und ohnehin war es unwahrscheinlich, dass er sie deswegen anrufen würde. (Man könnte so tun, als wäre es aus einem wissenschaftlichen Interesse heraus, das funktioniert immer.) Auch hier wurde es jetzt plötzlich dunkel, obwohl es noch mitten am Tag war. Es waren Regenwolken, und es fing auch gleich zu nieseln an. Masahiko Sato schaltete die Schreibtischlampe ein, setzte sich an den Tisch, nahm sich ein Heft und einen Bleistift, saß mehrere Minuten da, war kurz davor, aufzugeben, gab sich einen Ruck und schrieb in das Heft:

Ein Mann schaut durch eine Fensterscheibe und sieht eine Frau.

Dabei blieb es. Mehr fiel ihm nicht ein. Keine weiteren Sätze mehr, nur noch zwei Bilder: die Kannon auf goldenem Grund und die Frisur der Frau aus der Reinigung. Sonst eigentlich nichts von ihr. Ihr Profil, diffus, wie eine Zeichnung, deren Details man vergessen hat, sich einzuprägen, und jetzt, aus der Erinnerung heraus, bekommt man sie nicht mehr scharf genug. Wenn man zeichnen könnte, könnte man sie aus dem Gedächtnis nicht nachzeichnen. Masahiko Sato kann nicht gut zeichnen, dennoch, um mehr als nur dieses Vage im Kopf zu haben, das ihn irritierte, versuchte er, das Profil der Frau und die Linie des hochgesteckten Zopfs auf die Seite unter dem einzelnen Satz zu zeichnen, aber es misslang vollständig. Man konnte nicht einmal erkennen, was es hätte sein sollen. Es sah aus wie die Umrisse einer Pfütze. Ein umrandetes Nichts. (Das also bin ich fähig, von einem bewegenden Erlebnis wiederzugeben. Einen nichtssagenden Satz und eine uninterpretierbare Zeichnung.)

Er aß die Gewürzeier auf, die noch da waren, und biss dazu von einem großen weißen Rettich ab. Den Rest des Tages las er querbeet durch Online-Artikel, Zeitschriften und Bücher. Am Abend bestellte er sich im Stammrestaurant eine Bentōbox. Schließlich sah er lange fern, denn er war durch die ungewohnten Erlebnisse des Tages gleichermaßen frustriert wie inspiriert, so dass er nicht einschlafen konnte. Später schlief er doch vor dem Fernseher ein, wachte noch einmal auf und stellte zufrieden fest, dass das, was er nun verspürte, doch eher eine Erwartung war, eine Hoffnung, die diesen einen Tag überdauern würde.

Vera kam am Nachmittag des nächsten Tages zurück und fragte, wie seine ersten Tage in Freiheit gewesen seien. Er antwortete: merkwürdig. Sie lachte.

Sie hatten sich vor über 30 Jahren beim Tangotanzen kennengelernt, als sie ein Jahr in Nagoya verbrachte, um die Sprache zu lernen.

Wieso?

Einfach so. Sie wollte sehen, ob es geht.

Ihre Muttersprache war tschechisch, ihre Vatersprache deutsch, außerdem konnte sie natürlich slowakisch, dazu englisch, französisch und portugiesisch. Und nun also japanisch.

Das mit den ganzen Sprachen erfuhr er im Übrigen erst Tage später. Den ersten gemeinsamen Abend ihres Lebens durchtanzten sie beinahe wortlos. Der Zustand, in den du kommst nach zwei Stunden stummen Tangotanzens mit derselben, unbekannten Frau. Ihr dunkelbraunes Haar war zu der Zeit zu einem Bob geschnitten, sie trug ihn mit einer Blütenspange über dem rechten Ohr, und sie hatte einige sehr runde Sachen an sich, die er ganz außergewöhnlich fand: ihre Augen, ihre Brüste, ihre Pobacken. Er fing an, sich die Haare wachsen zu lassen, weil er dachte, so sähe auch er etwas besser aus.

Ein Jahr nach diesem ersten Tanz bekamen sie einen Sohn. Als der Sohn 3 Jahre alt war, konnte Vera perfekt japanisch und wünschte, Japan zu verlassen. Als der Sohn 5 war, hatten sie es geschafft: Masahiko bekam eine Professur in Deutschland.

Abgesehen vom Wechsel des Landes, lebte Masahiko, solange er sich zurückerinnern konnte, immer dasselbe Leben. In diesem Leben gab es zwei Konstanten. Die eine war, dass er immer in irgendeiner Bildungseinrichtung war. Erst als Schüler, dann als Lehrender. Die andere war, dass er nie in seinem Leben alleine gelebt hatte. Es war immer jemand da, in den frühen Jahren vor allen Dingen die Großmutter, später, als Student, sein Mitbewohner, und danach Vera. Vera und Akito, dann wurde Akito erwachsen und zog aus, aber Vera war noch da. Alles in allem ein gutes Leben. Seine Arbeit zu lieben und nicht alleine zu sein, das ist nicht wenig, Masahiko Sato ist weise genug, das zu wissen, und er wäre auch zufrieden damit gewesen, hätte er es geschafft, einfach die Arbeit an der Arbeitsstelle, die er aufgeben musste, durch eine andere zu ersetzen (die Hefte, die zu Büchern werden, usw.), und die Umstände dafür waren auch günstig, es gab nichts und niemanden, das bzw. der ihn dabei auch nur im Geringsten behinderte – abgesehen von der neuen Obsession, die er entwickelte.

Es war etwas geschehen, das in der Tat über den Tag hinaus wirkte, in den nächsten Tag hinein und den danach und in jeden weiteren, der noch folgte. Es ergab sich nämlich, dass

Masahiko Satos neue Routine daraus bestand, erst eine Weile in seinem Zimmer zu verharren, wo er nicht arbeitete, nur so tat, dann hinauszugehen, wo er nicht spazierte, nur so tat, und dass er auf dem Rückweg einkaufte, konnte er nur deswegen nicht simulieren, weil Spazierengehen und Nur-so-tun-als-ob-man-spaziere für den Betrachter gleich aussehen, aber ein Einkauf nicht, denn entweder hast du etwas eingekauft oder nicht. Wie auch immer, das Wesentliche ist, dass alles, was er tat, im Grunde nur Tarnung war, denn der einzig wichtige Punkt eines jeden Tages war jener, da er endlich bei der Reinigung vorbeikam.

Einmal am Tag. Nicht öfter. Öfter wäre zu viel, weniger wäre unerträglich. (Auch am Sonntag. Der Laden hat zu, sie ist nicht da, aber Kannon ist da, wenigstens Kannon, die Tröstliche.) Jeden Tag dorthin, das stand fest, eine Gangart, die immer (oder auch nur zweimal) funktioniert hätte, ließ sich trotzdem nicht dafür finden. Masahiko erkannte auch das. Er sah sich selbst, seine verschiedenen Arten, vorbeizugehen. Zügig, als hätte man ein anderes Ziel, die Auslage nur mit einem Blick streifend, weil man irgendwohin eben schauen muss. Ein anderes Mal wie jemand, der schlendert, sehr langsam schlendert, und sich alles ganz genau ansieht. Dabei kann man auch stehen bleiben und interessiert den kleinen Altar betrachten, in den Laden hineinsehen und dann enttäuscht sein, weil keiner heraussieht. Dort stehen bleiben, wie lange kann man das, das Herzklopfen wächst, bis irgendwann die Angst davor, sie könnte auftauchen und tatsächlich zu ihm heraussehen, zu groß wird. Hastig weitergehen, mit gesenktem Blick, in einem Zug bis zur Lärche, die schon längst kahl ist. Wieder ein anderes Mal steht die Frau gerade hinter dem Pult, wenn er kommt, tut etwas, geht hin und her. Sie trägt das Haar nie offen, einen geflochtenen Zopf hat sie mindestens, öfter einen tiefen Dutt, den Fächer trägt sie selten. Manchmal sind Kunden da, dann lächelt sie, nickt und spricht etwas, dann geht Masahiko Sato gleich weiter. Man kann nicht stehen bleiben und sie beim Sprechen mit anderen beobachten, das geht nicht, also geht er weiter, lange Zeit mit dieser Bildfolge im Kopf, wie ein Stück alten Films: die Frau, die nickt und ohne Ton die Lippen bewegt.

Ganz selten beschloss er, einen Tag auszulassen, aber nie hielt er es durch. Einmal bis 22:00 Uhr, als er, natürlich zu Veras Unverständnis, vor Nervosität zitternd aus der Wohnung stürzen musste. In den Schneeregen hinaus, im Laufschritt zum Laden, der natürlich zuhatte, alles hatte zu, die ganze Straße hatte zu, dennoch, er musste bis genau vor die Auslage gehen und dort eine Weile stehen bleiben. Kannon war da. Kannon und die Orchidee, der Sake und das Reisbällchen. Als wäre sie unsere Hausgöttin. Ihre und meine. In einem Haus, in dem nur wir beide leben. Vorerst nur als zwei von der Göttin bestimmte Mitbewohner. Ihr Zimmer, mein Zimmer, und das Altarzimmer. Wir sprechen nicht miteinander. Ein Mann, der schweigend versucht, einen Blick auf eine Frau zu werfen. Eine Frau, die schweigend versucht, einen Blick auf einen Mann zu werfen. Was für eine Geschichte würde daraus, wenn es nur wenige Stunden dauerte, bis sie sich in die Augen schauten. Wenn es Wochen dauerte. Monate. Jahre. Das wären Geschichten, Masahiko. Aber Masahiko Sato, der zwar von anderen Texten her wusste, dass man sie einfach beginnen musste, konnte nichts mehr in sein Heft schreiben. Solange du überwältigt bist, kannst du nicht schreiben. Das Reisbällchen, das an diesem Abend in der Schale vor dem Bildnis lag, war von rosaroter Farbe.

Natürlich weiß ich, dass wir eine japanische Reinigung bei uns haben, sagte Vera. (Mit jemandem darüber reden. Natürlich nicht die Wahrheit sagen. Nur etwas in der Nähe erwähnen.) Ich lasse deine Anzüge dort reinigen, sagte Vera. Die Besitzerin ist eine Witwe mit zwei Töchtern. Keine von ihnen will das Geschäft übernehmen. Die Große ist in den Staaten und will Karriere machen, die Kleine studiert hier irgendein Alibifach, bis sie jemanden zum Heiraten gefunden hat, und will dann nur noch Mutter sein.

Woher weißt du das alles?

Ich habe mich mit ihr unterhalten. Auf Japanisch. Ich wollte bewundert werden.

Masahiko lachte. Und, ist es gelungen?

Der Beifall war nicht stürmisch, aber doch mehr als nur höflich.

Masahiko Sato lächelte.

Die immer pfiffige, zupackende Vera. Ihr Haar ist immer noch dunkel, wenn auch mittlerweile gefärbt, es reicht ihr bis auf die Schultern (vorteilhafter bei einem kleinen Doppelkinn), der Pony ist dicht und verdeckt die Stirnfalten, aber lässt die Augenbrauen frei, und die Augen sind immer noch rund. Sie ist und bleibt eine schöne Frau. Sie tanzen immer noch einmal die Woche Tango. Das ist auch wie spazieren gehen. 12 Paare, die zu Beginn lange Zeit so aussehen, als würden sie zögern, als tasteten sie mit den Füßen den Boden ab und suchten behutsam einen Weg. Das ist es, was Masahiko Sato am Tango so mag. Das Suchende, die Aufmerksamkeit, die man aufbringen muss, für die eigenen Bewegungen und für die der Partnerin. Dass Vera immer alles versteht, jede Regung richtig deutet, aber nicht zu schnell ist, ihm nicht vorauseilt, obwohl sie ja schon weiß, wo es hingehen soll. Sonst ja, aber beim Tanzen nicht, und das ist eine seltene und großartige Sache, und Masahiko Sato ist seiner Frau dankbar dafür, denn nur auf diese Weise ist es möglich, in jenen tranceartigen Zustand zu kommen, den er beim ersten Mal mit ihr erlebt hatte und seitdem immer wieder und ausschließlich mit ihr. Sich in einen Zustand zu tanzen, aus dem es möglich scheint, hinüberzugleiten in eine Sphäre ganz ohne Zeit, in der man verharren kann, für immer ohne Schlaf und ohne wach zu sein. Das gelang nicht immer, und auch dieses Mal gab es etwas, das störte. Er hatte das Gefühl, nicht mit Vera zu tanzen, aber auch nicht mit einer anderen Person, nein, nicht konkret mit der Frau aus der Reinigung, sondern, als würde er mit gar keiner *Person* tanzen, sondern stattdessen mit einem noch nie wahrgenommenen Duft. Es gab dafür natürlich keine Beweise, er nahm einfach an, dass dieser Duft etwas mit der Frau aus der Reinigung zu tun hatte. Wortlos tanzten sie eine Dreiviertelstunde, dann fragte Vera: Warum schnüffelst du an mir?

Hast du ein neues Parfüm?

Nein. Sie lachte. Entdeckst du grad die Welt neu?

Kann sein, sagte Masahiko Sato, und sie tanzten noch eine Viertelstunde, aber dann waren sie sehr müde und gingen nach Hause.

Der Sex danach war gut, er war ganz bei ihr, bei Veras gewohntem, rundem Körper.

Es ist also nichts Sexuelles. Aber was ist es dann?

Der Mann dachte, er müsste einem Zauber zum Opfer gefallen sein, schrieb Masahiko in sein Heft, diesmal in Kanji, was albern war, denn Vera konnte es natürlich lesen, und wer sonst hätte ein Interesse daran. Der Mann dachte, er müsste einem Zauber zum Opfer gefallen sein, es kann nicht sein, dass ich mich verliebt habe, dafür gibt es keinerlei Grundlage, und wenn es Zauberei gibt, dann gibt es sie auch im 21. Jahrhundert.

Weiter kam er wieder nicht. Er blätterte die Seite um.

Bevor er sich in etwas Unfassbares hineingesteigert hätte, beschloss Masahiko Sato, dass er die Reinigung betreten und die Frau wenigstens einmal ansprechen musste.

Am nächsten Vormittag ging er in einem gleichmäßigen Tempo von seinem Haus zu ihrem Haus, warf nur einen kurzen Blick in Richtung der Göttin (ein neues, weißes Reisbällchen) und betrat den Laden. Betrat den Laden und blieb stehen, als sei er gegen eine Wand gelaufen. Hinter dem Pult stand nicht die Frau, sondern ein junges Mädchen, ein verschlafen dreinblickendes Mädchen in einem pfirsichfarbenen Pullover. Sie sprach auch wie im Halbschlaf. Was sie für ihn tun könnte. Da wurde Masahiko klar, dass er sich keinen Vorwand überlegt hatte, er hatte nichts zum Reinigen dabei. Erst wollte er »Ein Missverständnis« murmeln und rückwärts wieder hinausgehen, aber bevor er sich rühren konnte, trat die Frau zwischen den beiden Karussells hervor und lächelte ihn an.

Und dann gab es eine Unterhaltung, es musste eine geben, wenn du jetzt auf dem Hacken umdrehst und wegrennst, war es das, für immer. Also fragte Masahiko Sato, ob das Bildnis im Schaufenster die Kannon von Nagoya darstelle.

Ja.

Dass er aus Nagoya sei.

Ach, tatsächlich?

Ob sie, die Frau, auch aus Nagoya sei?

Ja. Aus dem Osu-Distrikt. Aber es ist lange her. 25 Jahre.

Genau wie bei mir, sagte Masahiko Sato, und erwiderte ihr Lächeln, das er kaum mehr sehen konnte. Je länger er dort stand, umso undeutlicher wurde sie ihm, wie die Umgebung um sie herum schon früher, gleich zu Anfang ihrer Unterhaltung in einem Nebel versank (stand das Mädchen die ganze Zeit dabei, oder war sie weggegangen? Keine Ahnung), und er wusste, er war dieser Frau ein- für allemal verfallen. Ohne einen Grund dafür nennen zu können, einfach so. Sie standen noch eine halbe Minute da, ohne dass sie noch was sagen konnten, dann bedankte er sich höflich, verbeugte sich und ging.

Er schlug das geheime Heft auf und schaute sich eine Weile die milchigen Seiten an.

Die nächsten paar Tage tat er absolut nichts. Ging nicht mehr spazieren und tat auch sonst nichts.

Könntest du einkaufen? fragte Vera.

Nein, sagte er.

Was ist los? Geht's dir nicht gut?

Er berief sich auf ein diffuses Frösteln, das er in seinem Inneren spüre. Eine sich ankündigende Erkältung vielleicht. Einkaufen wäre da nicht das Richtige.

Fühlst du dich besser?, fragte Vera einige Tage später. Magst du mitkommen in die Berge?

Einmal im Jahr fuhren sie in die böhmischen Berge. Die Landschaft meiner Frau ist auch meine Landschaft geworden, stellte Masahiko Sato verwundert und dankbar fest, während er aus dem Autofenster in die Landschaft sah und sie wiedererkannte. Obwohl, das ist vielleicht doch etwas übertrieben. Das Einzige, was er kannte, war dieser eine Weg hier, und würde Vera ihn nicht mehr hinfahren, alleine würde er die Tradition bestimmt nicht aufrechterhalten können.

Das Hotel hatte 4 Sterne, die Sauna stand unmittelbar am Ufer eines Bergbachs. Vera ließ sich auf den hölzernen Treppen sitzend, in ein weißes Handtuch gehüllt, fotografieren, danach fotografierte sie ihn, stehend, mit einem weißen Handtuch um die Hüften. Sie blieben drei Tage, während derer es Momente gab, in denen Masahiko Sato nicht an die Frau aus der Reinigung dachte, aber in den meisten Momenten dachte er an sie. Flach atmend in der glühend heißen Sauna oder mit den Füßen im eisig kalten Bach stehend. Auf der Wiese jenseits des Baches lag ein wenig Schnee. Dahinter der dunkelgrüne Wald. Für Momente war nur »heiß« da oder »kalt« oder »Wald« (das waren die Momente, in denen er nicht an sie dachte), aber bald schon sah er einen Pfad vor sich, der durch den Wald zu einem Schrein führte (Herzklopfen. So ist es also. Hier ist es also, und ich bin seit Jahrzehnten nicht so weit gegangen), und in dem Schrein stand eine gold-schwarze Statue. Den Bach durchwaten, das Ufer erklimmen, die Wiese und den Schnee durchqueren, den Pfad finden, das Portal finden, hindurchtreten, dort sein. Barfuß, nur mit einem Handtuch bekleidet bergauf gehen. Als er aber oben ankam, war er nicht allein, wie er es sich vorgestellt hatte. Es waren viele Menschen da, hunderte, vielleicht tausende. Sie waren alle vor ihm da gewesen, aber die Statue war so gigantisch groß, dass er sie selbst aus der hintersten Reihe, in der er stand, sehen konnte, aber da erschrak er endgültig, denn dort vorne stand keine riesige, vergoldete, geschwärzte Holzstatue, sondern die Frau aus der Reinigung, und nicht als Statue, sondern aus Fleisch und Blut, saß da in der Sitzhaltung der Vollkommenen, umgeben von Kerzen, Statuen und Opfergaben, saß da, lächelte, und war sechs Meter groß.

Hoppala, sagte Vera und lachte.

Er war mit einem Ruck aus dem Traum hochgefahren, so dass der Ruhesessel, in dem er mit hochgelagerten Beinen lag, jäh nach vorne kippte.

Hoppala, sagte Vera. Fall nicht raus. Alles OK?

Nichts, sagte Masahiko Sato, während ihm das Herz bis in den Hals schlug.

Vera lachte.

Ich fahre nach Japan, sagte er, knapp eine Woche, nachdem sie wieder zu Hause angekommen waren, in einem leichten Tonfall zu Vera.

Vera sah ihn an wie jemand, der weiß, dass da etwas dahintersteckt. Im günstigsten Fall nimmt sie an, ich habe Heimweh.

Gut, sagte sie. Wenn du zu lange bleibst, komme ich hinterher.

Wieder konnten sie lachen, aber er wusste genau, und sie wusste genau, dass, wenn er zu lange wegbliebe, wenn er eventuell sogar auf seine alten Tage auf die Idee käme, zurückkehren zu wollen in seine Heimat, sie ihm nicht folgen würde. Dass sie zwar gut japanisch gelernt hatte, aber nicht in Japan würde leben wollen. Man müsste ein Arrangement finden. Einmal im Jahr wäre sie vielleicht bereit, hinzufliegen. Eventuell zweimal. Und er müsste im Gegenzug ebenso oft. Eine Ehe nach Jahreszeiten. Das Wetter zum Anlass nehmen. Die Zyklen der Natur. Erst die Kirschblüte, dann die Lindenblüte. Natürlich solange man gesund genug für die ganze Reiserei wäre und solange das Geld reichte. All dieses war da in Veras Blick, und Masahiko las darin und begriff, dass sie sich über all das schon Gedanken gemacht hatte, dass sie, wie immer, auf alle Eventualitäten vorbereitet war. Das Einzige, was sie nicht annimmt, ist, dass es sich um eine andere Frau handeln könnte.

Als er aufbrach, hatte Vera gerade eine Grippe und fühlte sich so benebelt, dass sie am Morgen, als sie es nur über das Englische schaffte, vom Tschechischen ins Deutsche zu kommen, vom Verdacht alarmiert war, eine frühe Form von Demenz würde sich bei ihr zeigen. Ein bisschen dramatisch ist sie. Masahiko strich ihr Haar beiseite und küsste sie auf die Stirn.

So kurzfristig er die Reise auch antrat, das Wesentliche war organisiert. Er musste nicht ins Hotel, ein befreundeter Professor der Intercultural Studies, ein Amerikaner namens John Yamamoto, besorgte ihm eine Gastprofessorenwohnung in der

Nähe des Campus. Die Wohnung war winzig. Man konnte sie mit sieben Schritten vom Eingang bis zum Balkon durchmessen: Küche, Arbeitszimmer, Tatamiraum. Eine zweiflammige Kochplatte, ein kleiner Schreibtisch, ein Schlafsofa, ein Fernseher. Masahikos Herz klopfte heftig. Er konnte kaum erwarten, dass John, diese Herzlichkeit in Person, wieder ging. Die Wohnung war kahl, leer und blassbraun und genau das richtige für ihn. Er legte sich auf den Tatami, in den schönen Geruch des Bambus, auch die Lamellen der Jalousien, heruntergelassen, aber halb geöffnet, waren aus Bambus. Lag da in diesem Raum, atmete, und wenn er versuchte, an die Kannon oder die Frau aus der Reinigung zu denken (der er bei sich den Namen Ima gegeben hatte, das bedeutet: das Geschenk), gelang ihm das nicht oder nur von ganz fern und abstrakt. Kannon, Ima, Vera: nichts, nur der Bambus. Es war still, das heißt, es rauschte, wie es in der Stadt rauscht, aber auch das nur von ferne. Darin mal ein »kuck-ku«, mal ein »kucku-ku«, wie zwei Vögel, die einander rufen, aber Masahiko wusste, dass das eine Fußgängerampel war, gar nicht mal so nahe, aber wenn der Wind aus der Richtung wehte, konnte man sie ab und zu hören.

Die ersten Tage, die vor allem der Zeitumstellung und dem Essen gewidmet waren, waren einwandfrei. Er aß mit John einmal in der Mensa zu Mittag (Tofu in Soja-Soße, grässlich), einmal in einer kleinen Bar (gebratene Auberginen, köstlich), ansonsten versorgte er sich aus einem Supermarkt, und selbst die dort gekauften Handrollen waren köstlich. Er ernährte sich, wie er es als Schüler getan hatte, und verlor innerhalb von fünf Tagen so viel Gewicht, dass er sich mit einer Nagelschere mühsam ein neues Loch in den Gürtel bohren musste. Er stellte sich im Badezimmer auf die Toilette, um seinen Körper zwischen Knie und Kehlkopf sehen zu können. Er sah zugleich einen alten Mann und einen kleinen Jungen, und beide kamen ihm zugleich bekannt und unbekannt vor. Er zog sich wieder an und ging zum Tempel.

Der Tempel hatte einst in einem Hain gelegen, aber das war schon zu seiner Kindheit nicht mehr so. Einen kleinen Park gab es damals noch und dreistöckige Häuser. Als er die Stadt verließ, standen bereits die Hochhäuser da, die es auch heute noch gibt. Vom Park sind nur noch eine Reihe Bäume und ein Schwarm Tauben übrig.

Die Opfertruhe vor dem Altar ist so groß, dass vier Männer darin liegen könnten. Masahiko Sato stand lange da und sah sich alles an. Die flackernden Lichter, die goldene Statue, die Truhen, die Räucherstäbchen, die Blumengirlanden, die Sakefässer, die Laternen, die Chrysanthemen, die Pampelmusen, die Reisbällchen. Alles war schön, wie Weihnachten. Akito hat das immer gesagt. Etwas sei schön, wie Weihnachten. Die brennenden Fackeln verbreiteten eine große Hitze. Die Statue war nicht so, wie er sie in Erinnerung hatte. Sie hatte nichts Schwarzes an sich, sie war ganz und gar vergoldet und saß auf einem grünen Lotos. Sie sah männlich aus. So hatte er sie nicht in Erinnerung. Dass man die Statue ausgetauscht haben könnte, war nicht wahrscheinlich, das hier ist keine Ausstellung. Die einzigen beiden Möglichkeiten waren, dass er sich falsch erinnerte oder sich die Statue mit den Jahren verändert hatte. Das geht.

Es waren viele da, Touristen und Gläubige, sie legten die

Handflächen zusammen, murmelten etwas, verbeugten sich und warfen Geld in die Opfertruhe, wie es sich gehört. Masahiko sah sich die Votivtafeln an. Eine mit einer Abbildung der Göttin war nicht dabei. Er ging immer und immer an der Reihe der Tafeln vorbei, vielleicht hatte er sie nur nicht gesehen. Verdeckt von all den Bitten um Gesundheit und Prosperität. Aber er konnte sie nicht entdecken. Sie war nicht da. Er zögerte, am Ende warf er dann doch etwas in die Opfertruhe, ein Opfer muss erbracht werden, aber er wünschte sich gar nichts, er achtete darauf, dass sein Geist ganz leer war. Er besuchte den Tempel kein zweites Mal.

Er hatte John und Vera natürlich gesagt, er sei zum Recherchieren und Schreiben gekommen, aber zumindest Letzteres tat er definitiv nicht. Er besuchte das Grab seiner Großeltern und Eltern und das eines Jugendfreundes. Ansonsten war er zu Hause und tat nichts. Einmal am Tag ging er hinaus und lief durch die Straßen der Nachbarschaft. Dann eben diese Nachbarschaft kennenlernen. Anfangs war sie genauso schockierend unwiedererkennbar wie die Straßen in der Umgebung seiner Wohnung in Berlin. Theoretisch kannte er sich hier ein wenig aus, zumindest, was die Straßen anbelangte, die Richtung Campus lagen, aber die winzigen Häuser, von denen keins dem anderen glich, kamen ihm so gleichförmig und durch und durch grau vor, dass er sich fragte, ob das vielleicht eine richtige Behinderung war. Vielleicht kann ich einfach keine Häuser erkennen. So, wie andere keine Gesichter erkennen können. An einer Stelle wurde ein neues Haus gebaut, ein winziges mit zwei Etagen, ganz aus Holz. Das sah er sich wiederum gerne an. Das

Innere des Hauses, solange es noch keine Fassade hatte. Die drei Räume unten, die drei Räume oben.

Was er wirklich mochte, waren die Getränkeautomaten, die neuerdings an vielen Straßenecken standen. Im Grau, in der Dämmerung, in der Nacht leuchtende Getränkeautomaten in freundlichem Blau und Rot. Er kaufte sich nie etwas an diesen Automaten, aber ihre schöne Neutralität war eine Erholung, während die kleinen Tempel, von denen es (vermutlich) Tausende zwischen den Häusern versteckt gab, die eigentlich Inseln der Ruhe sein sollten, ihn meistens eher aufwühlten. Er besuchte sie trotzdem, jedes Mal, wenn er an einem vorbeikam, als dürfte er keinen einzigen auslassen. Anfangs spazierte er nur einige Schritte in den kleinen Garten hinein und wieder hinaus. Wenn Besucher da waren, was selten vorkam, war es leichter, bis zum Inneren des Tempels vorzugehen und einen Blick auf den Altar zu werfen. Wenn der Mönch da war (wie das eine Mal), ergriff er gleich die Flucht. Manchmal kam es vor, dass er sich in Ruhe im Tempelgarten hinsetzen konnte und die Pflanzen, den Brunnen und die kleinen, steinernen Jisos betrachten. Ein Tempel grenzte an einen Kindergarten. Er konnte durch ein Fenster in einen Flur sehen, in dem, auf eine Leine gehängt, Lätzchen trockneten. Das war ihm der liebste Tempel gewesen. In dem letzten, in dem er war bzw. nicht war, saßen zwei alte Frauen auf einer Bank hinter dem Eingangsportal. Sie sortierten Seidenschals. Er wollte gleich den Rückzug antreten, aber die eine Frau rief ihm hinterher, und bevor er sich versah, hatte sie ihm einen rot-weißen Seidenschal »für seine Liebste« geschenkt.

Wie lange kann ich die Wohnung benutzen? fragte Masahiko John beim gemeinsamen Mensa-Essen.

Solange wir sie nicht wirklich brauchen.

Danke, sagte Masahiko, ging in die Wohnung zurück und legte sich auf den Tatami.

Am nächsten Tag nahm er den Zug nach Hiroshima, zu seiner Schwester.

Er betrachtete ausführlich ihren Hausaltar, auf dem er zwischen Familienfotos und einer Menge neuem Kitsch auch einige Erinnerungsstücke an die Eltern und die Großeltern entdeckte, aber nicht die Tafel mit der Kannon. Er fragte seine Schwester, ihr Name ist Miya, danach, aber sie konnte sich an so eine Tafel nicht erinnern. Sie unterhielten sich über ihre Kinder. Während sie Essen zubereitete, durchforstete Masahiko den Rest der drei Zimmer und fand auch dort nichts.

Hast du sie vielleicht auf dem Dachboden, fragte er seine Schwester. Er zitterte vor Aufregung.

Was ist los mit dir? fragte sie.

Sie starrten sich an. (Sie schaut mich an, wie jemand, der mich nicht besonders mag. Und ich? Was empfinde ich für sie? Ich denke, dass sie verschlagen ist. Eine hartnäckige Lügnerin. Es gibt nichts, was ich bei ihr erreichen kann.)

Er sagte, er könne nicht zum Abendessen bleiben, sein Zug führe.

Ein Affront. Auch, wenn wir uns nicht mögen. Man schlägt keine Einladung zum Essen aus. Sie wurde rot.

Was ist los mit dir?

Entschuldige mich, sagte er und ging.

(Das war ein Fehler. Wer weiß, ob wir uns noch wiedersehen in diesem Leben.)

Im Zug saß er in der dritten Reihe innen, und es wurde ihm schlecht. Er beschloss, vom Bahnhof aus zu Fuß zur Wohnung zu laufen. Er kaufte sich im 24-Stunden-Supermarkt eine Handrolle und aß sie auf der Straße. An einem Automaten kaufte er sich etwas zu trinken. Danach ging es ihm etwas besser.

Auf dem Weg zur Wohnung kam er an der Milonga vorbei, in der er damals mit Vera getanzt hatte. Er hatte sie in den vergangenen Tagen schon gesehen, aber immer tagsüber, und da übte sie keine Anziehung auf ihn aus. Auch jetzt hatte er Lampenfieber, alleine dort hinzugehen, andererseits wäre die Alternative gewesen, den Groll und die Scham, die er gegenüber seiner Schwester empfand, mit in die Wohnung zu nehmen, also gab er sich einen Ruck und ging hinein.

Hier war es nun tatsächlich gut. Er saß da, trank einen Cocktail und sah den Tanzenden zu. Mehrere der Paare bestanden aus zwei Frauen. Er wählte diejenigen aus, die vom Alter her am besten zu ihm passten, und obwohl er auch dabei großes Lampenfieber hatte, überwand er sich, und forderte erst die eine, dann die andere auf. Beide ließen sich gut führen, aber mit den Tänzen, die er mit Vera und zuletzt mit dem Duft getanzt hatte, hatte das nichts zu tun. Er verabschiedete sich höflich und ging weiter.

Der Schmerz wegen seiner Schwester war nun gelindert, dafür war der andere wieder da. Er hatte jetzt nicht die Gestalt der Kannon, der Frau aus der Reinigung oder von Vera. Er war jetzt nur mehr ein abstraktes, nicht mehr so heftiges Sehnen. Dafür bin ich jetzt aber auch einsamer als zuvor. Hier kam er an der Kreuzung vorbei, an der die Ampeln mit den Vogelstimmen standen. Das war jetzt wieder gut. Wie sie durch die Nacht riefen. Er stand eine Weile dort und hörte ihnen zu. Kuck-ku. Und Kucku-ku. Zwei Polizisten kamen vorbei, der eine mit Mundschutz. Sahen ihn an, wie er dastand und sich nur das Rufen der Ampeln anhörte. Er ging weiter.

Er suchte doch noch einmal den Tempel der Kannon auf und betete, seine Schwester möge ihm verzeihen. Er kaufte einige Votivtäfelchen und Amulette. Das eine gefiel ihm sogar ziemlich. Es war die Replik einer alten Ema-Tafel mit der Abbildung eines Affen, der ein Pferd leitet. Anschließend ging er noch einmal zur Opfertruhe und bat darum, zu verstehen und Frieden zu finden. Erbarmen, Kannon, mit einem redlichen Menschen.

Auf dem Rückflug starrte er auf Sibirien und dachte außer »das ist Sibirien« nichts.

Wie war's?, fragte Vera.

Anstrengend, sagte Masahiko und schenkte ihr den rot-weißen Seidenschal.

Ach so, sagte Vera. Akito heiratet. Sie kommen in vier Wochen, und wir können das Mädchen kennenlernen.

Akito ist nun auch schon 30. Ein hübscher Mann. Das Schönste aus Vera und Masahiko ist in ihm zusammengekommen. Er arbeitet bei einer Bank in New York, wie es dazu gekommen ist, könnte Masahiko nicht sagen. Ich gestehe, ich habe auch seine Erziehung, wie alles, hauptsächlich Vera überlassen. Kannst du überhaupt noch japanisch, mein Sohn? Aber er fragte nicht. Er saß nur da, in der Wohnung, in der sie zusammen gelebt hatten, und betrachtete ihn lächelnd.

Beim nächsten Besuch war die Braut mit dabei, eine Kollegin, schön wie er, in einem engen Rock, der zeigte, wie ungeheuer schlank sie war. Sie schien aber ganz und gar nicht so steif zu sein, wie sie auf den ersten Blick wirkte, es wurde viel gelacht an diesem Abend, manchmal krümmten sie sich alle drei nach vorne, so sehr mussten sie lachen, während Masahiko nur lächelte, er hatte keine Ahnung, weswegen sie so ausgelassen waren, es war ihm einfach unmöglich, zuzuhören. Jedes Mal, wenn er es versuchte, reichte seine Aufmerksamkeit für drei oder vier Worte, dann war er wieder in seinem Inneren, wo kleine Devotionalien auf einem kleinen Tisch aus Kirschholz neben einem nie eingeschalteten zweiflammigen Rechaud standen, und einmal hörte er sogar die beiden Ampeln rufen. Als sie sich verabschiedeten, erschrak er für einen Moment, er hätte sogar ihren Namen vergessen, aber dann fiel er ihm wieder ein. Seiko. Aber er nannte sie nicht so, sondern küsste sie auf die Wange und sagte *musume*, Tochter, was bei den anderen Dreien sehr gut ankam.

Ist die Welt nicht ein Dorf? fragte Vera lachend beim Zubettgehen.

Hm, sagte Masahiko Sato mit geschlossenen Augen.

In den vier Wochen, seitdem er aus Japan wieder zurück war, hatte er es geschafft, kein einziges Mal bei der Reinigung vorbeizuschauen. Allerdings war er auch nicht mehr spazieren gegangen. Er hockte in seinem Zimmer und las alles Mögliche. In sein Heft schrieb er diesmal etwas, das der Anfang einer Geschichte hätte sein können. Über einen Mann, alleine in einer kleinen Wohnung, der sich nicht mehr erinnern konnte, wie er dahin gekommen war, der dem Rufen zweier Vögel zuhörte, und sich vorstellte, dass das zwei gefangene Vögel waren, die sich nicht sehen, aber hören konnten. Da sie Vögel waren, hatten sie keine Vorstellung von der Zeit, keine Erinnerung an das Leben, das sie davor hatten, bevor sie einander zu rufen begannen, und nachdem der eine Vogel aufgehört hatte zu rufen, rief auch der andere nicht mehr, vergaß bald, dass es jemals einen anderen Vogel gegeben hatte, und fiel wieder zurück in die Zeitlosigkeit, ebenso wie der Mann, der ihnen zugehört hatte. Eine sehr kurze Geschichte, aber weiter musste sie auch nicht gehen. Das verschaffte ihm ein wenig Befriedigung: dass es so war, dass das so rund war. Die Sätze, die er dafür verwendet hatte, gefielen ihm allerdings nicht, weil es ihm aber zuwider war, im Heft herumzuschmieren (Korrekturen auszuführen), in dem sich immerhin auch die (eigentlich gar nicht so sehr missratenen) Zeichnungen befanden, die er gemacht hatte, nachdem er Ima das erste Mal gesehen hatte, klappte er das Heft fürs Erste wieder zu.

Nun, nach dem Besuch von Akito und seiner Braut, war er sich allerdings sicher, dass er seine Spaziergänge wieder aufnehmen würde, und er würde auch wieder an der Reinigung vorbeigehen, wenn nicht morgen, dann übermorgen, und was danach ist, wird man sehen. Er lag auf seinem Bett und dachte an die Opfertruhe. An das Innere der riesigen Opfertruhe, in der vier Mann nebeneinander liegend Platz hätten. Er stellte sich das Innere vor, aber er sah nur Dunkelheit. Noch bin ich nicht gescheitert. Aber eine Lösung habe ich auch noch nicht gefunden.

Was wäre gewesen, wenn er an diesem Abend mit Akito und seiner Braut aufmerksamer gewesen wäre? Selbst, dass sie auch ein Mischmasch aus Deutsch, Englisch und Japanisch redeten und die amerikanische Braut es ebenso gut konnte wie Akito, fiel ihm erst im Nachhinein auf. Ganz genau zwei Tage später, als er sie nämlich das nächste Mal wiedersah. Sie trafen sich in ihrem Stammrestaurant, und als Masahiko beim Eintreten beinahe mit einem jungen Mädchen zusammenstieß, erkannte er sie zunächst gar nicht. Vielleicht, weil sie anders gekleidet war, vielleicht, weil sie anders dreinblickte, und außerdem hatte er sie vorher ohnehin nur ein einziges Mal gesehen. Erst eine Minute später, als er ihrer Mutter vorgestellt wurde, fügte sich alles zusammen. Es war die Frau aus der Reinigung, das junge Mädchen von vorhin ihre jüngere Tochter, der er einmal im Laden begegnet war, und ihre ältere Tochter war jene Seiko, die hier, praktisch Tür an Tür mit Akito aufgewachsen war, die sich dennoch erst vor wenigen Monaten in New York kennengelernt hatten, und wieder lachten alle, nur Masahiko Sato nicht. Die Frau aus der Reinigung trug Haarnadeln mit Perlen in ihrem Dutt, und er verpasste ihren Namen, so wie auch den Namen der jüngeren Tochter, erst später, als sie zusammensaßen, hörte er sie aus den Sätzen der anderen heraus. Die jüngere Tochter hieß Suki, die Frau hieß Ima.

Wie?

Ima.

(Das halte ich nicht aus. Und alle lachen ständig. – Aber er hielt es natürlich aus.) Er setzte sich auf den Platz, den Vera für ihn vorgesehen hatte, neben der Mutter der Braut, und das war tatsächlich die beste Lösung. Wenn man nebeneinander sitzt, kann man sich nicht so gut sehen. Er schaute auch nicht in ihre Richtung, sondern nach vorne, wo die jüngere Tochter saß, die er hilflos anlächelte, und sie ebenso zurück. Während er langsam vom Duft eingehüllt wurde, den er schon einmal wahrgenommen hatte, beim Tangotanzen mit Vera. Er sah sich vorsichtig um, ob er vielleicht von der Blumendekoration kam. Aber es waren nur Orchideen überall. Es ist also alles wahr, dachte Masahiko Sato. Wie soll es jetzt weitergehen?

Sie waren lange weg, sagte die Frau neben ihm, die also wirklich Ima hieß, und wieso auch nicht, wenn schon Zauberei, dann richtig. Sie waren lange weg, sagte Ima leise, so dass nur er es hören konnte.

Man kann auch antworten, ohne den anderen dabei anzusehen, aber Masahiko Sato wusste, dass er es jetzt tun musste, denn der Rest seines Lebens würde für einen zweiten Versuch vielleicht nicht mehr ausreichen. Er drehte sich also zu ihr hin und sah ihr ins Gesicht, und als er das tat, als er sie anblickte, und dadurch, wie sie schaute, wusste er, es gibt keinen Ausweg. Ich bin kein Vogel ohne Gedächtnis, ich bin ein Mann und werde diese Frau lieben, bis ich sterbe.

Seine Kehle war ausgetrocknet, er konnte es kaum aussprechen:

Ich war in Nagoya.

In Nagoya.

Ja.

Sie lächelte, und er lächelte.

Am Tisch kamen vielleicht gerade die Getränke an. Komm mit mir dahin, dachte Masahiko Sato. Hier können wir nicht miteinander leben, aber dort.

Die Getränke waren tatsächlich da. Ima lächelte die Kellnerin an und hob das Glas an die Lippen. Masahiko sah sie an. Ihr Profil, ihr Ohr. Sie trug einen Perlenohrring. Es sah aus, als würde Ima in ihr Glas lächeln. Komm mit mir dahin, dachte Masahiko Sato und wandte sich ebenfalls seinem Getränk zu. Und dann lächelte er auch, weil er daran dachte, dass es gut war, dass er ihr das jetzt nicht sagen konnte, oder doch, er hätte es, ebenso wie sie zuvor, so leise murmeln können, dass nur sie es verstand, aber er würde es nicht tun. Noch nicht. Lass mich das jetzt noch nicht fragen und gib auch nicht ungefragt Antwort. Lass uns einfach nur hier sitzen, so nahe, wie wir uns noch nie gekommen sind, deine Schulter, die beinahe meine Schulter berührt. Lass uns noch für eine Weile in diesem Glück verharren.

INHALT

Anmerkung:

»Selbstbildnis mit Geschirrtuch« ist in einer kürzeren Version erschienen in: »Menschen und Masken.« Literarische Begegnungen mit dem Maler Felix Nussbaum, Zu Klampen 2016.

Sollte diese Publikation Links auf Webseiten Dritter enthalten,
so übernehmen wir für deren Inhalte keine Haftung,
da wir uns diese nicht zu eigen machen, sondern lediglich auf
deren Stand zum Zeitpunkt der Erstveröffentlichung verweisen.

MIX
Papier aus verantwor-
tungsvollen Quellen
FSC® C014496

Verlagsgruppe Random House FSC® N001967

1. Auflage
Genehmigte Taschenbuchausgabe April 2019
btb Verlag in der Verlagsgruppe Random House GmbH,
Neumarkter Str. 28, 81673 München
Copyright © 2016 LuchterhandS Verlag
Umschlaggestaltung: semper smile, München
nach einem Entwurf von buxdesign, München
Umschlagmotiv: © plainpicture/Gallery Stock/Matthias Buchholz
klü · Herstellung: sc
Printed in Germany
ISBN 978-3-442-71758-3

www.btb-verlag.de
www.facebook.com/btbverlag